REVISTA DE FINANÇAS PÚBLICAS E DIREITO FISCAL

Ano 2 • Número 1 • PRIMAVERA

ARTIGOS
COMENTÁRIOS DE JURISPRUDÊNCIA
RECENSÕES
CRÓNICA DA ACTUALIDADE

ÍNDICE

Editorial – **Eduardo Paz Ferreira**   5

Convidado da Primavera – **J. Silva Lopes**   13

ARTIGOS

Vito Tanzi – The Role of the State and Public Finance in the Next Generation   21

Diogo Leite Campos – A Indisponibilidade dos Créditos Tributários e a Arbitragem   63

Guilherme d'Oliveira Martins – O papel dos Tribunais de Contas no contexto da crise económica e financeira.   75

Nazaré da Costa Cabral – O Orçamento Suplementar para 2009.   83

Luís Máximo dos Santos – As Medidas de Combate à Crise Financeira em Portugal   95

Nuno Cunha Rodrigues – Pacote anti-crise da Comissão Europeia – entre o copo de água meio-cheio e meio-vazio   119

Rui Duarte Morais – Preços de transferência/O sistema fiscal no fio da navalha.   135

António Martins/Mário Augusto – Is thin capitalization a fiscal problem? An empirical analysis that shows it may be overstated.   161

Carlos Loureiro/Paulo Rodrigues – Novo regime de pagamentos a entidades não residentes: retroactividade prevista indutora de distorções adicionais   181

2
Revista de Finanças Públicas e Direito Fiscal

João Ricardo Catarino/Vasco Valdez – Ainda a problemática das taxas municipais de infra-estruturas urbanísticas (TRIU) e de compensação   207

COMENTÁRIOS DE JURISPRUDÊNCIA

Gustavo Lopes Courinha – TJCE, Caso C-210/06 (Cartesio Oktató és Szolgáltató bt) de 16 de Dezembro de 2008 – O retorno à doutrina *Daily Mail?* 235

Nuno Cunha Rodrigues – Tribunal de Contas, Acórdão n.º 06/2007, 07- 07.Mai.2007 - 1ªS/PL Recurso Ordinário n.º 08/07. 239

Rogério Fernandes Ferreira – Anotação ao acórdão do Supremo Tribunal Administrativo, 2.ª Secção, de 7 de Janeiro de 2009, Processo n.º 0694/08. 245

Síntese dos principais **Acórdãos do Tribunal de Justiça das Comunidades Europeias** em matéria fiscal proferidos desde Dezembro de 2008   251

Síntese dos principais **Acórdãos do Constitucional** (1.º Trimestre 2009)   257

Síntese dos principais **Acórdãos do Supremo Tribunal Administrativo** (Janeiro– Fevereiro 2009) 259

RECENSÕES

O Princípio da Equivalência como Critério de Igualdade Tributária – Sérgio Vasques por José Casalta Nabais. 269

Programação e Decisão Orçamental – Da Racionalidade das Decisões Orçamentais à Racionalidade Económica – Nazaré da Costa Cabral por Eduardo Paz Ferreira 277

Redistribuição Tributária – João Ricardo Catarino por Nazaré Costa Cabral e Guilherme Waldemar d'Oliveira Martins 281

O Prisioneiro, o Amante e as Sereias – Instituições Económicas, Políticas e Democracia – Paulo Trigo Pereira por Guilherme d'Oliveira Martins. 285

Finances Publiques – Michel Bouvier, Marie-Christine Esclassan e Jean-Pierre Lassale por Eduardo Paz Ferreira 289

Regulação em Portugal: novos tempos, novo modelo – Eduardo Paz Ferreira, Luís Silva Morais, Gonçalo Anastácio (Coord.) por João Nuno Calvão da Silva 293

NA WEB

Visita ao *site* da OCDE e ao *blog* Ladrões de Bicicletas 297

CRÓNICA DE ACTUALIDADE

Ponto de situação dos trabalhos na União Europeia e na OCDE – Principais iniciativas entre 1 de Dezembro de 2008 e 15 de Fevereiro de 2009 – Brigas Afonso, Clotilde Palma e Manuel Faustino 303

   1. Fiscalidade Directa 303
   2. Imposto sobre o Valor Acrescentado 306
   3. Impostos Especiais de Consumo Harmonizados/Imposto sobre veículos e União Aduaneira.......................... 307

Lei Americana de Recuperação e Reinvestimento – Ana Perestrelo de Oliveira 309

Alteração das bases da concessão outorgada à BRISA – Auto-Estradas de Portugal, SA – Alexandra Pessanha 313

Actualidade Fiscal – Mónica Velosa Ferreira 317

Novo Caderno do IDEFF dedicado às PPP 321

EDITORIAL
Eduardo Paz Ferreira

1. Entrámos no ano de 2009 com um sentimento misto de orgulho e satisfação pelo trabalho produzido ao longo do primeiro ano de publicação da Revista, mas com natural preocupação com a situação económica e social, que se tem vindo a agravar a partir da crise financeira do passado Verão e cujos contornos e extensão não estão ainda totalmente definidos.

Esta sombra, que paira sobre todos nós, inquieta-nos quanto à capacidade de encontrar respostas que garantam a estabilidade do presente sem sacrificar excessivamente as gerações futuras, a quem importa assegurar a transmissão de um património global (económico, institucional e civilizacional) positivo, revelador de que nos comprometemos e empenhámos com o progresso da sociedade, à semelhança do que aconteceu com as gerações que nos antecederam.

Estes momentos requerem total determinação, energia e lucidez na identificação de medidas que integrem uma solução e na erradicação dos comportamentos do passado que nos conduziram à crise, assegurando, todavia, que o excesso de experimentalismo não contribua para o seu agravamento.

2. As finanças públicas estão no centro de todas as atenções. Destruídas as certezas que marcaram as últimas décadas quanto à necessidade de limitar a actuação do Estado, amarrando a decisão financeira a regras rígidas para evitar que, qual Ulisses, os decisores se deixassem levar pelo canto das sereias, ressurge com um inesperado vigor o keynesia-

nismo. Reivindicam-se formas de activismo estatal aptas a responder aos pedidos que de todos os lados se dirigem ao Estado, entendido, de novo, não como o intruso nocivo, mas como o zelador da ordem económica e social.

Também na área da fiscalidade, até agora dominada por preocupações quase exclusivas de eficiência, se assiste a um renascimento do objectivo de justiça fiscal e a uma crescente utilização de instrumentos fiscais para finalidades extra-fiscais.

O plano de estímulo e recuperação da economia norte-americana, apresentado pela Administração Obama, reflecte o sincretismo entre estímulos fiscais e investimento público que parece orientar os debates mais recentes sobre a matéria, representando um esforço para aplicar em simultâneo receitas que, tradicionalmente, se apresentavam de forma reciprocamente exclusiva.

3. A generalização da crise económica à escala mundial veio, por outro lado, demonstrar a fragilidade de muitos dos pressupostos da globalização, que vinha sendo denunciada por autores como Joseph Stiglitz e tornar evidentes que as respostas têm de ser dadas através da concertação de esforços – como, de algum modo, se começou a verificar –, e de uma profunda reforma da ordem económica internacional, sem a qual nenhuma solução justa e duradoura será alcançada.

A revisão do papel dos países emergentes e dos menos desenvolvidos nessa ordem internacional aparece como uma prioridade, ao lado da implementação de formas efectivas de regulação económica supranacional, bem assim como a substituição das actuais instituições financeiras internacionais (Fundo Monetário Internacional e Banco Mundial) por estruturas novas e mais eficazes ou, pelo menos, a sua profunda remodelação.

Se não se optar por esse caminho, assistir-se-á a um forte renascimento dos proteccionismos nacionais, que porão em causa muitos dos benefícios da globalização, mas poderão permitir a recolha rápida de dividendos junto de uma população que tenderá, progressivamente, a pensar que o caminho, que antes lhes parecia promissor, se encontra afinal repleto de armadilhas que há que evitar a todo o custo.

4. A crise económica iniciou-se no sector financeiro, fruto de um conjunto de práticas, toleradas ou até estimuladas pelos órgãos de regu-

Editorial

lação, que levaram a uma expansão brutal da riqueza financeira nunca acompanhada pela economia real. No julgamento imediato das opiniões, a avidez e desonestidade de financeiros, adulados pela opinião pública e pelos clientes, é apontada como a causa principal de tudo o que de mau aconteceu. Terá sido, em larga medida, e por isso haverá que apurar e individualizar responsabilidades. Porém, a crise tem raízes bem mais fundas num modelo de sociedade assente numa distribuição perversa da riqueza, apoiada numa actuação irresponsável de alguns políticos, jornalistas e fazedores de opinião, que criaram a ilusão de uma prosperidade eterna que, mais cedo ou mais tarde, a todos atingiria.

O resultado, como é visível, foi o aprofundamento do fosso na distribuição da riqueza (particularmente dramático entre nós), esbatido da sua nitidez pelo crescimento desmesurado das várias formas de crédito ao consumo, bem como o aparecimento de zonas de exclusão económica e social, incompatíveis com a noção de justiça prevalente nas nossas sociedades.

É dessa noção de justiça e da percepção de que, mais do que de uma crise económica, estamos em presença de uma verdadeira crise civilizacional, que há-de partir a resolução dos problemas com que nos confrontamos.

5. Compreende-se, assim, que a Revista que, já no último número, dedicou um conjunto de qualificados artigos à crise económica continue a dar uma especial atenção ao tema neste e nos próximos números.

Os contribuintes actuais, assim como os futuros, serão confrontados com os resultados das políticas que estão a ser ou venham ainda a ser adoptadas e é sobre eles que recairá, em última análise, o esforço financeiro. Assumiremos, por isso, de pleno, a tarefa de perscrutar soluções e escrutinar medidas, com a certeza de que assim cumprimos a nossa função e estamos à altura do que a comunidade espera de nós.

Chegou o tempo de perceber que a resposta pública é fundamental, mas que dependerá da nossa capacidade de organização e reflexão a possibilidade e a velocidade de ultrapassagem da crise.

6. Este novo número da Revista é, também, inevitavelmente um número de balanço. Comecemos pela frieza estatística, ainda assim bastante reveladora do trabalho realizado e do entusiasmo com que fomos recebidos.

Publicámos quarenta e cinco artigos de opinião, vinte e nove comentários de jurisprudência, recenseámos vinte e oito livros e inserimos cinquenta e três apontamentos na crónica da actualidade. Por trás destes números encontra-se uma grande diversidade temática, a presença de figuras de topo das áreas académica e profissional e o aparecimento de muitos jovens autores, que garantem a continuidade da excelência da doutrina financeira entre nós.

7. A Revista mantém, no essencial, a estrutura e secções dos números anteriores, com o aparecimento de uma nova secção em que um convidado comenta um assunto de actualidade. É com o maior orgulho que temos como primeiro convidado o Dr. José Silva Lopes, figura maior da vida económica e cívica portuguesa, a quem o país tanto deve e com quem várias gerações de economistas aprenderam o essencial da profissão, tanto na sua vertente técnica como na deontológica.

Destaque natural vai para Vito Tanzi, já presente no primeiro número da Revista e presidente honorário do Instituto Internacional de Finanças Públicas, e para o fundamental texto *The Role of the State and Public Finance in The Next Generation*, cuja publicação nos honra especialmente.

É com vivo prazer que acolhemos a primeira colaboração de Diogo Leite de Campos, eminente fiscalista e professor de Direito, que aborda o tema tão actual dos tribunais arbitrais em matéria tributária.

Guilherme Oliveira Martins volta a dar-nos o gosto de incluirmos uma reflexão sobre Finanças Públicas, área em que, pelo cargo que ocupa e pelo trabalho que desenvolveu, é figura maior.

Registamos, também, novos artigos de Rui Duarte Morais, António Martins (em colaboração com Paulo Rodrigues) e Vasco Valdez (em colaboração com João Catarino), caracterizados pela qualidade a que já habituaram todos os nossos leitores.

Nazaré Costa Cabral aprecia as alterações ao Orçamento para 2009 e Luís Máximo dos Santos e Nuno Cunha Rodrigues comentam vários aspectos relacionados com as terapias anti-crise.

8. Na Secção de Jurisprudência, encontramos as habituais sínteses de acórdãos dos tribunais superiores e os comentários que algumas

Editorial

dessas decisões mereceram a Rogério Fernandes Ferreira, Nuno Cunha Rodrigues e Gustavo Courinha.

Nas recensões são apreciadas três teses de doutoramento recentes, de Nazaré Costa Cabral, Sérgio Vasques e João Ricardo Catarino. Guilherme Oliveira Martins aprecia o novo livro de Paulo Trigo Pereira e João Calvão da Silva aprecia a monografia intitulada *Regulação Económica em Portugal: Novos Tempos, Novo Modelo*. Pela minha parte, dou ainda conta da leitura da nova edição do Manual de Finanças Públicas de Michel Bouvier, Marie-Christine Esclassan e Jean-Pierre Lassale.

A crónica da actualidade inclui rubricas habituais, como o relato dos trabalhos tributários da Comissão e da OCDE e novidades legislativas. Damos conta, ainda, das principais medidas de recuperação e de reinvestimento adoptadas pela Administração Obama.

9. Foi um ano intenso, estimulante e gratificante. Prosseguir o esforço de publicação e de melhoria constante da qualidade da Revista constitui, neste contexto, uma imposição cívica, a que daremos cumprimento com total empenhamento, energia e vitalidade.

CONVIDADO DA PRIMAVERA

Iniciamos, neste número, uma nova Secção da Revista, na qual uma personalidade de especial relevo na área económico-financeira escreverá sobre temas da actualidade.

Orgulhamo-nos, profundamente, de iniciar a Secção com José Silva Lopes, mestre de várias gerações de economistas e um dos mais empenhados servidores do interesse público que prosseguiu, ao longo de largas décadas, nunca regateando esforços nem se deixando tentar por alternativas mais cómodas e lucrativas.

Como Ministro, Governador do Banco de Portugal, Deputado, Representante português nas negociações para a EFTA e professor universitário, Silva Lopes granjeou um enorme respeito e tornou-se credor da gratidão do Estado Português, que lhe foi expressa, designadamente, através da outorga da Grã Cruz da Ordem de Cristo, num momento em que foi homenageado com o doutoramento *honoris causa pela sua alma mater* – o ISEG – e com uma conferência internacional que trouxe até nós nomes cimeiros da economia mundial.

AS DESPESAS PÚBLICAS E O COMBATE À CRISE ECONÓMICA

J. SILVA LOPES

Em face da actual crise económica mundial, voltámos a ser (quase todos) keynesianos. Nas últimas três décadas, a ciência económica foi dominadas por teorias de inspiração neo-clássica contrárias ao keynesanismo (monetarismo, expectativas racionais, teoria dos ciclos reais, princípio da equivalência ricardiana). Mas, na sua maioria, essas teorias estão, pelo menos por agora, atiradas para segundo plano ou passaram mesmo a ser pouco mais que curiosidades históricas. Muitas delas distinguiram-se mais pela sofisticação dos exercícios matemáticos a que deram origem do que pelo realismo e bom senso das hipóteses de base em que assentaram.

Não é assim de admirar que, ao procurarem soluções para a grave crise económica actual, todos os governos do mundo, mesmo os de tendência mais conservadora (como foi o caso da Administração Bush nos EUA), não encontrassem outro remédio que não fosse o de se virarem para as velhas receitas propostas por Keynes há mais de 70 anos. Não se sabe porém ainda qual o grau de sucesso que virão a conseguir. As teorias keynesianas não podem dispensar ajustamentos resultantes de bom número de investigações económicas posteriores á sua formulação inicial (por exemplo as que estão relacionadas com a perda da validade da curva de Philips ou com as "falhas de governo" enfatizadas pela escola da *public choice*). Além disso, elas não podem deixar de levar em conta que o mundo económico é hoje muito diferente do dos tempos de Keynes: há mais abertura das economias nacionais ao exterior, há mais interdependências internacionais por causa da globalização e há na base da crise actual o colapso de um sistema financeiro que se desenvolveu muito para além do razoável:

Outro grande problema com as receitas keynesianas é que elas abrangem uma grande variedade de menus, nos quais as escolhas estão longe de serem consensuais. Embora haja actualmente aceitação muito generalizada do princípio de que o Estado deve intervir com políticas de estímulo à procura para combater a recessão, subsistem vivas controvérsias sobre as características concretas dessa políticas.

A primeira tem a ver com a opção entre a maior destaque a dar à política monetária ou à política orçamental. Uns manifestam a sua preferência pela primeira; outros entendem que se deve privilegiar a segunda. A opinião predominante é todavia a de quem geral haverá que recorrer a ambas, embora, dependendo das circunstâncias de cada caso, uma ou outra passa merecer mais ênfase..

Mas há também marcadas divergências mesmo entre os que conferem a primazia a um dos dois tipos de políticas referidos.

Os que mais defendem o recurso à política monetária discutem se esta deve ser baseada essencialmente nas taxas de juro, como tem vindo a ser feito, ou se deve enveredar também por caminhos não tradicionais, como o das actuações de tipo quantitativo (*quantitative easing*), que incluam nomeadamente a expansão de créditos dos bancos centrais não só à banca comercial, como tem sido norma, mas também a outras instituições financeiras, a empresas não financeiras e a governos. E, ao mesmo tempo, há opiniões diferentes sobre a prioridade a atribuir ao objectivo tradicional de controlar a inflação em confronto com o objectivo, por agora mais urgente, de lutar contra a crise económica e o desemprego.

Os que são a favor de maior insistência na política orçamental divergem nas suas opiniões sobre se deve dar preferência às reduções de impostos ou ao aumento das despesas públicas. E os desentendimentos não ficam por aqui: os que se viram mais para a redução de impostos nem sempre estão de acordo quanto aos tipos de impostos em que deve haver reduções; os apologistas da expansão das despesas públicas também divergem entre si no que respeita à selecção dessas despesas.

Os que defendem cortes nos impostos e se batem contra os aumentos dos gastos públicos utilizam como argumento fundamental o de que as suas propostas respeitam mais a liberdade individual e as preferências dos consumidores. Em seu entender, as reduções da carga fiscal permitem que sejam os cidadãos a decidir por si próprios como é que vão aproveitar o benefício do impulso orçamental, em vez de ser o Estado a decidir por eles, com as suas escolhas das despesas públicas que irá aumentar. Acrescentam que os cortes de impostos têm maior eficiência económica, uma vez que esta é determinada pelo mercado, enquanto que a eficiência dos aumentos de despesas pública são seriamente afectados pelas "falhas do governo" tão realçadas pela escola da "escolha pública" (*public choice*).

Os que advogam o recurso prioritário a aumentos de despesas públicas opõem a estes argumentos vários outros de sentido contrário. O mais citado é o de que o efeito multiplicador das reduções de impostos tende a ser inferior ao das subidas de despesas públicas. Isso porque a melhoria de rendimento disponível obtida pelos contribuintes com o aligeiramento da carga fiscal será aplicada não só em consumo adicional mas também, e muitas vezes até preponderantemente, em poupança adicional. A parte que corresponde a poupança adicional não tem efeitos na procura interna e não traz consequentemente incrementos ao volume da produção e do emprego. Um argumento adicional é o de que a eficiência das reduções de impostos determinada pelo mercado é em geral muito discutível: as "falhas de mercado" são frequentemente ainda mais graves do que as "falhas de governo". Outro argumento ainda é o de que as reduções de carga fiscal podem deixar muito a desejar à luz dos objectivos não só de maior equidade e coesão social, mas também de reanimação da procura. É isso o que aconteceria nomeadamente se a baixa da carga fiscal se traduzisse por uma redução linear das taxas do IRS, que aproveitaria mais aos ricos do que aos pobres (até porque estes não têm em regra rendimentos suficientes para serem abrangidos pelo IRS). Além disso, uma redução desse tipo teria os seus efeitos de estímulo à procura enfraquecidos pelo facto de os ricos tenderem a poupar mais e a consumir maior proporção de bens e serviços importados do que os pobres. As reduções de impostos sobre os lucros das empresas ou das contribuições para a segurança social também são contestadas pelos que consideram que os seus efeitos sobre a competitividade, sobre a distribuição de rendimentos e sobre a animação da procura tenderão a ser muito exíguos numa elevada proporção dos casos.

O debate entre os partidários de cortes nos impostos e os que são a favor dos aumentos de despesa é orientado mais por preferências ideológicas do que por argumentos económicos, até porque estes são por sua vez também fortemente influenciados pelas posições ideológicas de quem os apresenta. Os cortes de impostos são mais a opção dos que ideologicamente estão à direita do que dos que se situam à esquerda, ao passo que com os acréscimos de despesa pública sucede o contrário.

Mas uma análise que procure ser tanto quanto possível objectiva, não pode deixar de olhar quer para os tipos de impostos que se queira baixar, quer para a natureza específica das despesas que se pretenda expandir.

Num e noutro caso, haverá que prestar sempre atenção aos objectivos básicos da política orçamental que, seguindo a conhecida classificação de Musgrave, são o de melhorar a eficiência económica (função alocativa), o de promover a maior equidade social (função redistributiva) e o de contribuir para a correcção dos desequilíbrios macroeconómicos (função de estabilização). Em períodos de crise económica como o actual, a função de estabilização sobrepõe-se às outras, mas deve tanto quanto possível harmonizar-se com elas. Por outras palavras, as políticas orçamentais devem ser concebidas para terem um efeito forte no que respeita ao combate ao desemprego e à rápida recuperação económica, mas não podem ignorar a sorte dos mais pobres e dos mais atingidos pela crise, e devem contribuir tanto quanto possível para os objectivos de crescimento económico e de progresso social a prazo.

Sustenta-se no presente texto, embora se trate de uma opinião discutível, que essas exigências são melhor satisfeitas por políticas orçamentais anti-crise baseadas na expansão das despesas públicas do que em praticamente todas as formas de baixar impostos. Mas isso com uma condição difícil de satisfazer: a de as despesas públicas a expandir serem escolhidas, concebidas e executadas de forma a contribuírem com a maior eficácia possível para os objectivos acima referidos de reanimação económica, de equidade e de crescimento económico e progresso social a longo prazo. È porém aqui que surge o contra argumento de que na prática é pouco provável que essa condição seja satisfeita em grau adequado, em consequência das habituais "falhas de governo". Os acréscimos de despesa podem vir a ser pouco eficazes se na sua selecção e execução pesarem demasiado as insuficiências de capacidade do governo e dos serviços públicos, as motivações eleitorais, e as pressões e resistências dos grupos de interesse, incluindo os dos políticos e dos agentes dos serviços públicos, os das empresas mais poderosas e os de uma enorme variedade de grupos profissionais, sindicais, empresariais e regionais. Estas falhas de governo encontram-se por toda a parte, mas é de recear que em Portugal elas sejam mais frequentes e mais graves do que na maior parte dos outros países da Europa, embora haja vários, principalmente a leste e no sul do Continente, onde a situação também não é famosa.

Para reduzir os riscos de falhas de governo em matéria de despesas públicas seria essencial que, no Estado e em entidades independentes, houvesse mais capacidade para fazer análises sobre os efeitos económicos e sociais das despesas públicas. Seria também necessário que houvesse mais informação pública sobre tais análise para permitir discussões mais bem fundamentadas do que aquelas que os meios de comunicação social têm estdo em condições de nos fornecer.

É claro que as análises sobre efeitos económicos e sociais de gastos públicos específicos raramente são isentas de controvérsias, mesmo nas discussões em que se procura a máxima objectividade. Há sempre dificuldades sérias em valorizar os benefícios sociais não reflectidos em preços de mercado, em avaliar efeitos indirectos e em fazer projecções sobre custos e benefícios e benefícios futuros. Mesmo assim as diferenças de opinião podem ser consideravelmente estreitadas através de análises, ainda que imperfeitas, dos efeitos económicos e sociais de investimentos públicos ou outros gastos do Estado concretos. Na escolha de políticas alternativas de combate ao desemprego haverá certamente ganhos de eficácia se forem estimados os efeitos multiplicadores sobre a procura interna (muito dependentes do conteúdo em importações da despesa inicial) ou sobre a balança externa (incluindo em especial possíveis melhorias de competitividade nas exportações e na substituição de importações). Analogamente nas despesas (correntes e de investimento) directamente orientadas para a criação ou manutenção de empregos seria útil que se procurasse ter sempre ideia sobre os seus custos de oportunidade, estabelecendo comparações com alternativas na base de estimativas sobre o dispêndio médio por cada emprego a apoiar e de critérios explícitos sobre a situação familiar, a idade, a empregabilidade e a situação geográfica dos trabalhadores a beneficiar.

As discussões a que se tem assistido sobre a oportunidade, em face da actual crise económica, dos grandes projectos de investimento anunciados pelo governo seriam bem mais esclarecidas e menos alimentadas por disputas partidárias se tais projectos tivessem sido objecto de mais e melhores avaliações económicas do que aquelas que têm sido disponibilizadas para o público e se houvesse mais discussões públicas sobre essas avaliações por técnicos especializados.

Revista de Finanças Públicas e Direito Fiscal

A administração pública já teve maior capacidade do que agora para avaliar grandes projectos de investimento e outras grandes rubricas das despesa públicas. Essa capacidade está em grande parte perdida, nomeadamente por causa da supressão ou menor qualificação e gabinetes de estudo e de planeamento de grande parte dos ministérios. Passou-se a recorrer muito mais a consultores externos, mas embora em bastantes casos essa solução tenha sido útil e eficaz, noutros ela deixou muito a desejar. Abundam trabalhos de consultores que não se dirigiram a necessidades prioritárias, ou que são de baixa qualidade, ou que vierem a ser bastante caros e pouco mais do que bons negócios para quem obteve a respectiva encomenda.

Justifica-se por tido isto que no Estado se procure criar mais e melhor capacidade de avaliar os custos e os benefícios de despesas públicas. O grande problema é que com o sistema de incentivos e penalizações que tem existido para os servidores do Estado é difícil atrair e manter técnicos com a alta qualidade e a dedicação ao serviço necessárias em serviços eficazes de avaliação de despesas públicas.

Para ultrapassar ou atenuar as dificuldades desse tipo, não se poderá dispensar de todo o recurso a consultores externos, incluindo os de centros universitários. O que é preciso é que nesse recurso haja mais controlo da qualidade e do custo dos serviços prestados.

A maior divulgação pública das avaliações e estudos elaborados por serviços públicos e por consultores externos contribuiria não só para melhorar o controlo da respectiva qualidade, mas também para tornar mais informadas e por isso mais sólidas as discussões sobre os efeitos das políticas orçamentais, na comunicação social e entre especialistas.

A realidade portuguesa é o que é. E não se mudará radicalmente só com um certo número de medidas avulsas. Seria por isso utópico admitir que com a concretização das propostas aqui formuladas em matéria de desenvolvimento e melhoria das actividades de avaliação dos impactos económicos e sociais das despesas públicas, se conseguiria a queda em flecha das falhas de governo, como as que atrás foram referidas. Mas seria de esperar ao menos que algumas dessas falhas fossem prevenidas ou perdessem parte da sua gravidade.

ARTIGOS

Vito Tanzi

The role of the state and public finance in the next generation

Vito Tanzi

Former Director of the Fiscal Affairs Department
of the International Monetary Fund.
Doctor Honoris Causa by the University of Lisbon
Honorary President of the International Institute of Public Finance

RESUMO

No artigo é discutido o modo como o papel do estado evoluiu ao longo do século XX, tentando prever a forma como irá evoluir em décadas futuras. As economias avançadas são objecto de especial atenção por causa da existência de mais estaísticas disponíveis. O artigo também analisa a situação na América Latina, reconhecendo o muito mais diferenciado grau de desenvolvimento e PIB per capita dos países desta Região.

Palavras-chave:
Papel do Estado
Impostos
Despesa pública
Globalização

ABSTRACT

This article discusses the economic role of the state as it evolved during the 20th century and speculates on how it might evolve in future decades. Because of availability of statistical information, there will be a greater focus on advanced countries. The article will also address developments in Latin America recognising the much greater heterogeneity among countries' per capita incomes and economic developments in that region.

Keywords:
Role of the state
Taxes
Public spending
Globalization

1. Introduction[1]

This article discusses the economic role of the state as it evolved during the 20th century and speculates on how it might evolve in future decades. Because of availability of statistical information, there will be a greater focus on advanced countries. The article will also address developments in Latin America recognising the much greater heterogeneity among countries' per capita incomes and economic developments in that region. The wide scope of the topic makes the discussion of it inevitably broad-brush and somewhat impressionistic. A discussion of the future scope of public finance must inevitably start with a review of past developments. The past is always a prologue for the future and there is always a lot to be learned from studying it. We shall start with how current tax systems developed and then move to the spending side of the government role. In the last section, we shall recognise that the role of the state can be played also with tools other than public spending and taxes.

Modern tax systems developed largely in the period between 1930 and 1960, a period characterised by: a) major restrictions on trade erected during the Great Depression and during World War II; b) limited movements of portfolio capital; c) little cross-country investment, except for direct investments in natural resources; d) little international mobility of people, except for emigrants after World War II; and e) almost no cross-country shopping by individuals. In Latin America, this was the period when import substitution policies, at the time strongly promoted by CEPAL (Comisión Económica para América Latina y el Caribe, the Economic Commission for Latin America and the Caribbean) and by Raul Prebisch, became popular. During these decades, governments had not yet been expected to assume the broad social and economic responsibilities that they would assume in later decades although they were already being pushed, by the prevailing intellectual winds, in that direction. Tax burdens were generally under 30% of the industrial countries'

---

[1] This paper was presented at the 20th Regional Seminar on Fiscal Policy of ECLAC (United Nations Economic Commission for Latin America and the Caribbean), Santiago de Chile, 28-31 January 2008, www.eclac.cl and published in the OECD Journal on Budgeting – vol. 8 – No. 2, OECD 2008.

gross domestic products (GDP) until around 1960, and well under 20% of GDP in developing and Latin American countries.

Between 1930 and 1960, two important "technological" innovations were introduced in the tax area. These were "global and progressive" income taxes and the introduction of the value-added tax (VAT). These two developments, together with social security taxes on the growing shares of wages and salaries in national income in industrial countries that characterised those decades, would account for most of the rise of their tax levels which, by the 1990s, in many OECD countries, would exceed 40% of GDP and surpass 50% in a few countries. In Latin American countries, however, with the exception of Argentina, Brazil, Uruguay and some other countries, the tax levels remain today below 20% of GDP.

In an influential book, published in 1938, Henry Simons, then a professor at the University of Chicago, made a strong case for taxing all sources of income of individuals as a whole rather than as separate parts (the so-called global income) and for taxing this total with highly progressive rates. This was a radical departure from past practices. Some German economists, such as Georg Schanz, had made similar recommendations (see Musgrave, 1998). It was argued that this approach would better satisfy revenue and equity objectives at a time when the income distribution was becoming a growing concern while the disincentive effects of high marginal tax rates were still dismissed as unimportant. Having been proposed during the Great Depression (soon after Roosevelt's New Deal) and just before World War II, the global personal income tax with highly progressive rates became very popular in the United States and helped finance the Second World War. It soon came to be seen as the "fairest" tax. It remained popular until the 1970s.

Given the American influence in the world after World War II, the global income tax was quickly exported to other countries. After the war, and for a couple of decades, American tax consultants promoted this tax in both developed and developing countries. In the 1960s in Latin America, this tax was pushed by the so-called "Joint Tax Program" created during the Kennedy years by the Organization of American States, the Inter-American Development Bank and the United Nations. However, in Latin America the results were less productive in terms of revenue generation than in developed countries.

The other "technological" innovation, the value-added tax, originated in France. It quickly replaced the turnover (cascade) taxes on transactions that had been common in most European countries, including in the six members of the European Coal and Steel Community that would in time blossom into the European Union. The VAT was welcomed by the members of that Community because it allowed the zero-rating of exports and the imposition of imports, thus eliminating discord between trading partners while still leaving countries with the freedom to impose whatever rates they wished. The countries were free to impose the VAT rate that they liked or needed, presumably without interfering with international trade flows. This feature made the value-added tax a useful instrument for countries belonging to customs unions. The value-added tax has proven itself to be a major revenue source for most countries. Latin America was quick to adopt this tax in Brazil, Uruguay and some other countries. It quickly spread to other countries.

In industrial countries, the two developments mentioned above, together with social security taxes on labour income imposed to finance public pensions, made it possible for the tax systems of many countries to finance the large demands for public revenue that the growing functions of government, especially in the so-called welfare states, were creating (see Tanzi and Schuknecht, 2000). However, Latin American countries were much less successful, until more recent years, in raising substantial levels of taxation that would allow their governments to play larger roles in the economy through public spending. The consequences were twofold: first, the use of bad taxes to attempt to raise more revenue; second, reliance on less efficient tools than public spending to pursue social goals. This issue is discussed in the concluding section.

2. Globalisation and taxes

In recent decades, and especially since the 1980s, important developments have been changing the economic landscape that had characterised earlier decades. These developments have potentially great implications for tax systems but also for expenditure policies. The most important among them are:

• The opening of economies and the extraordinary growth of international trade. Import substitution theories and policies are no longer fashionable. The world economy hás become much more integrated than it had been in the past. Both developed and developing countries have contributed to this growth. For Latin America, this trend toward globalisation represents a truly fundamental change from the policies of import substitution of the 1950s and 1960s.

• The phenomenal increase in cross-border capital movements. This increase has been promoted by the removal of obstacles to capital mobility. The removal has been facilitated by new policies and by technological innovations that have made communication cheap and rapid. There has been an extraordinary growth in the amount of financial capital that now crosses frontiers on a daily basis. This capital finances direct investment, feeds portfolio investments, covers current accounts imbalances, and provides needed foreign currency to international travelers. It has thus relaxed the correlation that existed in the past between a country's saving rate and its investment rate, a correlation stressed by Feldstein and Horioka. The great flow of capital has also made it easier for governments to finance larger fiscal deficits because they no longer must rely on domestic savings.

• The importance of multinational corporations has grown enormously both in the financing of direct investment (for both the production of outputs from natural resources and for the production of manufactured goods) and, especially, in promoting trade among related parts of the same enterprises located in different countries. The time is long past when most enterprises produced and sold their output in the same country or even in the same city or region where they were located. Trade among related parts of enterprises, located in different countries, has become a large and growing share of total world trade. It now accounts for more than half of total world trade.

• These international activities, accompanied by growing per capita incomes, sharply falling costs of transportation for both goods and people, increased informational flows that instantly inform individuals about changing relative prices and opportunities created by them, and more liberal policy, have also led to a high mobility of individuals, either in their role as economic agents or simply as tourists and consumers. A large and increasing number of individuals in both industrial and developing or emerging markets now earn all or part of their incomes outside the countries where they were born and where they may still have their official residence. At the same time, a large and growing number of individuals spend part of their income outside the countries where they officially live. In conclusion, markets have become more global.

The implications of these developments for the countries' tax systems and the economic role of the state are still not fully understood by policy makers or economists. The clear and limited role of the state that was identified a hundred years ago by classical economists is giving rise to a much more complex and much less well-defined role. Increasing evidence suggests that the developments described above are also creating growing difficulties for the tax administrators of many countries and opportunities for a few of them. As a consequence, they are raising questions about the optimal role of the state in the current and especially future and more globalised economies. We shall first deal with the tax implications and then with the implications for the optimal role of the state.

Because of the developments described above, a country's potential tax base is now no longer strictly limited, as it was in the past, by that country's territory but, to some extent, has been extended to include parts of the rest of the world. The reason is that a country can now try to attract and tax fully or partly: a) foreign financial capital; b) foreign direct investment; c) foreign consumers; d) foreign workers; and e) foreign individuals with high incomes, including pensioners. These possibilities did not exist in the past and they are fuelling "tax competition" among countries because, at least in theory, each country can try to take advantage of these new possibilities.

Tax competition implies that, to some extent, a country's tax burden can be exported at least in part. Especially, a small country may now be able to "raid" the tax bases of other countries in ways that were not possible in the past. Like the ocean and the atmosphere, the "world tax base" is thus becoming a kind of "commons" – a common resource without clearly established property rights that, to some extent, all countries can try to exploit to their advantage and to the potential detriment of other countries. The Latin American countries are not immune from this problem.

Revista de Finanças Públicas e Direito Fiscal

Tax competition is in part related to the importance of taxation for location and of location for taxation. By lowering the burden of taxes on some sensitive activities, tax competition aims at making certain locations (say, Costa Rica or Ireland or Luxembourg) more attractive to some investors and for particular activities than other locations. This issue is particularly important when it comes to tax incentives used specifically to attract capital to one country and away from competing countries. The attraction of a location depends on several elements such as: a) statutory tax rates on the income of enterprises; b) tax practice (administrative and compliance costs); c) predictability of the tax system, or "tax certainty" over time in both rates and administrative requirements; d) legal transparency, that is, clarity of the tax laws; e) use of tax revenue, that is, the services that the residents or the enterprises get from the government in exchange for the taxes paid; f) fiscal deficits and public debt, because these may predict future tax increases; and, more generally, g) the economic or investment climate of the country which is much influenced by regulations, corruption, crime, rule of law and similar factors.

When people face high tax rates or an unfriendly tax climate in today's environment, they may: a) "vote with their feet", thus moving to a friendlier fiscal environment, as long as the ceteris paribus condition holds; b) "vote with their portfolio" by sending their financial assets abroad, to safer and lower tax jurisdictions; c) remain in the country, but exploit more fully any opportunities for tax avoidance; and d) engage in, or increase, explicit tax evasion. Globalisation and tax competition are making it easier for individuals and enterprises to exploit these options. They have raised the elasticity of tax bases with respect to tax rates. These actions affect the role that the state is expected to play or is able to play.

Is tax competition a positive or a negative global development? On this question, views diverge sharply. Some, and especially theoretical economists and economists with a public choice bent, tend to see tax competition as a clearly beneficial phenomenon. Ministers of finance, directors of taxation and policy-oriented economists tend to see it more as a problem.

The main arguments in favour of tax competition are the following:

• It forces countries to lower their high tax rates, especially on mobile tax bases such as financial capital and highly skilled workers.

• By reducing total tax revenue, tax competition forces governments to reduce inefficient public spending. This "starve the beast" theory was promoted by Milton Friedman and became popular during the Reagan administration in the United States in the 1980s.

• It presumably allocates world savings toward more productive investments.

• Because of lower tax revenue, it forces policy makers to make the economic role of the state more focused and more efficient.

• It leads to a tax structure more dependent on immobile tax bases lowering the welfare costs of taxation. Against these arguments, there are others that find tax competition damaging. The main ones are:

• Because public spending is often, politically or legally, inflexible downward, tax competition may lead to higher fiscal deficits and public debts, and eventually to macroeconomic instability.

• When governments are forced to cut public spending because of tax competition, they
will not cut inefficient public spending which may have strong political constituencies that protect it, but rather capital spending or spending for operation and maintenance.

• Tax competition may lead to what is called "tax degradation" – that is, governments may try to maintain public revenue by introducing bad taxes to replace lost tax revenues.

• The shift of the tax burden from mobile factors (financial capital and highly skilled individuals) to immobile factors (largely labour income) makes the tax system less fair.

• The increased taxes on labour income stimulate the growth of the underground economy and tax evasion and promote informal activities.

• Tax competition (and reactions to it) can make tax administration and tax compliance more costly and difficult. Growing tax complexity is a frequent consequence of tax competition because tax administrators try to fight tax competition by introducing more complex rules. For this reason, tax systems are becoming progressively more complex (see Tanzi, 2006b).

It is difficult to assess the quantitative impact of globalisation on tax revenue. This hás led some observers to dismiss its impact. However, close observation can help identify some impact and can point to growing future difficulties for high-tax countries:

• In the OECD countries taken as a group, the ratio of taxes to GDP stopped growing in the 1990s, even though large fiscal deficits in many countries would have called for higher tax revenue. In an increasing number of OECD countries, the average tax ratio has fallen in the current decade. In contrast, in Latin American countries, recent years have brought higher tax revenue in several important countries, facilitated by the favourable cycle.

• The rates of both marginal personal income taxes and corporate income taxes have been reduced substantially in most countries in the past two decades, in part because of tax competition. However, because of some widening of the tax bases, and because of the increasing share of enterprise income in national income in several countries, corporate income taxes have not fallen as shares of GDP.

• The rates of excise taxes on luxury products were sharply reduced in most countries in the past two decades, leading to substantial falls in revenue from these taxes. This fall has been made up by increases in value-added taxes and, in several countries, in taxes on petroleum and tobacco. The reductions in the taxes on luxury products are in part the consequence of increased foreign travel by taxpayers and the resulting possibilities for shopping in places where excise taxes on expensive and easy-to-carry items are lowest. Internet shopping has also contributed to this result.

• The "global income tax" has been losing popularity. The dual income taxes introduced by the Scandinavian countries and by some other countries, including Uruguay, are an example of the losing attraction of global income taxes. The dual income tax is a de facto return to the schedular approach to income taxation that had prevailed in the past.

• There is a growing interest in flat-rate taxes and in "consumption-based taxes". However, few countries have so far moved toward the introduction of these taxes. In some papers written over the past decade, I discussed the rise of what I called "fiscal termites". These "termites" result from the interplay of globalisation, tax competition and new technologies. As their biological counterparts can do for wood buildings, fiscal termites can weaken the foundations of tax systems, making it progressively more difficult for countries to raise high levels of taxation and to maintain the tax structure that they would prefer. I will list some of these termites without providing much elaboration. For more elaboration, see Tanzi (2001).

The first of these termites is electronic commerce. Electronic commerce has been growing at a very fast rate, both within countries and across countries, for consumer goods and services and for trade in inputs of intermediate and capital goods. Its growth has been accompanied and facilitated by the growing shift, in the countries' gross domestic products, from physical to digital products, including intangible capital. This kind of commerce leaves fewer traces than the previous invoice-based commerce that, for example, could be inspected by customs officials, and is much more difficult to tax. Electronic commerce is creating great difficulties for tax administrators and legislators who at times seem to be at a loss on how to deal with it. Revenue from value-added taxes is clearly affected.

A second termite is electronic money (credit cards, other forms). Real money is progressively being replaced by electronic money embedded in chips of electronic cards. A "purse" software may be purchased through deposits in foreign banks or from secret bank accounts, making it more difficult to trace and tax various transactions. The use of electronic money may also reduce the revenue from "seigniorage" that countries get from the emission of paper money.

A third important termite originates in transactions that take place between different parts of the same multinational enterprises (i.e. intra-company transactions) located in different countries. Because these transactions are internal to a multinational company, they require the use of "transfer prices" – that is, of prices at which one part of the enterprise, located in a given country, "buys" products or services from other parts of the same company located in other countries which have different tax systems and tax rates on the incomes of the companies. Being inputs for final products, the products or services bought and sold may not be traded in the open market. Therefore, there may not exist market or "arm's-length" prices that can be used as references. Problems arise especially with: a) inputs that are made specifically for a final product (say, a particular jet plane); b) the use of copyrights, trademarks and patents for which a value must be determined; c) the allocation of headquarters R&D or other fixed costs; and d) interest on loans made from one part to another part of a multinational corporation for which a determination of a market rate is difficult. The determination of these costs or of the prices of the goods and services traded within the enterprises is often difficult and arbitrary. It lends itself to manipulation by enterprises aimed at showing more profits in countries where nominal tax rates on enterprise profits are low (say, Ireland) and less profit in countries where the rates are high (say, Germany). The strategic use of "transfer prices" by enterprises can significantly reduce the total taxes paid by multinational enterprises, creating major problems for tax administrators.

Another termite is the existence and continued rapid growth of offshore financial centres and so-called tax havens. Total deposits in these tax havens have been estimated to be huge by both the International Monetary Fund and the United Nations. The distinguishing characteristics of these tax havens are: a) low tax rates, to attract foreign financial capital; b) rules that make it difficult or impossible to identify the owners of the deposits located in these countries (no-name accounts, banking secrecy, etc.); and c) lack of regulatory powers, or lack of information on these deposits, on the part of the countries where the owners of the deposits reside. These tax havens make it possible for individuals and enterprises from the countries where the capital originates to receive incomes that are difficult for national authorities to tax. Another important termite consists of new, exotic and complex financial instruments that have been continually entering the financial market in recent years. The day is long past when a normal citizen could understand and easily choose from the financial instruments in which he/she invested savings. New financial instruments are designed by extremely clever and highly paid individuals and, at times, are specifically designed to avoid (if not evade) paying taxes. In the United States, this has allowed some billionaires topay tax rates on their incomes that are much lower than the rates paid by their drivers. As a consequence, it is becoming more difficult for the employees of tax administrations (who have normal training and modest salaries) to keep up with these developments.

The developments described above and others not mentioned will have a progressively larger impact on tax revenue, tax structures, and the use of particular tax bases. This impact will naturally be larger for some countries and less significant for others. Because the role of the state played through public spending over the longer run depends on the countries' capacity to raise taxes and particular types of taxes, that role will also be affected.

All countries will be affected by the existence of these fiscal termites. However, we might speculate that high-tax countries, such as various European countries and a few Latin American ones like Argentina, Brazil and Uruguay, would be more affected. Transfer prices are a clear concern for all countries, and so are electronic commerce and the possibility that more and more investments in Latin America may be financed through loans originating from tax havens and not through equity capital.

Latin American countries suffer from another problem: the share of national income that goes to wages and salaries is much smaller than in industrial countries. This means that, to generate high revenue, either very high tax rates must be imposed on wages and salaries or non-wage incomes must be subject to reasonable taxes. The problem with the latter is that incomes that are not wages and salaries derived from large enterprises or from the public sector are difficult to tax because: some of these incomes derive from the informal sector or from self employment; and some are returns to capital (interest, dividends, capital gains, rents, some forms of profits) that may be difficult to ascertain and that are often lightly taxed for fear that the capital that generates these income might fly out of the country. The result is an unusual situation whereby the top income deciles, that receive an overwhelming share of personal income because of the high Ginis that prevail in Latin America, pay little taxes, thus putting a strong downward bias to total tax revenue. The move toward flat-rate taxes would not help with this problem. According to various sources, the (non-weighted) level of taxation in Latin America has hardly changed in recent decades and has remained below 20% of GDP (see Lora, 2007a).

3. The role of public spending

The last half century has witnessed major developments in the role that governments have played through public spending in both industrial and developing countries, including the countries of Latin America. This section describes some of these developments. A later section attempts to pierce the veil of the role that governments might play in the future.

The tax levels of many industrial countries are close today to their historical high and sharply higher than they were a century ago. In 1870, a group of 18 currently advanced countries for which data are available had public spending and tax levels of only about 13% of GDP. The United States had even lower levels (see Tanzi and Schuknecht, 2000). These statistics are much lower than even the low levels that have prevailed in Latin America in recent decades. As a consequence, public spending at that time was limited and largely focused on "core" or essential functions such as defence, protection of individuals and property, administration, justice, and large public works. These were broadly the functions described by Adam Smith in 1776 in his book, The Wealth of Nations. Because of wars, tax rates in Latin America were higher than in Europe at that time.

In the 20th century, public attitudes vis-à-vis the economic role of the state started changing. Governments and especially democratic governments with universal suffrage were pressured by their citizens to widen their economic role to include some social and/or redistributive functions. The pressures led to the phenomenal expansion of public spending that took place especially in the second half of the 20th century. Public spending started to grow during World War I but its growth was slow until about 1960. The great acceleration came in the period between 1960 and 1990 when many countries, and especially most European countries, created public programmes aimed at the economic protection of individuals "from the cradle to the grave". These programmes included public pensions, public health, free public schools, subsidies to large families, unemployment compensation, support for the disabled, public housing, and so on. As a consequence of these programmes, in several European countries public spending approached or exceeded 50% of GDP toward the end of the 20th century.

The countries of Latin America were not able to raise their public spending to the European level because of their inability to raise their tax levels. Those most exposed to European influences, such as Argentina and Uruguay and later Brazil, tried to raise their public spending and the taxes needed to finance it. However, these countries failed to raise enough taxes to avoid macroeconomic difficulties even though the level of public spending did not reach European levels.[2] Brazil was a latecomer because, until the 1970s, it had a low tax and spending level. However, in later years, especially promoted by spending for pensions, public spending (and taxes) grew dramatically, approaching European levels in recent years.

Not being able to significantly raise their tax levels, but being pressured to play larger roles in the economy, the Latin American countries made a growing use of tools other than public spending to achieve similar objectives. We shall return to this issue in a later section.

There is some debate on whether the large increase in public spending (as distinguished from the growth in per capita income over the period) that occurred in industrial countries, and especially in European countries, contributed to a genuine improvement in the welfare of the majority of citizens, or whether the citizens would have been better off with a lower growth in that spending that would have left them with more money in their pockets (because of lower taxes) but with less governmental services. The increase in public spending often went towards paying for the social services mentioned above. Because public sector intervention often displaces existing charitable or non-profit institutions, or private mutual assistance organisations, it does not necessarily or automatically add, on a net basis, to the informal arrangements for social protection that citizens had been receiving, or could have received, through private programmes. In some countries, there had been extensive social networks that informally provided significant social protection to those in real need.

It can be assumed realistically that the welfare of citizens is linked to the values of certain socio-economic indicators – such as life expectancy, infant mortality, educational achievements, literacy rates, growth in per capita incomes, inflation and others – that governments want to influence through their public spending policies (see Tanzi and Schuknecht, 1997 and 2000). Evidence collected by Tanzi and Schuknecht has shown that there has been little relationship, if any, in recent decades in advanced countries, between changes in the countries' shares of public spending in GDP and changes (in the desired direction) of these socio-economic

---

[2] For the Argentine experience, in its attempt to create a European-style welfare state, see Tanzi (2007).

indicators. Countries that allowed their public spending to grow significantly more than other countries (the "large government" countries) did not show, on average, better quantitative results for these indicators than countries that kept their governments smaller and leaner.

The conclusion reached by Tanzi and Schuknecht (2000) is strongly supported by the estimations of the "Human Development Index" (HDI) prepared by the UNDP.[3] The last year for which these HDIs have been prepared is 2005.

The HDIs can be mapped against the share of public spending in GDP for the same year. If more public spending promotes higher levels of "human development", the countries that have higher spending levels should have higher levels of human development. Table 1 provides, for 19 advanced countries, the shares of public spending in GDP and the ranking of these countries in the HDI for 2005. Figure 1 provides a visual representation of the relationship.

The remarkable result is the absolute lack of a positive relation between public spending levels and HDI rankings. High-spending countries do not have better ranks. For example, the four countries with the highest HDI ranks – Norway, Australia, Canada, and Ireland – have average spending levels of 37.6% of GDP while the four countries with the highest spending levels – Sweden, France, Denmark, and Finland – have an average HDI rank of more than 9. Their average spending is 53.5% of GDP. The ten countries that spend between 44.7 and 56.6% of GDP have an average rank of 12.7 while those that spend between 34.4 and 42.3% of GDP have an average rank of 7. Thus, at least for this group of highly developed countries, with per capita incomes and development levels that are not too different, there is at best no positive relation between public spending and welfare, as measured by the HDI. At worst there

---

[3] Quoting from the Human Development Report 2007/2008 (UNDP, 2007, p. 225): "The ... HDI is a composite index that measures the average achievements in a country in three basic dimensions of human development: a long and healthy life; access to knowledge; and a decent standard of living. These basic dimensions are measured by life expectancy at birth, adult literacy and combined gross enrolment in primary, secondary and tertiary level education, and gross domestic product (GDP) per capita in purchasing power parity US dollars."

seems to be a negative relation.[4] After some level of public spending is reached, which for advanced countries seems to be around 40%, more public spending does not seem to improve welfare – at least as measured by the HDI.

Before leaving this group of countries, it may be worthwhile to mention that several of the best performers, that had had very high levels of public spending in the 1990s, had sharply reduced public spending without apparently suffering any serious consequences (see Table 2)

Table 1. **Public spending and indices of human development in industrial countries in 2005**

	Public spending		HDI Rank
	% of GDP	Rank	
Sweden	56.6	1	5
France	54.0	2	9
Denmark	52.8	3	13
Finland	50.4	4	10
Austria	49.9	5	14
Belgium	48.8	6	16
Italy	48.3	7	18
Germany	46.9	8	19
Netherlands	45.5	9	8
United Kingdom	44.7	10	15
Norway	42.3	11	1
Canada	39.3	12	3
New Zealand	38.3	13	17
Japan	38.2	14	7
Spain	38.2	15	12
United States	36.6	16	11
Switzerland	35.8	17	6
Australia	34.6	18	2
Ireland	34.4	19	4

Sources: Public spending data from OECD (2007), OECD Economic Outlook No. 81, Volume 2007/1, June, OECD, Paris; indexes of human development (HDI) from UNDP (2007), Human Development Report 2007/2008, United Nations, New York.

---

[4] There is actually a correlation of 0.33 between higher spending levels and (poorer) HDI scores. See the line in Figure 1.

Revista de Finanças Públicas e Direito Fiscal

Figure 1. **Public spending and the Human Development Index**

Sources: Public spending data from OECD (2007), OECD Economic Outlook No. 81, Volume 2007/1, June, OECD, Paris; indexes of human development (HDI) from UNDP (2007), Human Development Report 2007/2008, United Nations, New York.

Table 2. **Spending levels in selected countries (percentage of GDP)**

	HDI Rank	Public spending		Difference
		1992	2007	
Norway	1	55.7	41.0	−14.7
Australia	2	38.6	34.0	−4.6
Canada	3	53.3	39.1	−14.2
Ireland	4	45.1	34.4	−10.7
Sweden	5	71.1	54.1	−16.7

Sources: Public spending data from OECD (2007), OECD Economic Outlook No. 81, Volume 2007/1, June, OECD, Paris; indexes of human development (HDI) from UNDP (2007), Human Development Report 2007/2008, United Nations, New York.

The data in Tables 1 and 2 seem to support a conclusion that public spending of, say, around 35% of GDP should be sufficient for the government of a country to satisfy all the objectives that are realistically expected to be achieved by the spending action of a public sector in a market economy. If public spending is efficient and well focused, an even lower spending percentage might be possible. Unfortunately, in many countries public spending is neither efficient nor well focused. The result is that more public spending provides no guarantee that social welfare and the well-being of the masses will be improved.

When we leave the advanced countries of Table 1 and move to the Latin American countries, we are faced by the realisation that in Latin

America there seems to be an apparent greater need for public sector intervention, because of widespread poverty, because of very uneven income distribution, and because of the need to improve institutional and physical infrastructures that in many countries remain inadequate. At the same time, we must face the fact that the Latin American countries' public sectors are likely to be less efficient than those of the countries in Table 1. Furthermore, their capacity to raise revenue and spend money efficiently is much more limited.

The above dilemma is reflected in the responses to survey questions by the citizens of Latin American countries. Quoting from a recent OECD report (OECD, 2007b, p. 37): "most Latin Americans say that the quality of basic public services in their country is not good. According to Latinobarometro surveys of public opinion, 92% of Latin Americans express the view that their government should spend more on basic education, and 75% that it should spend more on social security" (emphasis added). The OECD also reports that a small proportion of the population (15% in 2003 and 21% in 2005) trusts that taxes are well spent and believes that fiscal policy in Latin America has done little to improve the distribution of income.[5] Thus, we are faced with the classic situation of a customer in a restaurant who complains about small portions and bad food. Most Latin Americans want the government to spend more on health, education and social security but most believe that the spending will do little to improve things. Because more spending requires more taxes or more public debt, it seems questionable whether more tax money should be spent unproductively.

In the Human Development Index, the rating of the Latin American countries also seems to bear little relation to the level of public spending. Table 3 gives the relative positions in the index of various Latin American countries. For these countries, a complicating factor is the large divergence in per capita incomes and economic development that inevitably influences the ranking, because richer countries tend to have higher HDI scores regardless of the action of their governments. Still, the position of Brazil is striking because of its low HDI rank and the very high spending levels. We might add that focused social spending

---

[5] The percentages of those who thought that taxes are well spent ranged from a low of 10% in Peru to a high of 37-38% in Chile and Venezuela.

Revista de Finanças Públicas e Direito Fiscal

can generate a much higher ranking than expected from a country's per capita income, as indicated by Cuba's ranking.

The higher taxes needed to finance high public spending reduce the disposable income of the taxpayers that pay them, thus restricting their economic freedom and their ability to buy what they wish from the market. Most likely, over the long run, high tax levels may also have a negative impact on the efficiency of an economy and on economic growth, especially if the taxes are collected inefficiently and the money spent is used unproductively.

Table 3. **Rankings in the Human Development Index for various Latin American countries, 2005**

	Rank
Argentina	38
Bahamas	49
Barbados	31
Belize	80
Bolivia	117
Brazil	70
Chile	40
Colombia	75
Costa Rica	48
Cuba	51
Dominica	71
Dominican Republic	79
Ecuador	89
Grenada	82
Mexico	52
Panama	62
Paraguay	95
Peru	87
St. Lucia	72
Suriname	85
Trinidad and Tobago	59
Uruguay	46
Venezuela	74

Source: UNDP (2007), Human Development Report 2007/2008, United Nations, New York.

An obvious question for higher-spending countries is whether the level of public spending (and, consequently, of taxation) should be reduced if this could be done without reducing public welfare and without hurting the poorer population. That is to say, if public welfare is not reduced, on any objective criterion, by reduced public spending, then public spending and tax revenue could be cut. This would allow most individuals to have discretion over a larger share of their pre-tax incomes, giving them more access to privately provided goods. In other words, the citizens would decide how to spend this money, not the government.[6] Of course, this argument is not relevant in countries where tax levels and public spending are too low to even provide the minimum resources needed for essential public goods. While public spending can be too high, it can also be too low.

The theoretical reasons advanced by economists to justify the spending role of the state in the economy, including especially the need to help the truly poor, could be satisfied with smaller shares of public spending in GDP than is now found in many countries if governments could be more efficient and focused in the use of their tax revenue.[7] Much current public spending "benefits" the middle and higher classes. At the same time, much of the tax "burden" is also likely to fall on the same classes. Putting it differently, the government taxes these classes with one hand and subsidises them with the other, playing the classic role of an intermediary. This intermediation on the part of the government inevitably creates disincentives and inefficiencies both on the side of taxation as well as on the side of spending.

Before going on with our discussion, let us consider some statistics related to social spending in several Latin American countries. The spending is allocated among the five quintiles (see also OECD, 2007b, p. 40). Table 4 refers to education. Table 5 refers to health. Table 6 refers to social security. The tables tell us what we already know, but they do it in a striking fashion. The main lesson from Table 4 is that, while spending for primary education helps almost everyone – and it seems even to

---

[6] We reject here the view that private citizens are not able to make good decisions with the money that they control.

[7] The truth is that the amount of money spent on the truly poor (say, the bottom 20% of the income distribution) is a small proportion of the total in most countries.

help the poorest 20% of the population more than the richest percentiles, who may send their children to private schools – as we move toward secondary and especially tertiary education, the spending share moves up toward the richest quintiles. It is the richer quintiles that benefit the most from this spending. This seems to characterise all countries for which there are data and is most pronounced for tertiary education. In Guatemala, a full 82% of the spending for the tertiary education goes to the top quintile. In Brazil, the percentage is 76%. In Paraguay, it is 56%. It is difficult to justify a spending role of the state that subsidises the top 20% of the population. It is also difficult to make a case that the government is more efficient than the private sector in providing higher education.

Spending for health seems to be more evenly distributed, creating a stronger case for public spending also because of the greater difficulty for the private sector to provide an efficient market for health that would be affordable on the part of the poor. Of course this highlights the need for efficiency in this spending.

Before discussing social spending for social security, it may be useful to add the observation that the data in Tables 4 and 5 allocate spending among quintiles and not benefits. There has been a habit among economists of identifying spending with benefits. However, we should realise that the two are different concepts and may diverge significantly. The spending is often received not by the citizens who use the services, but by those who deliver them, such as schoolteachers, school administrators, doctors or nurses. The benefits are assumed to be received by those who use the services, such as school children, patients, and so on. In many cases, the providers of services come from higher income quintiles than the beneficiaries of the services. In some cases, the spending may not become a "benefit" for the recipient, especially when inefficiency, incompetence or corruption are present. Therefore, the allocation by spending may exaggerate the distribution of the benefits to the poorer groups. In some situations, those who deliver the services may appropriate most of the benefits in the form of high salaries (see Tanzi, 1974). This, of course, does not occur with cash benefits such as pensions.

Table 6 gives a clear impression of the extent to which social security benefits are appropriated by higher income classes. For the countries included in the table, the bottom 40% of the population received anywhere between a maximum of 24% (Argentina) and a minimum of 2%

Artigos

Table 4. **Distribution of social spending by income quintiles for education in selected Latin American countries, circa 2000**

	First	Second	Third	Fourth	Fifth
Argentina (1998)	21	20	21	20	18
Bolivia (2002)	17	17	21	22	23
Primary	*25*	*25*	*23*	*18*	*10*
Secondary	*15*	*18*	*24*	*24*	*19*
Tertiary	*3*	*5*	*17*	*30*	*45*
Brazil (1997)	17	18	18	19	27
Primary	*26*	*27*	*23*	*17*	*8*
Secondary	*7*	*12*	*28*	*33*	*19*
Tertiary	*0*	*1*	*3*	*22*	*76*
Chile (2003)	35	27	19	13	6
Colombia (2003)	24	23	20	19	14
Primary	*37*	*28*	*19*	*12*	*4*
Secondary	*24*	*27*	*23*	*19*	*8*
Tertiary	*3*	*8*	*17*	*31*	*42*
Costa Rica (2000)	21	20	19	21	19
Primary	*32*	*25*	*19*	*15*	*10*
Secondary	*18*	*21*	*22*	*22*	*17*
Tertiary	*3*	*8*	*14*	*30*	*45*
Dominican Republic	25	26	24	16	9
Ecuador (1999)	15	20	20	22	23
Primary	*35*	*26*	*20*	*13*	*6*
Secondary	*15*	*24*	*25*	*22*	*14*
Tertiary	*3*	*13*	*16*	*28*	*40*
El Salvador (2002)					
Primary	*27*	*25*	*23*	*17*	*8*
Secondary	*11*	*20*	*26*	*25*	*18*
Guatemala (2000)	17	21	21	21	21
Primary	*21*	*25*	*23*	*21*	*10*
Secondary	*3*	*12*	*23*	*31*	*32*
Tertiary	*0*	*0*	*6*	*11*	*82*
Jamaica (1997)					
Primary	*31*	*27*	*21*	*15*	*6*
Secondary	*10*	*15*	*25*	*30*	*20*
Mexico (2002)	19	20	19	23	19
Primary	*30*	*26*	*20*	*16*	*8*
Secondary	*14*	*20*	*21*	*26*	*19*
Tertiary	*1*	*7*	*15*	*33*	*44*
Nicaragua (1998)	11	14	20	21	35
Paraguay (1998)	21	20	20	20	19
Primary	*30*	*26*	*21*	*15*	*8*
Secondary	*14*	*18*	*25*	*24*	*19*
Tertiary	*2*	*5*	*8*	*29*	*56*
Peru (2000)	16	18	19	21	26
Uruguay (1998)	28	23	19	16	15

Source: Adapted from information collected at the Inter-American Development Bank from various official sources. See also CEPAL (2006), *Panorama Social de América Latina*, Comisión Económica para América Latina y el Caribe, Santiago.

of the total (Colombia). On the other hand, the top 20% of the population received between 80% (Colombia) and 30% of the total (Argentina). Those covered by public pensions are a relative minority and are not the poorest citizens who reach the pensionable age. It is thus difficult to justify a public role for pensions on the basis of social needs because the poor, who are often in the informal sector and do not have regular jobs, do not benefit from these programmes.

Table 5. **Distribution of social spending by income quintiles for health in selected Latin American countries, circa 2000**

	First	Second	Third	Fourth	Fifth
Argentina (1998)	30	23	20	17	10
Bolivia (2002)	11	15	14	25	35
Brazil (1997)	16	20	22	23	19
Chile (2003)	30	23	20	17	9
Colombia (2003)	18	19	19	22	22
Costa Rica (2000)	29	25	20	15	11
Ecuador (1999)	19	23	23	24	11
El Salvador (2002)	26	23	21	18	12
Guatemala (2000)	17	18	23	25	17
Honduras (1998)	22	24	24	17	14
Mexico (2002)	15	18	21	23	22
Nicaragua (1998)	18	23	22	19	18

Source: Adapted from information collected at the Inter-American Development Bank from various official sources. See also CEPAL (2006), Panorama Social de América Latina, Comisión Económica para América Latina y el Caribe, Santiago.

The bottom line is that the so-called "social public spending" in Latin America which, including social security, has averaged about 15% of GDP in recent years and has been growing in the past two decades (see ECLAC, 2005; and Lora, 2007a), together with tax systems that are broadly proportional or even regressive (because of the low taxes on personal incomes and on both real and financial wealth) do little to improve the income distribution that continues to be characterised by Gini coefficients that are the highest in the world. The OECD (2007b, p. 31) and the IMF (2007, p. 30) have called attention to the marginal impact that fiscal policy has had in Latin America in reducing Gini coefficients, normally by no more than one or two percentage points in the whole region and around 4.5 percentage points on average in Central America mainly because of Panama.

At the same time, an argument can be made that the attention paid to (inefficient) social spending has distracted governments from their basic role in providing institutional and real infrastructures that are needed by a modern society, and from focusing major attention on the truly poor.

Table 6. **Distribution of social spending by income quintiles for social security in selected Latin American countries, circa 2000**

	First	Second	Third	Fourth	Fifth
Argentina (1998)	10	14	20	27	30
Bolivia (2002)	10	13	14	24	39
Brazil (1997)	7	8	15	19	51
Colombia (2003)	0	2	5	13	80
Costa Rica (2000)	12	12	12	18	45
Ecuador (1999)	4	7	21	22	46
Guatemala (2000)	1	3	5	15	76
Mexico (2002)	3	11	17	28	42
Uruguay (1998)	3	7	15	24	52

Source: Adapted from information collected at the Inter-American Development Bank from various official sources. See also CEPAL (2006), *Panorama Social de América Latina*, Comisión Económica para América Latina y el Caribe, Santiago.

In spite of some progress reported for several Latin American countries in various state reforms (see Lora, 2007b) (including political reform and reform of the judiciary, the public administration, the tax systems, the fiscal decentralisation arrangements, the regulatory framework, pensions, and so on), there is still considerable confusion about what economic role the state should play in Latin America. Because tax revenues do not seem to have increased in many countries in the past two decades (except mainly in Argentina and Brazil) but social spending has increased, there remains the concern that public resources have been diverted from financing fundamental public goods towards social programmes that, for the most part, have not been focused on the truly poor – say, on the bottom quintile of the income distribution.[8] In recent years, more efforts have been made to make some public transfers more focused. These transfers have been combined with particular incentives for those who receive them, thus making the transfers conditional. Examples of such programmes are the Chile solidario, the Bolsa Familia in

---

[8] Actually the focus on tax revenue gives a distorted impression of the public revenue available to Latin American governments. Many Latin American governments receive large public revenue from the natural resources that they own. This is certainly the case for Bolivia, Ecuador, Mexico, Venezuela, and several other countries. In 2005, total public revenue was about 28% of GDP; that is high by international standards.

Revista de Finanças Públicas e Direito Fiscal

Argentina, Brazil, Panama and Peru, Progresa in Mexico, and the Hambre Cero in Nicaragua. These are important programmes but, as long as the tax incidence does not change and as long as much social spending continues to significantly benefit the higher quintiles, the impact of these programmes on Gini coefficients will be moderate.

4. Fiscal instruments for state intervention

Before moving to the final section that discusses the future role of the state in industrial and Latin American countries, it may be worthwhile to briefly describe various instruments that have been and will be available to governments to promote various goals such as allocation of resources, stabilisation of the economy, redistribution of income, and economic growth. It will be noticed that economic growth has been listed as an additional objective to the trilogy made famous by Musgrave (1959). The reason is that many policies now pursued by governments do not easily fall within any one of the famous three Musgravian objectives but are aimed at promoting economic growth rather than letting it be the automatic result of the allocation of resources to promote public goods.

There has been a tendency in thinking of "fiscal policy" exclusively in terms of taxes and public spending. This myopic approach has failed to acknowledge that fiscal policy can be promoted with instruments other than the traditional ones of taxes and public spending. Depending on the times and the circumstances, some of these instruments have been used and preferred over others. It must be realised that, at times, while the instruments have changed, the main governmental objectives have remained the four listed above. Let me provide a more complete list of what I would call "fiscal" instruments. The list, though more extensive, may still miss some important ones.

• Government spending is of course the most traditional and obvious instrument. Both the level of public spending and its structure or composition are important and can be considered as separate instruments.

• Taxes are the other obvious instrument. But taxes comprise at least four potential and separable instruments, such as the level of taxation, the structure of taxation, "tax expenditures" and tax incentives. All of these have been used, but some countries rely more on levels and structures

(Scandinavian countries) while others have relied more on "tax expenditures" (Anglo-Saxon countries) and on tax incentives (Asian countries and many developing countries).

• Nationalisation and privatisation of enterprises. At different periods and in different countries, nationalisation or privatisation policies have been used as instruments to promote government objectives. For many countries, the years after World War II were periods of nationalisation. The 1980s and especially the 1990s, when the so-called Washington Consensus became popular, became periods of privatisation.

• Expropriation of particular assets, such as land, has been at times, especially in Latin America, a powerful instrument of fiscal policy. In today's world, this instrument is less used.

• Conscription. The government can tax some citizens, say the young, through the process of forcing them to serve in the military or in other public services without (or with little) compensation. Conscription was very important in the past, when people were forced to provide their labour to build roads and public buildings, fight in wars, and so on. This instrument, again, is less used today.

• Certification. The government may require that particular economic agents are certified by the government, or by agencies authorised by the government, to be able to exercise some economic activity. In some countries, certification is needed to engage in many ctivities. At times certification has become an instrument to create "positional rents"for groups of individuals.

• Regulations can easily replace taxing and spending with similar effects (see Tanzi, 1998). Regulations have often replaced spending and taxing. Regulations can be pursued through instruments such as multiple exchange rates, monetary repression and policy loans, price and wage controls, preferential hiring quotas, and so on. In all cases, the net result is to (implicitly) tax some economic activities and to subsidise others. Regulations have played an overwhelming role in Latin American countries over past decades.

Finally, we must mention two relatively new instruments that are becoming progressively more important, including in some Latin American countries. The first is contingent liability – that is, the assumption on the part of the government of responsibility for liabilities that might arise in the future in connection with the activities of particular groups of economic operators. These contingent liabilities cost nothing when they are assumed but may become very costly in future years if particular developments occur.

Various examples of contingent liabilities are the following: a) insurances provided to airlines by the government for terrorist acts; b) assumption of risk for low rates of returns for investments made by private enterprises in connection with public-private partnerships; c) implicit or explicit government protection for losses connected with natural catastrophes such as floods, droughts, earthquakes, hurricanes, tidal waves; d) liabilities for future expenses connected with the ageing of the population (pension liabilities, health expenses, care for the very old, etc.); e) liabilities for fiscal deficits of subnational governments, especially when connected with unfunded mandates; f) liabilities for banking crises; g) potential liabilities for global warming; and so on. The main problems with these contingent liabilities are that they can become very costly to the government but they are not shown in the budgets when the government assumes them. However, through them, the government may influence the behaviour of the economy. For example, it can have some infrastructures built by private operators.

The other instrument, one that is still in its infancy but that might become an important tool for government policy in the future, is the allocation of future assets to pecific categories of citizens. For example, a government could legislate that, in place of social programmes, the government will open an account with a given amount of money n it for every newborn child or for every person that, say, reaches a given age (16? 18?) and let the individuals buy from the market the desired protection against particular risks such as illnesses, unemployment, etc. Thus, flow expenditures connected with public spending become stock allocations, and the government reduces its involvement in providing social services. The allocation could be based strictly on demographic information.

All these instruments have played and are likely to continue playing their part in the economic role that the state assumes in the economy. However, their relative importance is likely to change in the future.

5. The future role of the state in advanced countries

We have argued above that, in advanced countries, public spending may be too high. The real difficulty that would be faced by a government in reducing and changing the role of the state in the economy is not that a state that spent less would necessarily imply a reduction in economic welfare, but rather that it would face strong political reactions on the part of those whose current or expected standards of living have come to depend on the existing public programmes. Government spending programmes inevitably create strong constituencies: pensioners, those close to the retirement age, school teachers, public employees, those who receive public subsidies, and others. These constituencies consider a reduction in public spending as a negative-sum game. Therefore, the evidence that some countries with relatively low levels of public spending operate well cannot be interpreted as an indication that high-spending countries could easily and painlessly reduce their public spending. It only means that, after the short or medium-run costs of reform have been paid, a country that had made the right reforms could continue to have high socio-economic indicators (high social welfare) with significantly lower public spending and more individual liberty. This has happened to Canada which, after a decade of sharp reductions in public spending, has seen its human development index go up.

Levels of public spending at any one time tend to be set by past political trends and policies rather than by informed decisions based on the best evidence of the day.[9] Annual budgets are typically incremental. They rarely address the question of whether an activity should be continued or discontinued. For this reason, zero-base budgeting has not had much success. At any given moment, the level of public spending depends substantially on the entitlements and claims on the government created in past periods, often by previous governments. It does not depend on well-thought-out analyses and considerations of what the state could or should do in a modern and more sophisticated market economy. It rarely matches the spending level that a modern government might

---

[9] This section draws from Tanzi (2005).

wish to have if it had the freedom and the courage to change the status quo.

For the reasons mentioned above, there is often no realistic possibility of a genuine zero-base assessment of the optimal economic role of the state at a given moment in time. However, if past mistakes, or past misguided actions, have determined the current high level of public spending, that level cannot be assumed to be optimal or nearly optimal in an economic or even a political sense. It is simply the result of political opportunism. It is thus important to distinguish, at least analytically, what could be the optimal role of the state in the long run from its current role.

Should the governments of today's advanced countries simply accept the status quo? Or should they put in motion radical reforms that in the long run – say, over a generation – would bring the role of the state more closely in line with an ideal or currently economically optimal role? Another way of putting the question is: what economic role should the state play, especially in relation to public spending, in advanced industrial countries in the 21st century? This is a difficult question to answer because, inevitably, the answer must reflect political biases as well as the importance that one attaches to the transitional costs of getting from where we are today to where we could be, say, 20 or 30 years from now. The greater the importance that one attaches to the transitional costs, and especially to the political costs, the greater will be the inclination by policy makers to maintain the status quo and the current spending programmes. It is natural that governments want to remain in power rather than risk reforms that demand much political capital. Let me focus on some essential elements to consider when dealing with the above question.

The first of these elements is the recognition that, in a market economy, there should be a relationship between what the market is capable of delivering and what the government should do. After all, in a market economy, the state is supposed to correct the mistakes made by the market, or compensate for its shortcomings, but not replace the market. More efficient markets should require less government. In a society where the market is underdeveloped for a variety of reasons, so that it is not capable of performing some important tasks well, there will be more theoretical justification for the state to step in to correct or complement the market in some of these functions. This was the main argument that, over the years, led to the enormous expansion in the economic role of the state, especially in the last half century. It is also the argument that is often made for more market intervention in developing countries.

As markets develop and become potentially more efficient in performing various tasks and in allowing individuals to satisfy various needs directly and not through the intermediation of the government – including the need to buy protection against particular events that could have economic consequences – the theoretical justification for governmental intervention through public spending decreases. This should result in a fall in public spending. A perfect market, if it existed, would of course dispense with the need to have any government at all. However, a perfect market cannot exist. Furthermore, some regulatory government role is needed to make or keep the market as efficient as it can be.[10]

A second important element is that, when in past decades governments entered a given sector, they introduced laws and regulations that facilitated and justified their own intervention in that sector. This inevitably made it more difficult, or at times impossible, for the private sector to develop private alternatives in that sector. Governmental involvement created public monopolies that eliminated the possibility of developing private alternatives. In many European countries, public monopolies in energy, communications, postal services, transportation, the provision of pensions, health services, education and in several other activities prevented the market from developing potentially efficient private alternatives to the public programmes that existed in these areas. This created the belief, on the part of a large section of the public, that the public sector must remain engaged in these areas if the welfare of citizens is to be protected.

A third element is that other factors are changing the conditions for providing the services that citizens need: a) rapid technological innovations; b) the growing sophistication of the market on a global scale; c) the development of global financial services; and d) globalisation in

---

[10] As Adam Smith recognised as far back as 1776, without some government controls the private sector tends to develop monopolistic practices. Thus, as Paul Krugman has put it, it is necessary for government "to exercise adult supervision on markets running wild".

general. The current role of the state in many countries was developed mostly in the period after World War II when, for a variety of reasons, the markets were far less developed than they are, or can be, today. The markets were also far more closed. This was the period when the concept of a "mixed economy" that combined elements of central planning and of market economies, and assigned a large and benign economic function to the state, seemed natural and became most popular. At the time, it must have seemed reasonable for governments to take over many new responsibilities. The economic profession generally encouraged them to do so (see Tanzi, 2006a).

In spite of many obstacles imposed by governments on markets, and the existence of many public monopolies, markets have become much more sophisticated over the years. With the right governmental guidance, they could become even more sophisticated. Various developments have made it possible for the private sector to replace activities that had previously been public. Technological developments have destroyed the presumption that there are "natural monopolies" in the generation of electricity, in various forms of transportation (railroads, airlines), in communications (telephones, telegraphs), in postal services, and in other areas. In several countries, the government has started to withdraw from some of these activities, and relatively well-functioning private markets have quickly developed in them. This is the case also for private pensions, financial services, and transportation and communications. In most cases, the economic welfare of the average citizen has not been damaged by these developments. On the contrary, and with exceptions that often are much publicised, services have frequently improved in quality while prices have fallen significantly.

Major developments in financial markets, including greater international capital mobility, have removed the presumption that financial savings must be invested domestically and that governments should be involved in the allocation of private savings and credit. In financial markets as well as in the other areas mentioned above, there is, however, a very important surveillance and regulatory function that governments must perform. This function cannot, or should not, be left to the private sector. It is a function that should be taken seriously by the government but that, so far, has not been because governments have focused on their spending role. This regulatory function should be part of the core activities of the state.

A fourth element is that globalisation, in its various aspects, is bringing major changes to the way markets operate or could operate. Foreign competition can make domestic markets more efficient by destroying or reducing the power of domestic private monopolies and by offering alternatives. Globalisation is affecting and can affect public sector activities in other ways. By eliminating frontiers, or making them less constraining, globalisation is creating the potential for more options for both citizens and governments. For example, educational and health services can now be obtained in other countries more easily than in the past. In one sense, they have become tradable goods.[11] Public sector procurement can now benefit from foreign participation, thus reducing government costs. Savings can be invested abroad. This access to foreign markets has created options beside the ones traditionally available domestically and which were often available only from the public sector.

The current public spending policies of many European countries are likely to prove unsustainable in future decades because of the impact of demographic development on public spending and of globalisation on government revenue. Demographic developments with unchanged policies will dramatically push up various public expenditures, and especially those for health, pensions, and care for the very old. This increase in spending will come on top of already precarious public finances and high levels of taxation and public debt in several European countries.

The impact of globalisation on government revenue and tax competition could make it impossible for many European countries to compete with countries such as China, India, Korea, Mexico, Vietnam and others while maintaining tax levels that are already very high and, in several cases, not capable of financing even today's public expenditure.

The impact of the baby boom on social spending is yet to be felt fully, and the impact of globalisation and tax competition on tax revenue has just started to make itself felt. In the next ten years, both could be in full force. To prevent major future fiscal difficulties, there is only

---

[11] The greatest British export today is educational services. International shopping for health services is becoming common, and some hospitals have been set up specifically to attract foreigners.

way out: to try patiently, systematically and rationally to scale down the spending role of the state in the economy while making a serious and competent effort to increase the efficiency of the private sector as well as that of the public sector. This would make it possible for the private sector to step in and replace the government role in covering some important economic risks that citizens face, thus allowing the public sector to reduce its spending.

The reduction in the spending role of the state should be based on three pillars. The first should be the improvement in the working of the private market through the effective use of the government's regulatory power. In this role, the government will need to be ruthless and efficient. In a market economy, this is surely the most important role of the state.

The new government role in protecting individuals against risks with economic consequences can be played in two ways. First, by requiring individuals to buy some minimum protection directly from the market. Governments already force individuals to: a) get insurance for their cars; b) get driving licenses; c) have fire alarms in some buildings; d) build safe buildings; e) wear seat belts while driving; f) quit smoking in public places; g) get vaccination against some diseases; h) stay in school until a given age; and i) take other actions aimed at making individuals pay for, or avoid being damaged by, events that might affect them as well as others. Why not apply the same principle vis-à-vis the treatment for major illnesses, the payment of minimum pensions, or other similar needs?

The second pillar should be the progressive substitution of programmes with universal, free or almost free access, toward programmes targeted for the poor and based exclusively on ascertained and documented needs. Universal programmes (such as free health services for all, free higher education for all, etc.) are easier politically but are expensive. Targeted programmes can save a lot of money but are more demanding politically and in terms of information. Problems connected with poverty traps must receive specific attention. The difficulties in these changes cannot be minimised.

The third pillar should be the progressive exploitation of new opportunities offered by globalisation for services not domestically available or available at high costs – such as elaborated medical procedures, advanced technical training, relatively safe channels for money saved for old age, and so on. These services can now be bought from foreign providers if the domestic private market is unable to provide them at competitive prices, and the government still has the obligation to provide these services to some citizens.

It is obvious that much thinking and much experimentation will be required over future decades to bring out the progressive and efficient scaling down of public spending and tax levels. It is also inevitable that mistakes will be made. But when the transformation comes, it is likely to include the three pillars mentioned above. Without that transformation, the public finances of several high-spending countries will become more and more a public concern.

6. The future economic role of the state in Latin America

For many years, the countries of Latin America did not have well-developed markets and had little capacity or will to raise high tax revenue. Repressed financial markets, multiple exchange rates, high import tariffs, price controls, and politically influenced public enterprises dramatically restrained the development of private markets. As we saw earlier, the (unweighted) level of taxation increased little over recent decades. It was only in the most recent years that some important countries, and especially Argentina and Brazil, have succeeded in significantly increasing their tax level. However, while their ability to raise taxes was restrained, the Latin American governments were not immune from strong popular pressures to spend more and to play a larger social role in the economy. Being unable to raise the tax level, they relied on regulations to play such a role. This in turn made it more difficult for private markets to develop.

Repressed financial markets that favoured some loans, multiple exchange rates that favoured some imports, high tariffs on some imports and low tariffs on others, public enterprises that employed too many people and sold some of their services too cheaply, controlled labour markets that made firing costly, minimum wages, controlled prices for some basic commodities, rent controls on housing, export taxes to reduce the domestic price of some goods, and so on, can be considered as an alternative way of exercising a large government role in the economy – i.e. an alternative to high public spending. In effect, the governments created primitive regulatory welfare states, at least in intention if not in results.

Revista de Finanças Públicas e Direito Fiscal

The "Washington Consensus" was to a large extent a frontal attack on this government role. That consensus aimed at removing many of the regulations that Latin American governments had used in the decades before the 1990s to protect urban workers through regulations and not through public spending. It is easy to criticise this role of the state because it is clearly inefficient and an obstacle to economic growth, the point stressed by the Washington Consensus. However, for many workers (and especially urban workers) the protection appeared real and even helpful. The dismantling of this "regulatory welfare state" may have led to the recent reactions, in several Latin American countries, against the Washington Consensus. These reactions are evident from responses to questions asked by Latinobarometro of Latin American citizens and from recent election results. In principle, the removal of many of these regulations could have been replaced by public spending. But the limitation in tax revenue made this impossible for many countries in the region. Thus, urban workers lost some of the indirect social protection that they thought they had. Some lost their jobs in public enterprises or in enterprises protected by high tariff walls.

In the future, the governments of the Latin American countries where taxes are low ought to try to make their tax systems more productive. However, this will be difficult as long as personal income taxes continue to contribute little to total tax revenue.[12] In countries where Gini coefficients approach 0.60, flat-rate taxes are not likely to generate the needed revenue and are not policies that should be contemplated by the Latin American governments. Much of the potential tax base is in the top deciles of the income distribution. This has to be recognised by policy makers and should be reflected in the incidence of taxation.[13]

If more taxes could be collected, the higher revenue should be directed first to modernising the state, by improving the quality of the basic services that it provides. Basic education and essential health services should receive full attention, but so should services related to personal safety, justice, public transportation and similar.

---

[12] Given the high concentration of income in most Latin American countries, personal income taxes contribute shockingly little tax revenue.

[13] Flat-rate taxes may be good tools for countries with low Ginis, such as several "transition" countries.

The state should reduce its involvement in activities that are costly but are used mainly by higher income groups and where the services could be bought by these groups directly from the market. Higher education would be one of these activities. Incomes for old-age pensions could be another. However, an argument could be made for helping old people who were too poor to save for old age and that reach old age without a pension because they never had a regular job. The latter include a significant share of the population of Latin America.

As we argued above, those who are covered by public pension systems are often not the poorest among those who reach pensionable ages. In many developing countries, available forecasts of the liabilities of public pension systems for future years (i.e. the present value of the stream of future pensions promised to workers under current legislation less the present value of the stream of future social security taxes) indicate growing financial liabilities for many countries for public pension systems. These large pension liabilities (or hidden pension debts) have been the main reasons why, in recent years, several countries around the world introduced some version of the pension model first introduced in Chile in 1981 that privatises all or part of the pension systems.

In the Chilean model, the government reduces its spending responsibility and increases its regulatory responsibility. This represents a fundamental step toward a state that would exercise its social responsibility not by taxing and spending but by requiring its citizens to follow prescribed actions.[14] The state can then focus its spending role on providing truly public goods and on assisting the truly poor instead of those in middle or higher classes who should be able to look after themselves. The state does not abandon its social goals; it mainly changes the instruments through which it pursues them.

In a world in which many markets have or can become more efficient and more global, perhaps with the push of international institutions, if governments became more forceful and efficient in their regulatory role, it should be possible for them to reduce the intermediary, spending and taxing role that they have played, especially in public pensions. In

---

[14] It is a paternalistic role of the state based on mandates rather than on spending. Both differ from a state based on individualistic responsibilities in which the state would play no role.

the traditional public pension system, workers pay social security taxes (based on their wages and salaries) to the government during their working life. When they reach the official pensionable age, the government is expected to repay them with monthly pensions that bear some but often not a close relationship to the taxes they had paid during their working life. Thus, in some sense the government operates as a savings bank for each worker but without a real guarantee that what they contribute to the bank will determine what they will take out. The problem is that the bank is empty most of the time, and is often in the red. The contributions of the current workers go quickly to pay the pensions of those already retired. The workers often see their contributions as taxes and not as savings.

Often governments are forced to use general public revenue to be able to meet their pension obligations because the contributions by current workers are not sufficient to meet the obligations. This system is exposed to problems created by demographic changes that increase the number of retirees with respect to the number of workers, by the inefficiency of governments in using productively the taxes that they receive, by political pressures to increase the level of pensions and, most importantly, by the fact that people who have not contributed – because they were not part of the formal economy – are not entitled to receive a public pension when they reach retirement age, regardless of their needs.

Given the characteristics of the economies of developing countries and emerging markets, there are valid reasons to suggest that governments should change their basic role that has largely been to protect those lucky enough to have had jobs in the formal labour market while forgetting about those who had been in the informal economy. The latter were often the poor majority. It can be argued that the basic role of the state should require that it pay more attention to the truly poor. This can be done by seeing the public role as providing a minimum income, or a minimum pension, to all citizens who reach a given old age. In this system, age would be the sole criterion for receiving this income.

The minimum pension could be estimated as a fixed proportion (say, as an example, 25%) of the per capita income of the country in the most recent year for which this information is available. Thus, the absolute level would change automatically, as the per capita income changed. The pensionable age could be set as a constant proportion of life expectancy, say at 80 or 90% of the average life expectancy of the country.

Thus, it would change automatically when the life expectancy changed. The pensions would be paid out of general revenue and not out of payroll taxes. Therefore, there would not be the disincentive effects of high social security taxes on the labour markets.

In sum, the variables needed would be: a) the country's per capita income; b) the country's life expectancy; and c) the age of the pensioners.[15] Such pensions would make a significant impact on poverty reduction, because many who are old and poor have no incomes or have incomes that are very low. Those receiving these pensions could continue to be economically active if they so desired. They would still be entitled to the pension. The administration of these pensions would be simple and the cost to the countries not very high, because the pensionable age could be set at a level that would limit the number of eligible people. The state would be performing one of its basic roles, that of assisting the poor, and doing so without distorting the labour market or removing individual responsibilities.[16] This is suggested as an alternative to the current systems. But, of course, for a long time those who have acquired rights in the present systems would continue to receive the pensions from those systems.

In addition to this general basic scheme, the government could help the workers in the formal labour market by providing a regulatory framework (and the needed information) that would assist all citizens who wished to do so to invest part of their savings in income producing assets that would provide them with additional resources when they retired, beyond the minimum pensions. If channeled to specific categories of assets, these investments could benefit from a deduction from taxable incomes as, for example, IRA accounts (individual retirement arrangements) do in the United States. This would create a culture that would encourage individuals to take personal responsibility for their actions. Obviously, specific transition problems would need to be solved, and these problems might be difficult ones.

---

[15] In countries where no records are available for some citizens, this would be a problem.

[16] Note that the pensions received would be a large share of the incomes of the poorest people and an almost insignificant share of the incomes of people in the high percentiles.

7. Concluding remarks

The role that the state plays in economic matters, in both advanced and developing countries, has been much influenced by the ideologies of the past. They often do not reflect modern thinking, modern needs, and modern possibilities. Discussions have often been directed toward the instruments used and not enough to the goals to be achieved. For example, public spending has been defended even when much evidence indicates that it is less beneficial to the poor than generally believed.

Furthermore, public spending can be of an "exhaustive" kind – that is, the kind that uses resources directly – or it can be in cash. The relative use of these alternatives should depend on the efficiency of public sector institutions in performing some activities. When the high-spending welfare states of Europe reduced their public spending in the past decade, they generally preferred to reduce cash transfers rather than transfers in real services. However, it is less clear that this would be the better policy for Latin America, where the institutions that deliver social services are likely to be less efficient in general. Thus, in these countries, a role of the state based on objective criteria (say, age) and using cash transfers or the creation of earmarked cash allocations to particular groups might, in particular circumstances, be the preferred alternative. We need to devote more analyses to these possibilities.

References

CEPAL (2006), Panorama Social de América Latina, especially Chapter II, "Gasto Social en America Latina y el Caribe: tendencias recientes, orientación y efectos redistributivos", Comisión Económica para América Latina y el Caribe (Economic Commission for Latin America and the Caribbean), Santiago.

ECLAC (2005), Panorama Social de América Latina, Capitolo II, Economic Commission for Latin América and the Caribbean, Santiago.

IMF (2007), Regional Economic Outlook, Western Hemisphere, November, International Monetary Fund, Washington DC.

Lora, Eduardo (2007a), "Trends and Outcomes of Tax Reform" in E. Lora (ed.), The State of State Reform in Latin America, Inter-American Development Bank and Stanford University Press, Washington DC.

Lora, Eduardo (ed.) (2007b), The State of State Reform in Latin America, Inter-American Development Bank and Stanford University Press, Washington DC.

Moser, Caroline O.N. (ed.) (2007), Reducing Global Poverty: The Case for Asset Accumulation, Brookings Institution Press, Washington DC.

Musgrave, Richard A. (1959), The Theory of Public Finance , McGraw Hill, New York.

Musgrave, Richard A. (1998), "The Role of the State in the Fiscal Theory" in P.B. Sorensen (ed.), Public Finance in a Changing World, MacMillan Press, Ltd., Houndmills, Basingstoke, United Kingdom.

OECD (2007a), OECD Economic Outlook No. 81, Volume 2007/1, June, OECD Publishing, Paris.

OECD (2007b), Latin American Economic Outlook 2008, OECD Development Centre, Paris.

Simons, Henry (1938), Personal Income Taxation: The Definition of Income as a Problem of Fiscal Policy.

Smith, Adam (1776), The Wealth of Nations.

Sorensen, Peter Birch (ed.) (1998), Public Finance in a Changing World, Mac-Millan Press, Ltd., Houndmills, Basingstoke, United Kingdom.

Tanzi, Vito (1974), "Redistributing Income through the Budget in Latin America", Quarterly Review, Banca Nazionale del Lavoro, March.

Tanzi, Vito (1998), "Government Role and the Efficiency of Policy Instruments", Chapter 2 in P.B. Sorensen (ed.), Public Finance in a Changing World, MacMillan Press, Ltd., Houndmills, Basingstoke, United Kingdom.

Tanzi, Vito (2001), "Globalization, Technological Development and the Work of Fiscal Termites", Brooklyn Journal of International Law, Vol. XXVI, No. 4.

Tanzi, Vito (2005), "The Economic Role of the State in the 21st Century", Cato Journal, Vol. 25, No. 3, Fall.

Tanzi, Vito (2006a), "Final Remarks" in T. Boeri et al. (eds.), Structural Reforms without Prejudices, Oxford University Press, Oxford, United Kingdom.

Tanzi, Vito (2006b), Death of an Illusion? Decline and Fall of High Tax Economies, Politeia, London.

Tanzi, Vito (2007), Argentina: An Economic Chronicle, Jorge Pinto Books, Inc., New York.

Tanzi, Vito and Ludger Schuknecht (1997), "Reconsidering the Fiscal Role of Government: The International Perspective", The American Economic Review, May.

Tanzi, Vito and Ludger Schuknecht (2000), Public Spending in the 20th Century, Cambridge University Press, Cambridge, United Kingdom.

UNDP (2007), Human Development Report 2007/2008, United Nations, New York.

Diogo Leite Campos

A indisponibilidade dos créditos tributários e a arbitragem

A meu Pai, Juiz Conselheiro do STJ Raúl José Leite de Campos, a meus Avós, José Paredes, Advogado e Domingos José Fernandes de Campos, Juiz Conselheiro do STJ

Diogo Leite Campos
Professor Catedrático da Faculdade de Direito de Coimbra

Revista de Finanças Públicas e Direito Fiscal

RESUMO

A Lei Geral Tributária, no seu artigo 30.º, 2, dispõe a indisponibilidade dos créditos tributários, fazendo assentar esta indisponibilidade no princípio da legalidade dos impostos. Usar esta norma para vedar a arbitragem em matérias tributárias representa um juízo negativo sobre a arbitragem que é de excluir. Os árbitros julgarão conforme a lei, tal como os juízes togados, respeitando assim o princípio da legalidade. Entender que julgar é dispor dos créditos tributários, significaria rejeitar a própria função judicial dos juízes do Estado.

Palavras-chave:
>Arbitragem
>Direito fiscal
>Juízes
>Princípio da legalidade

ABSTRACT

The article 30.2 of the General Tax Code, establishes the unavailability of tax credits, which is founded on the taxes legality principle. The use of this provision to deny arbitration in tax matters, represents an unacceptable misconception of arbitration.

The arbitrators must decide according to the law, the same way judges do, in compliance with the legality principle. To consider that to judge is to make use of tax credits, means the rejection of the judicial role of State Judges itself.

Keywords:
>Arbitration
>Tax Law
>Judges
>Legality principle

1. A indisponibilidade dos créditos tributários e o princípio da legalidade

O artigo 30.º, 2 da Lei Geral Tributária dispõe que o crédito tributário é indisponível, só podendo fixar-se condições para a sua redução e extinção com respeito pelo princípio da igualdade e da legalidade tributária (vd. também o artigo 37.º,2). É uma norma, desnecessária em si mesma, por decorrer directamente do princípio da legalidade tributária, para o qual aliás remete: a obrigação tributária nasce nos termos da lei e vive e extingue-se nos termos desta (artigo 103.º da CRP). Só seria necessária uma norma que viesse dispor (inconstitucionalmente?) uma derrogação do princípio da legalidade.

A indisponibilidade dos créditos tributários está assim inserida no princípio da legalidade e no sub-princípio da tipicidade fechada, entendidos enquanto reserva absoluta da lei formal (artigo 103.º da CRP)[1].Não se vendo razão para maiores ou menores exigências na sua interpretação/aplicação.

Contudo, a indisponibilidade dos créditos tributários tem sido, por vezes, invocada em Portugal e em outros países para vedar o acesso à arbitragem em matérias tributárias.

Parece-me que quem o faz não tem razão por diversos motivos. Uns argumentos, atinentes à própria natureza da arbitragem que não põe em causa a indisponibilidade dos créditos tributários. Com efeito, se julgar por um juiz togado os créditos tributários não põe em causa a indisponibilidade destes, não se vê como o julgamento, segundo os mesmos parâmetros de legalidade, por juízes não togados, pode pôr em causa a indisponibilidade dos créditos tributários. E a arbitragem é só isto.

Poderíamos ficar por aqui, tão evidente é a sem razão do argumento contrário. Mas como se pressente, implícita, a ideia de que o Direito (fiscal) sendo de aplicação automática (pela Administração Tributária) dispensa qualquer julgamento que só se pode traduzir em disposição do crédito tributário, vamos dizer algo, muito sucinto, sobre a função do julgador no Estado contemporâneo. Afastando, sem dela cuidar, qual-

---

[1] Diogo Leite de Campos e Mónica Horta Neves Leite de Campos, Direito Tributário, Coimbra, Almedina, 2000, págs. 94 e segs.

quer pretensão no sentido da subsunção automática da matéria fiscal na norma, por ultrapassada há muito.

2. Do Estado-dos-poderes-dos juízes, à sociedade-dos-cidadãos- -dos-advogados

Os textos das Constituições contemporâneas regulam o Estado como um ente dotado de soberania (supremacia em relação aos cidadãos), e integrado por um conjunto de Poderes (sobre os cidadãos)..

Ora, as pessoas estão antes e acima da sociedade e do Estado, pelo que os conceitos de soberania e de poderes têm de ser revistos. E o Estado democrático é hoje um Estado dos cidadãos, gerado, estruturado e comparticipado por estes. As pessoas não se limitam a "suportar" os poderes do Estado: são o Estado, mesmo quando exercem as funções deste através de representantes. Reivindicando cada vez mais um papel de autores e actores da vida política e dos poderes do Estado. Têm vindo a exigir, e a obter, nomeadamente, um papel autónomo e protagonista no dirimir dos conflitos, através de juízes(árbitros) por si nomeados. Retirando ao Estado o monopólio da função judicial.

Vou tentar estabelecer algumas linhas deste processo e das suas raízes.

Como pano de fundo da discussão da possibilidade da jurisdição privada, da arbitragem voluntária como instrumento da auto-composição de interesses de pessoas singulares e colectivas, e depois das suas vantagens e inconvenientes perante a tradicional jurisdição do Estado, situa-se a transição do Estado-dos-poderes (dos juízes) para a sociedade-dos cidadãos (dos advogados). Em outros termos: a assunção pela sociedade (civil) e pelos cidadãos da sua própria dignidade perante o Estado, com o desgaste dos poderes "soberanos" deste, é contemporânea do desgaste do "poder" judicial (do Estado), exercido por juízes órgãos da soberania; a favor de uma auto-composição dos interesses dos cidadãos através dos seus representantes "jurídicos", dos seus advogados, como interpretes privilegiados que estes são do mundo dos factos perante o mundo dos valores. Sendo, naturalmente, a sociedade-dos-cidadãos, uma sociedade-dos-advogados no plano jurídico.

3. Do "problema" da arbitragem voluntária ao "problema" da jurisdição do Estado

A arbitragem voluntária tem sido apresentada como um "problema": qual o lugar que pode ocupar, num sistema judicial monopolizado pelo Estado e pelos seus juízes, uma composição privada dos conflitos?

Quando muito, um meio alternativo, marginal, reservado a certos ramos do Direito, mais caracterizadamente "privados", com direitos "disponíveis". Mas sempre enquadrado e disciplinado pelo Direito do Estado, nomeadamente pelo Direito processual; e controlado, em segunda ou última instância, pelos (verdadeiros) tribunais, os do Estado.

Julgo que há sinais de que este discurso se tem vindo adoçar, ou mesmo a inverter, primeiro na realidade, depois nos princípios. Em termos de o "problema" ser cada vez menos o da arbitragem voluntária; para começar a aparecer a nível da justificação, não só do monopólio dos tribunais do Estado, mas já da própria legitimidade destes, num Estado democrático-dos-direitos e dos-cidadãos. Ou, para melhor situar a discussão, numa sociedade livre e assumida, anterior e superior ao "Estado" que aparece sobretudo como um instrumento da sociedade civil para prosseguir certos fins desta.

A nova orientação do problema é contemporânea de uma nova concepção de Estado e de sociedade; e da posição do individuo perante a sociedade e o Estado.

Primeiro (e não quero estabelecer hierarquias ou precedências temporais) pelo aprofundamento do Estado-dos-direitos, em que o Direito, geral e abstracto, prévio a cada caso e a todos, tem vindo a perder terreno perante a afirmação de direitos individuais que, em conflito, "só" permitem composições concretas, em termos de "direito" de cada caso. Composição que parece derivar mais facilmente da acção de árbitros privados escolhidos "ad hoc" pelas partes.

Depois, pelo progressivo desequilíbrio (ainda muito no seu início) das relações de força entre o estado e a sociedade, a favor desta. Em que o "estado" aparece como um simples instrumento da sociedade civil, colocada antes e acima dele. Passando-se a analisar criticamente o Estado, já não com um dado indiscutido e indiscutível; mas como uma organização a definir e a gerir de acordo com interesses que lhe são estranhos. Em termos de ser ele a precisar de justificação, e não a sociedade civil; de serem os tribunais do Estado a precisarem de justificação na sua existência e funcionamento; e não as jurisdições escolhidas pelas partes.

Por outras palavras. A crise do Estado contemporâneo, enquanto sucessor do soberano do antigo regime, sobretudo a nível do seu poder de raiz absoluta, a "soberania", leva à crise dos "poderes" – legislativo, executivo e judicial – também "radicalmente" absolutos, à sua partilha com os cidadãos (Estado-dos-cidadãos) e sucessivamente à sua transferência para a sociedade civil e para cada um dos seus membros ("sociedade-dos cidadãos, a consumir o "Estados-dos-cidadãos).

4. O culminar do poder do Estado e o seu desmontar

Juntemos agora dois fenómenos que temos vindo a descrever sumariamente, e centremo-nos no século XX.

A primeira metade do século XX conhecia a vitória do pós-iluminismo centralizador e uniformizador: nacional-socialismo, fascismo, comunismo, etc.

A segunda metade conhece o começo do desencanto.

O mundo arruinado começou a descobrir o ser humano atrás do grupo, do partido, do Estado, da raça, etc.

Este movimento já encontra as suas raízes próximas (não estou a falar das longínquas, mas sempre presentes, raízes cristãs) na concepção do Universo das ciências quânticas. Em que se restitui a liberdade ao muito pequeno, também ao ser humano, livre e muitas vezes incompreensível, fazendo-se desaparecer, a não ser como boa aproximação da realidade, as leis da causalidade, as leis naturais, as leis do grupo.

Portanto, por detrás do Estado aparece o cidadão; o Estado passa a "sermos nós"; detrás de cada decisão, "desaparece" a lei, para surgir um caso concreto com personagens concretas e necessidades específicas. O juiz "deixa" de ser um mero aplicador de uma vontade abstracta, para se transformar naquele que resolve conflitos concretos, individualizáveis. O juiz "deixa" de dizer o Direito, para passar a criar o direito do caso concreto.

Nesta medida, o juiz concreto aparece como uma personagem do jogo do poder, como alguém dotado de autoridade própria que se questiona, que se pergunta, cujos fundamentos são discutidos.

Tal como são discutidos os fundamentos do Estado e do Direito e se faz uma revisão cada vez mais profunda das relações entre o indivíduo, a sociedade e o Estado.

5. A arbitragem em Direito público

A função judicial – que eu muito profundamente respeito e admiro, também por ser filho e neto de magistrados – tem vindo a sofrer com o desencanto generalizado perante o Estado e perante o monopólio que o Estado se arroga do poder de administrar a justiça. Assim, a Constituição portuguesa já prevê meios alternativos de resolução de conflitos para além dos tribunais.

Acaba de ser introduzida a arbitragem para resolução de conflitos no âmbito de Direito Administrativo.

Porque não no âmbito tributário e em certas matérias criminais?

A sociedade civil, libertando-se progressivamente do poder do Estado, tem vindo a entender que, tendo legitimidade para criar as suas próprias relações intersubjectivas, para criar o seu próprio Direito para além do Direito legislado, também deve ter legitimidade para resolver os seus próprios conflitos. Quem celebra um contrato deve resolver os conflitos inerentes.

Esta pressão tem sido cada vez maior à medida que o afrouxar do tecido social, o aumento da conflitualidade, o crescimento da densidade técnica dos problemas e a incapacidade do sistema judicial para lhes responder têm vindo a pôr a nu as insuficiências deste (que não são insuficiências da generalidade dos juízes).

6. A "natural" auto-composição dos conflitos

O Estado-dos-direitos tem a arbitragem como via natural de resolução dos conflitos. Os conflitos de direitos não se julgam, compõem-se. Isto, tanto nos direitos privados, como nos "públicos", nos danos, nas relações entre privados e o Estado (que tende a transformar-se de "soberano", num instrumento de prestação de serviços em plano de igualdade com os cidadãos (seus "soberanos")).

A ideia de conflitos de direitos e não de violação de normas, transitou do Direito privado para o Direito público.

A origem do julgamento pelo Estado da conduta dos particulares segundo normas de prévias de comportamento, está numa intenção de uniformização dos comportamentos através de critérios prévios, axiológicos, constantes de normas racionais, gerais e abstractas, aplicáveis racionalmente por técnicos representantes do Estado que seriam capazes de apreender aquela racionalidade e aplicá-la uniformemente.

Hoje (re) descobriu-se a singularidade de cada caso, insusceptível de ser subsumida em normas gerais e abstractas. À ("desejável") uniformidade substituiu-se a "natural" diversidade.

Sendo a arbitragem precisamente (também) a consideração individualizada de cada caso, a (auto) composição dos direitos/interesses em conflito (mesmo quando se decide segundo critérios de legalidade), esta via de resolução de conflitos afigura-se como a via "natural" no Estado-dos-direitos.

A concepção da norma jurídica como "problema", em diálogo constitutivo com o caso a resolver, inerente à norma geral e abstracta do Estado-do-Direito abriu – talvez involuntariamente – o caminho neste sentido.

Os juízes do Estado tendem a assumir o papel de árbitros. E não me estou a referir a concepções de "Direito social" ou livre, em que o critério de composição dos conflitos se vai encontrar no diálogo entre a sociedade e o caso.

A pessoa vem perdendo a sua dimensão pública, para se transformar num espaço privado, de exercício da liberdade própria, na prossecução da sua felicidade pessoal, livremente entendida e obtida. A ordem pública passa a ser vista como o resultado da interacção dos cidadãos.

O Direito "público" perde sentido, para ser Direito privado, de cidadãos iguais, livres de constrangimentos, exercendo a sua autonomia pessoal e patrimonial, em plano de igualdade com a sociedade e o "estado".

Embora com o risco – e dar-nos-emos conta adiante da verificação do "dano" – de a sociedade, sem "lei" nem "autoridade", passar a ser o produto dos interesses, sempre variáveis, de sujeitos de igual poder; ou dependendo dos sucessivos equilíbrios e desequilíbrios que entre esses poderes se vão estabelecendo.

71

Artigos

Todos os aspectos estruturais e funcionais da sociedade foram afectados por esta evolução.

7. Arbitragem. O Estado-dos-Cidadãos

Os cidadãos, organizados socialmente e utilizando o Estado como um dos instrumentos de vida em comum, têm vindo a erigir as suas vontades, colectiva e individual, como criadoras do seu "direito" e da resolução dos seus conflitos. Em vez de delegarem no Estado, uma vez por todas, o monopólio de criação do Direito e da função jurisdicional. A substituição progressiva da norma jurídica, geral e abstracta, constitutiva do Direito, por direitos individuais, opostos mas conciliáveis, com sentido e conteúdo muito dependentes do caso corrente, tem levado a pôr em causa a função jurisdicional do Estado, através dos juízos togados.

Pensado, desde há séculos, para as "aplicações" de normas jurídicas, previamente editadas, gerais e abstractas, o juiz profissional do Estado tem encontrado dificuldade para transitar para a composição concreta de conflitos concretos, em que a norma legal, mesmo entendida em termos de "norma – problema", cede perante o direito (e os direitos) de cada caso.

Direito de cada caso que serve cada vez menos de parâmetro para a resolução de casos futuros.

Estou a emitir juízos de realidade e não de valor.

Assim, tendem os cidadãos a assumir, também eles próprios, a resolução dos seus conflitos, através de estruturas montadas e desmontadas para cada conflito. Por outras palavras: através do recurso a árbitros escolhidos por eles. Resolvendo, neste sentido, o seu conflito, não através de terceiro, do Estado, mas por si mesmos, através dos seus mandatários.

Portanto, a auto-composição dos conflitos pelos cidadãos tem vindo a ocupar cada vez mais espaço em todos os ramos do Direito, à medida que a intervenção dos cidadãos na vida pública é directa e assumida. Ao Estado-dos-cidadãos a caminho da sociedade-dos-cidadãos corresponde um novo valor da arbitragem como modo de resolução dos conflitos. Já não como um meio alternativo perante os tribunais do Estado, nas como "um" dos meios de resolução desses conflitos, podendo tornar-se "o" meio típico de resolução dos conflitos.

8. O Direito e a sua fundamentação

Encontramos facilmente no Direito os instrumentos conceituais que servem para forçar a obediência ao Estado; mas mais dificilmente a justificação necessária para o Direito ser Direito, ou seja, a sua justiça imanente e fundamentante[2]. Esquecendo-se também deliberadamente, o direito de resistência de todos os que se sintam agredidos nos seus direitos e interesses perante uma conduta injusta imposta pela força.

Ora bem: a relação dos cidadãos com o Estado é uma relação de fidelidade, de lealismo, e a fidelidade só obriga a que se cumpram as ordens que podem ser exigidas moral e juridicamente; ordens fundamentadas juridicamente e também na ética. Existe um Direito que está acima do Estado e da lei.

Devendo afastar-se a ideia de um Estado o cria livremente o Direito, podendo servir-se da força sempre que necessário para aplicar de acordo com os seus interesses essa será criação; que, nesta medida, nunca liberta. Temo-nos mantido fiéis a uma ideia de soberania (assente uma autoridade desvinculada da justiça) que pode criar ou derrogar as leis vigentes, decidindo, em caso de conflito, e a seu belo prazer, qual é a ordem justa e quando está justificada a intervenção do poder, se necessário pela força.

Um Estado que ele, e só ele, conhece o que é justo.

Foi (também) para combater a ideia de Estado que acabamos de descrever que se criou a ideia – força dos direitos da pessoa, invioláveis pelo Estado na medida em que reconhecem no ser humano um indivíduo, com realidade própria independente de toda a organização e, por consequência, também do Estado.

Ser humano que, sendo elemento irredutível a todos os outros, pessoa em si mesma, não pode ser apreendido racionalmente, mas só aceite tal como é.

---

[2] Sobre o que se segue, vd. CELESTINO PARDO, *El núcleo duro de los derechos humanos desde la perspectiva de la historia de las ideas jurídicas, sociales y morales*, in ANTÓNIO MARZAL, *El núcleo duro de los derechos humanos,* J.M. Bosch, s.d., págs. 119 e segs.; e DIOGO LEITE DE CAMPOS, *As três gerações das garantias dos contribuintes*, in *O sistema tributário no Estado dos cidadãos*, Coimbra, Almedina, 2006.

Em termos de a biologia, a antropologia e a ética, componentes do ser humano, produzirem por si mesmas Direito, objectivando-se em Direito.

Os direitos do indivíduo, nesta medida, não são organizáveis pelo Estado, estão antes dele e fora dele.

Põe-se crescentemente o "problema" da jurisdição do Estado: qual a legitimidade de "magistrados", detentores de poder, não eleitos? Qual a legitimidade da cooptação dos novos juízes pelos já em exercício? Qual a legitimidade de julgarem (terem poder sobre) os "outros políticos", estes eleitos? Assim, tem vindo a criar-se e a aprofundar-se o "problema" da jurisdição do Estado. Em termos de justificação do monopólio; mas cada vez mais como questionamento da legitimidade do seu poder (da sua existência) que parece dificilmente compreensível nos quadros do Estado-de-direito-democrático-dos direitos e dos-cidadãos e da própria legitimidade republicana. Aparecendo cada vez mais de acordo com a "natureza das coisas", que os cidadãos resolvam eles mesmos os conflitos entre os seus direitos.

O Estado de Direito-dos-cidadãos é assumido/participado por estes em todos os seus momentos: criação das leis; sua aplicação; resolução dos litígios. Não conhecendo poder ou soberania que não sejam o seu poder e a sua soberania.

Neste âmbito os advogados enquanto elementos da sociedade civil e representantes desta, têm um papel fundamental a desempenhar. Acompanhando a criação das leis, a nível de respeito pelos direitos fundamentais das pessoas e dos grupos; da aplicação da Constituição da República.; das intervenções em plano de igualdade com os órgãos de Estado na resolução de conflitos. Primeiro, através de mediação e da conciliação, instrumentos próprios dos advogados; depois integrando tribunais arbitrais como juízes.

Guilherme d'Oliveira Martins

O papel dos Tribunais de Contas no contexto da crise económica e financeira

Guilherme d'Oliveira Martins
Presidente do Tribunal de Contas

RESUMO

O autor dá conta da magnitude da crise económico-financeira que o mundo hoje enfrenta, dando especial atenção aos planos de recuperação financeira da União Europeia e dos Estados-Membros. A este propósito, sublinha o papel dos Tribunais de Contas e instituições congéneres da União Europeia no contexto do combate à crise, referindo-se em particular à acção de controlo do Tribunal de Contas português.

Palavras-chave:
> Tribunal de Contas
> União Europeia
> Políticas Públicas

ABSTRACT

The author presents the magnitude of the economical and financial crisis that the world faces today giving special attention to the plans of financial recovery of EU and Member States.

In this respect the author underlines the role of the Courts of Auditors and similar institutions of EU in the context of this crisis, in particular the control of the Portuguese Court of Auditors.

Keywords:
> Court of Auditors
> European Union
> Public Policy

1. Introdução

No debate realizado no Luxemburgo, em Dezembro de 2008, por ocasião do Comité de Contacto dos Presidentes dos Tribunais de Contas da União Europeia, centrado na *Estratégia de Lisboa revista,* observou-se que os objectivos ligados à inovação, competitividade, coesão social, emprego, formação, investigação e desenvolvimento, educação, recursos naturais e cidadania – os principais elementos da *Estratégia de Lisboa* – se revelam da maior relevância na fase de incerteza que actualmente se vive.

Também se concordou em que a *Estratégia de Lisboa* constitui um quadro e instrumento de cooperação concreta entre as ISC da União Europeia, podendo tal entendimento ser desenvolvido em áreas de auditoria comuns, com a possibilidade de partilha de boas práticas.

Neste sentido, entendeu-se que o *Plano de Recuperação Financeira Europeia,* iniciativa da Comissão Europeia de combate à crise económico-financeira aprovada pelo Conselho Europeu de Dezembro de 2008, pode constituir uma abertura de oportunidades para todas as ISC.

Por outro lado, houve um largo consenso acerca do facto de ser urgente o desenvolvimento de iniciativas de cooperação, tendo o debate revelado a utilidade de realização de acções orientadas para resultados.

Na sequência da reunião havida em Dezembro, o Tribunal de Contas Europeu disponibilizou-se para organizar um seminário sobre *as possibilidades de actuação das ISC relativamente às medidas de combate à crise articuladas com as prioridades de Lisboa.*

2. A crise financeira e a intervenção pública

As características e a magnitude da crise económico-financeira que o Mundo hoje enfrenta, com todas as suas graves consequências de carácter social, originaram uma necessidade inédita de iniciativas urgentes no âmbito das políticas públicas – em especial no tocante à realização de investimentos do Estado.

Desde o momento em que se verificou o agudizar da crise (no Outono de 2008) que os Estados e as organizações internacionais decidiram adoptar providências utilizando os instrumentos ao seu dispor.

Está em causa, por um lado, no que se refere aos mercados financeiros, a *reabilitação de condições de financiamento da economia adequadas e eficientes*; por outro lado, em ligação à economia real, *a utilização dos instrumentos de política económica adequados ao combate à crise*.

Na linha das conclusões do Conselho ECOFIN de 7 de Outubro de 2008, a União Europeia e os Estados-Membros concordaram em articular medidas destinadas a atenuar as consequências da crise financeira.

Neste sentido, a Comissão Europeia apresentou o *Plano de Recuperação Financeira Europeia*, em Novembro de 2008, o qual veio a ser aprovado pelo Conselho Europeu de Dezembro.

O Plano visa limitar o impacto da crise na economia real através de um abrangente conjunto de medidas nos domínios comunitário e nacional, incluindo uma significativa dotação orçamental no montante de 200 mil milhões de Euros (correspondente a 1,5% do PIB da UE), dos quais, a maior parte (cerca de 170 mil milhões) será disponibilizada pelos orçamentos dos Estados-Membros; os restantes 30 mil milhões provirão dos orçamentos da União Europeia e do Banco Europeu de Investimento. Foram ainda aprovadas reformas estruturais, de forma a assegurar um impacto de longa duração.

Neste sentido, e embora a utilização de muitos dos instrumentos caiba principalmente aos Estados-Membros, é indispensável uma coordenação adequada entre as acções comunitárias e nacionais.

São as seguintes as vertentes de actuação:

– Estabelecimento de uma nova *arquitectura dos mercados financeiros* na UE, para o que será indispensável:
  • Retirar o sector financeiro europeu da situação de crise;
  • Reforçar a regulação e supervisão.

– Adopção de medidas destinadas a enfrentar o *impacto sobre a economia real*, de modo a estabelecer um quadro de retoma.

O *Plano de relançamento da economia europeia* identifica 10 acções:

1. Lançamento de uma importante iniciativa europeia de apoio ao emprego;
2. Criação de procura para o factor trabalho;
3. Promoção do acesso ao financiamento por parte das empresas;

4. Redução da carga administrativa e promoção do espírito empresarial;
5. Aceleração dos investimentos com vista a modernizar as infraestruturas europeias;
6. Melhoria da eficiência energética dos edifícios;
7. Promoção da rápida adopção de "produtos ecológicos";
8. Aumento do investimento em I&D, na inovação e na educação;
9. Desenvolvimento de tecnologias limpas nos sectores automóvel e da construção;
10. Internet de alta velocidade para todos.

Como vemos, trata-se de acções que não poderão ter sucesso sem uma actuação concertada entre as instituições da UE e as dos Estados-Membros. De facto, o papel dos Governos nacionais, no quadro de uma coordenação das suas acções com a União Europeia, contribuindo para uma resposta mais lata a nível global, será central na criação da dinâmica anti-cíclica que se pretende.

3. O papel das ISC da União Europeia no contexto do combate à crise

a) Considerações gerais

Tal como se concluiu em Dezembro de 2008 no debate sobre as "prioridades de Lisboa", também no cenário acabado de referir, as ISC têm um inquestionável papel de significativa importância a desempenhar.

As medidas públicas, envolvendo dinheiros dos contribuintes, não podem, assim, deixar de ser controladas pelos órgãos de controlo externo e independente. Os tempos de crise económica e as dificuldades sociais revelam ainda mais nitidamente a necessidade de velar rigorosamente pela promoção da eficiência e da qualidade da despesa pública e da consecução dos objectivos em vista.

Trata-se de um importante desafio, ímpar para todas as nossas Instituições, pelo menos nas décadas mais recentes, mas também de uma oportunidade, que é necessário encarar do ponto de vista das virtualidades da cooperação.

Revista de Finanças Públicas e Direito Fiscal

O desafio é enfrentado pelo TCE, no que se refere à intervenção da União Europeia destinada a combater os impactos da crise, mas também pelas Instituições nacionais, tendo em conta as indispensáveis medidas adoptadas pelas autoridades governamentais dos Estados-Membros.

b) *Actuação do Tribunal de Contas de Portugal no âmbito das medidas de combate à crise*

Em Portugal, o Tribunal de Contas faz incidir a sua acção em diversos domínios abrangidos pelas medidas públicas (comunitárias e nacionais) de combate à crise. As prioridades da *Estratégia de Lisboa* foram aplicadas, entre 2005 e 2008, através do *Programa Nacional de Acção para o Crescimento e o Emprego* (PNACE), encontrando-se nesta fase já em vigor o Programa Nacional de Reformas para o novo ciclo (2008-2010), contemplando áreas sujeitas a controlo pelo Tribunal de Contas. As medidas de médio e longo prazos da *Estratégia de Lisboa* devem ser agora articuladas com as medidas de combate à crise. Com efeito, a evolução negativa da conjuntura económica tornou mais urgentes a concretização de investimentos incentivadores da competitividade, da qualificação e da inovação.

No que respeita à aplicação de fundos comunitários, o Tribunal realiza sistematicamente auditorias a diversos programas e medidas, tanto no que diz respeito aos fundos de natureza estrutural como no que se refere às ajudas na área agrícola.

De referir que o Plano de Fiscalização do Tribunal de Contas para 2009 inclui, entre outras, acções abrangentes que incidem sobre o modelo de governação e controlo no período 2007-2013 (QREN).

Entretanto, no final de 2008, foram aprovadas medidas de estabilização de mercados financeiros, tais como: concessão de garantias do Estado a empréstimos contraídos por instituições de crédito sedeadas em Portugal; nacionalização de um Banco com dificuldades de liquidez e recapitalização das instituições de crédito.

Os objectivos e finalidades das medidas de estabilização consistem no reforço da estabilidade financeira com vista à disponibilização de liquidez nos mercados financeiros, designadamente, permitir que as instituições de crédito se financiem no mercado internacional, de modo a

Artigos

que sejam disponibilizados empréstimos às Pequenas e Médias Empresas e às famílias e garantir a segurança dos depósitos.

O Tribunal tem competências para auditar estas medidas de estabilização. Uma das áreas em que o Tribunal de Contas em Portugal tem feito incidir diversas acções de controlo (financeiro e de resultados), diz respeito à realização de investimentos contratualizados sob a forma de Parcerias Público-Privadas.

Permitimo-nos chamar a atenção para as PPPs porque se trata de uma forma de financiamento de projectos públicos (sobretudo infra-estruturas) que, na actual conjuntura, poderá assumir novos contornos.

De facto, a actual crise financeira, para além dos desafios de curto prazo que coloca, alterou significativamente as condições de financiamento de infra-estruturas, quer pela alteração da avaliação do risco pelas entidades financeiras, quer pela menor apetência pela oferta de financiamento de longo prazo. Isto exigirá o desenvolvimento de novas modalidades de financiamento de infra-estruturas públicas, adaptadas às novas condições.

Ora, esta é uma matéria que se manterá no âmbito das prioridades do Tribunal (e que consideramos cada vez mais merecedora de particular atenção pelas ISC, até pelas suas implicações tanto aos níveis conjuntural como estrutural), tendo a nossa Instituição sido ainda recentemente convidada a participar num debate público sobre *Financiamento de Infra-estruturas.*

Uma outra importante matéria sujeita a controlo pelo Tribunal de Contas refere-se a um Programa de *Regularização Extraordinária de Dívidas do Estado* (e outras entidades públicas) aprovado recentemente pelo Governo.

No âmbito deste Programa, aquelas entidades podem contrair empréstimos, com base em determinados requisitos, com a finalidade de regularização de dívidas, sendo os respectivos contratos objecto de fiscalização pelo Tribunal de Contas.

Outra acção concreta já incluída no Plano de Fiscalização do Tribunal de Contas de Portugal (TCP) para 2009 refere-se ao *Acompanhamento da Execução em Portugal do Plano de Recuperação Financeira da União Europeia,* cujos objectivos, âmbito e metodologias se encontram actualmente em fase de desenvolvimento, podendo a mesma estender-se ao ano de 2010, numa perspectiva de análise continuada dos objectivos a estabelecer.

Conclusão

A crise económico-financeira induzirá a promoção de novos métodos e a realização de novas acções relacionadas com as medidas tomadas pelas autoridades nacionais e comunitárias, havendo experiências diferentes nestas áreas das quais todos podem beneficiar. Importa transformar em oportunidades as dificuldade sentidas no curto prazo – garantindo um escrutínio rigoroso do modo como são utilizados os dinheiros públicos neste âmbito.

Pelo que foi referido, constata-se que vivemos actualmente um conjunto de circunstâncias que, pode dizer-se, vêm corroborar as conclusões de Dezembro acerca da necessidade de estabelecer um pilar de cooperação estratégica entre as Instituições Superiores de Controlo da União Europeia.

A adopção de políticas públicas envolvendo gastos públicos para combater a situação económica e financeira nos Estados da UE obriga a que haja coordenação entre os diferentes Estados-membros, bem como definição de metodologias comuns de análise do impacto das medidas, considerando as competências das ISC, o cumprimento da legislação em vigor, a boa utilização do dinheiro dos contribuintes e o respeito dos interesses gerais.

Nazaré da Costa Cabral

O orçamento suplementar para 2009

Nazaré da Costa Cabral
Doutora em Direito
Professora Auxiliar da Faculdade de Direito de Lisboa

RESUMO

O presente artigo descreve as medidas que fazem parte integrante do Programa «Iniciativa para o Investimento e Emprego», constante da proposta de lei de Orçamento Suplementar para 2009, apresentada pelo Governo à Assembleia da República e por esta aprovada. Caracteriza ainda os objectivos de política que se espera alcançar através destas medidas, no contexto da actual crise económica e financeira que vivemos.

O artigo procura ainda proceder à qualificação jurídica desta proposta de lei de Orçamento Suplementar, designadamente quanto à questão de saber se se trata de um verdadeiro programa orçamental. Finalmente, a autora retira algumas conclusões sobre o impacto potencial destas medidas na redefinição da Teoria Económica, já que postas em crise algumas das asserções em que se baseou o pensamento "*mainstream*" das últimas décadas.

Palavras-chave:
>   Orçamento suplementar
>   Programas Orçamentais
>   Alterações orçamentais

ABSTRACT

The paper describes the relevant measures included in the «Investment and Employment Initiative» Program, referred on the Supplementary Budget 2009 Act, presented by the Portuguese government to the parliament and recently approved. The document aims to characterise the political objectives inherent to the measures adopted by the government, in light of the current economical and financial situation.

Aligned with the objectives set by the author, the legal qualification of the aforementioned Act was itself considered relevant for the purpose of the analysis, in order to ascertain if it can be truthfully qualified as a Budget Program. Finally, the author presents her conclusions, bearing in mind the potential impact of such measures in the redefinition of the main assumptions sustained in the last decades by the mainstream economic thought.

Keywords:
>   Supplementary Budget
>   Budget Programs
>   Budget Alterations

ALGUMAS NOTAS SOBRE A PROPOSTA DE LEI QUE CRIA O PROGRAMA «INICIATIVA PARA O INVESTIMENTO E O EMPREGO»

A) Da natureza da Proposta de Lei: programa ou mera alteração orçamental?

1. Com o agravamento da crise financeira e dos efeitos recessivos sobre a economia no último trimestre de 2008, a prioridade na adopção de medidas de combate a esses efeitos concentra-se actualmente no reforço do investimento público, no apoio ao investimento privado e ao emprego.

A Proposta de Lei que cria o Programa «Iniciativa para o Investimento e o Emprego» (IIE) foi apresentada à Assembleia da República em 19 de Janeiro de 2009, em conjunto com a actualização de Janeiro de 2009 do Pacto de Estabilidade e Crescimento (PEC), prevê cinco medidas estruturais, integrando vários projectos ou actividades:

1) Modernização das escolas
2) Promoção das Energias Renováveis, da Eficiência Energética e das Redes de Transporte de Energia
3) Modernização da Infra-estrutura Tecnológica – Redes de Banda Larga de Nova Geração
4) Apoio especial à actividade económica, exportações e PME
5) Apoio ao Emprego e Reforço da Protecção Social

Nesta Iniciativa, o Governo procura beneficiar da decisão do Conselho Europeu de 13 de Dezembro de apoiar a simplificação dos procedimentos e a aceleração da implementação dos programas financiados pelo Fundo de Coesão, pelos Fundos Estruturais ou pelo Fundo Europeu Agrícola de Desenvolvimento Rural, tendo em vista o reforço dos investimentos em matéria de infra-estruturas e de eficiência energética, bem como da decisão de apoiar o rápido lançamento de medidas suplementares do Fundo Social Europeu de apoio ao emprego, nomeadamente em benefício das camadas mais vulneráveis da população, dando especial atenção às empresas mais pequenas, reduzindo os custos não salariais do trabalho[1].

---

[1] Por outro lado, e conforme consta do texto do relatório anexo, «o Conselho Europeu apoia o recurso, em 2009 e 2010, aos procedimentos acelerados previstos nas

86

Revista de Finanças Públicas e Direito Fiscal

A coordenação e monitorização da implementação da IIE são da responsabilidade do Ministro de Estado e das Finanças, tendo em vista um efectivo e rigoroso controlo orçamental.

2. Conceptualmente, colocam-se duas questões no que concerne à natureza do orçamento.

Por um lado, a questão de saber se estamos perante orçamento suplementar ou perante um orçamento rectificativo. Recorde-se, a este propósito, a antiga distinção entre as duas figuras no quadro do processo de alteração orçamental comunitário, que resultava de iniciativa da Comissão e em circunstâncias excepcionais (artigo 15.º do Regulamento Financeiro do Orçamento das Comunidades Europeias de 21 de Dezembro de 1977, revogado pelo REGULAMENTO (CE, Euratom) n.º 1605/2002 DO CONSELHO de 25 de Junho de 2002[2]).

Assim, enquanto o orçamento suplementar consistia «numa alteração profunda ao programa de dotações inicialmente previsto e aprovado no orçamento das Comunidades Europeias»[3], que tinha por efeito «aumentar o montante global das dotações para autorizações e/ou pagamentos quer para financiar uma ou várias acções novas sem que haja aumento global das dotações»[4], já o orçamento rectificativo introduzia apenas «alterações de natureza financeira ou técnica no orçamento sem provocar um aumento do montante global das dotações e sem prever

---

directivas relativas aos contratos públicos, o que se justifica pelo carácter excepcional da presente situação económica, a fim de reduzir de 87 para 30 dias a duração do processo de adjudicação no âmbito dos procedimentos mais utilizados para projectos públicos de grande envergadura. O Quadro II.2 apresenta o impacto orçamental directo das medidas de combate aos efeitos da crise que integram a IIE. O impacto orçamental da IIE em 2009 ascende a 1300 milhões de euros, o que corresponde a cerca de 0,8% do PIB. O financiamento da Iniciativa assumirá a forma de aumento da despesa pública em aproximadamente 0,5% do PIB enquanto que as medidas que se traduzem em redução de receita situar-se-ão próximas dos 0,3% do PIB».

[2] De acordo com o ponto 13 do Preâmbulo deste novo Regulamento n.º 1605/2002 DO CONSELHO de 25 de Junho de 2002: «Em matéria de elaboração e apresentação do orçamento, é conveniente harmonizar e simplificar as actuais disposições, suprimindo a distinção, sem incidência prática, entre orçamentos suplementares e rectificativos».

[3] ANTÓNIO L. DE SOUSA FRANCO *et aliud, Finanças Europeias – Volume I – Introdução e Orçamento*, Coimbra: Almedina, 1994, pág. 205.

[4] ANTÓNIO L. DE SOUSA FRANCO *et aliud, Finanças Europeias...*, Op. Cit., pág. 205.

novas acções»[5]. Desta forma e transpondo tais definições para a situação vertente, poderemos concluir que estamos perante um orçamento suplementar e não rectificativo.

A segunda questão que se coloca diz respeito à qualificação desta iniciativa como programa orçamental. Nos termos do artigo 8.º, n.º 3 da Lei de Enquadramento Orçamental (LEO)[6], o Orçamento pode ser estruturado por programas, no todo ou em parte. O sentido deste preceito é o de permitir a estruturação por programas, mesmo nos casos em que esta não é obrigatória (os casos não referidos no artigo 18.º, n.º 3). A consagração da programação na LEO, em 2001, fez na verdade com que se operasse uma transformação no panorama orçamental: o orçamento português passou a ser um *orçamento misto*, que, em parte, se estruturará por programas e, noutra parte, continuará a ser um orçamento tradicional de meios[7].

Ora, sendo a IIE um pacote de medidas orientadas para a prossecução de um objectivo de política económica previamente definido, que com elas se pretende alcançar, então, com este sentido amplo, poderemos vê-lo como um programa orçamental. No entanto, se atendermos à definição que dele é dada pela doutrina jus-financista[8], com acolhimento na nossa lei (no mencionado artigo 18.º e nos artigos 19.º ss. da LEO), o termo «programa orçamental» terá um sentido mais restrito: este implica a adopção de um conjunto de técnicas próprias de orçamentação – a que justamente se denomina de orçamentação por programas -, mediante a

---

[5] ANTÓNIO L. DE SOUSA FRANCO *et aliud*, *Finanças Europeias...*, Op. Cit., pág. 205.

[6] Publicada no Diário da República, n.º 192, Série I-A, de 20 de Agosto de 2001; Republicada no Diário da República, n.º 198, Série I-A, de 28 de Agosto de 2002 (página 6072), com as alterações introduzidas pela Lei Orgânica n.º 2/2002 (Lei da Estabilidade Orçamental), de 28 de Agosto, da Assembleia da República; Publicada a segunda alteração no Diário da República, n.º 150, Série I-A, de 2 de Julho de 2003 - nova redacção dada ao artigo 35.º (prazo de entrega da Proposta de Lei do OE na Assembleia da República); Publicada a terceira alteração no Diário da República, n.º 199, Série I-A, de 24 de Agosto de 2004 - Lei n.o 48/2004 de 24 de Agosto.

[7] Cfr. GUILHERME D'OLIVEIRA MARTINS *et aliud*, *A Lei de Enquadramento Orçamental Anotada e Comentada*, Coimbra: Almedina, 2007, pág. 79.

[8] Sobre esta questão, ANTÓNIO L. DE SOUSA FRANCO, *Finanças Públicas e Direito Financeiro*, Vol. I., 4.ª ed., Almedina, Coimbra, 1996, p. 424 ss..

Revista de Finanças Públicas e Direito Fiscal

criação "física" e inscrição orçamental de programas (desagregados, por sua vez, em medidas e projectos), a que se associam depois técnicas adequadas de análise que permitem confrontar o custo-benefício dos mesmos[9]. Com este sentido preciso e rigoroso do termo, é ainda possível distinguir entre programas de investimento e programas de actividades, os quais podendo hoje (e devendo) ter uma relação estreita entre si, têm no entanto origens técnicas e filosóficas diferenciadas: os programas de investimento filiam-se na tradição galicana da *orçamentação do Plano*; os programas de actividades na perspectiva anglo-saxónica da *performance budgeting*[10].

No caso português, a especificação por programas orçamentais faz-se em mapas próprios, os Mapas XV, XV-A e XVI (cf. artigo 32.º da LEO). Aqui, a prevalência é ainda a da orçamentação do Plano (programas de investimento), através do «Programa de Investimentos e Despesas de Desenvolvimento da Administração Central» (PIDDAC), embora encontremos já na actual lei – tendência que supomos deva ser reforçada em alterações legislativas futuras – um embrião da *performance budgeting, i.e*, dos orçamentos de actividades (justamente com a previsão do Mapa XVI), em estreita articulação, por sua vez, com a técnica de gestão por objectivos (cf. artigo 15.º da LEO).

O Programa ora criado implica de facto várias alterações ao Orçamento do Estado para 2009: elas estão previstas no articulado deste Orçamento Suplementar e materializadas nas alterações aos seguintes Mapas: I, II, III, IV, X, XI, XII, XII, XIV e XXI. Tratou-se pois de alterar as grandes rubricas de receitas, despesas e receitas cessantes (expressas pelas respectivas classificações), relativamente quer aos serviços inte-

---

[9] Sobre esta questão, entre outra Bibliografia, veja-se A. PREMCHAND, *Government Budgeting and Expenditure Controls*, International Monetary Fund, Washington, 1983, p. 176-203 e 289-354, ROBERT D. LEE *et aliud*, *Public Budgeting Systems*, 7th ed., Jones and Bartlett Publishers, 2004, p. 193-226 e ROBERT W. SMITH *et aliud*, *Public Budgeting in America*, 5th ed., Pearson, Prentice Hall, New Jersey, 2004, p. 149-242.

[10] Neste sentido, veja-se o nosso estudo: NAZARÉ DA COSTA CABRAL, *Programação e Decisão Orçamental – Da Racionalidade das Decisões Orçamentais à Racionalidade Económica*, Almedina, Coimbra, 2008, p. 608-611. Sobre a distinção, leia-se ainda MINISTÉRIO DAS FINANÇAS, *Reforma da Lei de Enquadramento Orçamental – Trabalhos Preparatórios e Anteprojecto*, Jorge Costa Santos (Coord.), Lisboa 1998, p. 257-267.

grados, quer à Segurança Social. Não houve pois em bom rigor a criação formal de nenhum novo programa orçamental, o que, a verificar-se afectaria necessariamente os supra mencionados Mapas XV, XV-A e XVI.

Nestes termos, poderemos concluir afirmando que estamos perante alterações orçamentais aos orçamentos dos serviços integrados e da Segurança social, ao abrigo do disposto designadamente nos artigos 53.º, 55.º e 57.º da LEO (e não ao abrigo do disposto no artigo 54.º que regula as alterações aos orçamentos por programas). Assim sendo, salvo melhor opinião, parece-nos que a IIE, ainda que possa ser considerada um Programa de Política Económica (conjuntural), concretizado através de medidas orçamentais, não é, contudo, verdadeiramente um programa orçamental.

B) Das medidas e projectos constantes da Proposta de Lei

3. Olhando agora para as medidas em concreto, prevê-se desde logo, no que diz respeito à *modernização das escolas*, o reforço do Programa de Modernização do Parque Escolar, através da antecipação da reconstrução e modernização de escolas públicas, ao longo do horizonte 2009-2011, investimento financiado pelo Orçamento do Estado e cuja implementação é da responsabilidade da Parque Escolar, EPE.

4. Quanto à *promoção das Energias Renováveis, da Eficiência Energética e das Redes de Transporte de Energia*, assumindo como prioritária a aposta no sector energético, como forma de reduzir as emissões de carbono e diminuir a dependência energética do exterior, a IIE integra projectos destinados à promoção das energias renováveis, da eficiência energética e das redes de transporte de energia.

Por seu lado, propicia-se o investimento em redes inteligentes de energia, permitindo ao consumidor optimizar os seus consumos e reduzir custos, automatizar a gestão de rede e melhorar a qualidade de serviço e, bem assim, fomentar a eficiência energética e sustentabilidade ambiental.

5. Quanto à *modernização da Infra-estrutura Tecnológica – Redes de Banda Larga de Nova Geração*, a IIE pretende contribuir para a dinâ-

Revista de Finanças Públicas e Direito Fiscal

mica empresarial, através nomeadamente da rentabilização do potencial de Investigação e Desenvolvimento (I&D) nacional, gerado, fundamentalmente, pelo Plano Tecnológico.

6. Quanto ao *apoio especial à actividade económica, exportações e Pequenas e Médias Empresas (PME)*, prevêem-se novas medidas, nomeadamente a melhoria das condições de financiamento da actividade das PME. Isto passa pela proposta de criação de um fundo, que consubstancia um mecanismo de co-financiamento de operações de fusão e aquisição, de âmbito nacional e internacional, intervindo o Estado como parceiro financeiro das PME nacionais envolvidas nestes processos, com o objectivo de aumentar a sua dimensão crítica, melhorando assim as suas condições para enfrentar o processo de globalização das economias.

Serão implementadas acções de promoção externa do País que permitam às empresas portuguesas ter acesso a mercados emergentes ou a outros, onde os efeitos da crise económico/financeira não tenham o mesmo impacto que nos mercados tradicionalmente parceiros de Portugal.

Será criado um novo *regime fiscal de apoio ao investimento* (RFAI 2009). Propõe-se, para o ano de 2009, a introdução de dois limiares de benefícios fiscais, pelo aperfeiçoamento parcial do regime vigente, tendo em conta o regime dos benefícios fiscais contratuais ao investimento constante do artigo 41.º do Estatuto dos Benefícios Fiscais. Assim, os projectos passam a estar abrangidos por um regime simplificado de benefícios fiscais automáticos, que dependerão do valor do investimento (inferior ou superior a 5 milhões de euros) e que permitem:

– Dedução à colecta de IRC, e até à concorrência de 25% da mesma, das seguintes importâncias, para investimentos realizados em regiões elegíveis para apoio no âmbito dos incentivos com finalidade regional:

(a) 20% do investimento relevante, relativamente ao investimento até ao montante de 5 milhões de euros.

(b) 10% do investimento relevante relativamente ao investimento a partir do montante de 5 milhões de euros.

– Isenção de IMI, por um período até cinco anos, relativamente aos prédios que constituam investimento relevante.

Artigos

– Isenção de Imposto Municipal sobre Transmissões Onerosas de Bens Imóveis (IMT) relativamente às aquisições de prédios que constituam investimento relevante.
– Isenção de Imposto do Selo relativamente às aquisições de prédios que constituam investimento relevante.

Complementarmente ao RFAI 2009 e ainda no âmbito do Estatuto dos Benefícios Fiscais, procede-se a uma alteração relevante do *regime fiscal das Sociedades Gestoras de Participações Sociais*, ampliando-o a sociedades constituídas noutros Estados-Membros (no seguimento aliás de Jurisprudência comunitária sobre a matéria[11]). Trata-se de uma importante medida de apoio ao investimento e de incentivo à deslocação dos capitais para o espaço nacional, propiciando um regime aberto e com conteúdo concorrencial fiscal efectivo.

É ainda aberta a possibilidade de criação de um mecanismos de autoliquidação do I VA na prestação de bens e serviços às Administrações Públicas. Esta medida depende, contudo, da aprovação pelo Conselho Europeu do pedido de derrogação apresentado pelo Estado Português.

Por outro lado, reduz-se o limiar de reembolso do IVA, visando facilitar as condições para que os sujeitos passivos do IVA possam solicitar o reembolso do IVA, bem como reduz-se o limite mínimo do Pagamento Especial por Conta, aplicável em sede de IRC, para 1000 euros, sendo que o limite anterior era de 1250 euros.

7. Finalmente e no que diz respeito ao *Apoio ao Emprego e Reforço da Protecção Social*, serão reduzidas em três pontos percentuais as contribuições para a Segurança Social a cargo do empregador para trabalhadores com mais de 45 anos, nas micro e pequenas empresas.

Ao mesmo tempo, será adoptado um plano temporário (períodos de seis meses) e excepcional (ano de 2009) de apoio a empresas e trabalhadores em situação de redução temporária de actividade, nomeadamente através da medida Qualificação-Emprego.

Por outro lado, instituem-se medidas de apoio quer para o acesso ao emprego pelos jovens, quer para o regresso ao trabalho pelos desempre-

---

[11] Assim, o Acórdão recente do Tribunal de Justiça das Comunidades Europeias, no processo C-210/06 (Acórdão Cartesio, de 16 de Dezembro de 2008)

Revista de Finanças Públicas e Direito Fiscal

gados, em especial desempregados de longa duração e desempregados com mais de 55 anos, reduzindo assim a dimensão e os efeitos sociais do desemprego friccional. Para tanto, definem-se as seguintes medidas:

– Apoio às empresas para a contratação de trabalhadores, no valor de 2000 euros, acrescido de isenção de dois anos de pagamento de contribuições para a segurança social na contratação de desempregados de longa duração[12];
– Redução em 50% da taxa contributiva para a segurança social a cargo da entidade empregadora na contratação a termo de desempregados com mais de 55 anos e há mais de seis meses no desemprego.

C) Algumas conclusões

8. A IIE, à semelhança de outras iniciativas em países europeus e não só, parece traduzir um retorno às políticas financeiras discricionárias: os *menus* keynesiano e neo-keynesiano para a correcção das oscilações inesperadas aparecem de novo a servir a actual conjuntura recessiva. As preocupações e as medidas que, nos últimos anos, marcaram a agenda política nacional e europeia em matéria de política financeira – com destaque para a disciplina/consolidação orçamental imposta pelo PEC – ficam por ora suspensas. E isto sugere uma nova atitude política.

Na verdade, o paradigma *"ruled based"* que até há poucos meses marcou quer a definição das políticas económicas (monetária e orçamental), quer a concepção dos sistemas orçamentais (pela exacerbação, justamente, das novas *"fiscal rules"*), pressupunha a irredutibilidade entre a Economia (empresas e famílias) e o Estado. Pressupunha também, por isso, a ideia do Estado como agente intromissor, perturbando as expectativas racionais e distorcendo as opções dos agentes económicos através da sua acção fiscal. À luz deste modelo teórico, impunha-se assim a limitação da acção discricionária do Estado, pela prévia definição e auto ou hetero imposição de regras financeiras.

---

[12] Ficando este dependente da criação líquida de emprego por um período de três anos.

Os tempos actuais são de *volatilidade*: nos mercados, nas expectativas, nas medidas de política económica. Medidas como as que aqui se caracterizaram parecem querer significar a ressurgência do paradigma contrário: o Estado paternal que, basicamente através do *fisco*, sugere comportamentos económicos, orienta opções para fins extra (infra!) fiscais e desconfia, assim, de novo, da acção racional dos agentes da Economia. Se estas medidas serão dotadas de eficácia, o tempo breve o dirá. Se elas prefiguram, de novo, uma mutação paradigmática, o tempo mais longo o confirmará. Por ora, parece certo que a ciência macroeconómica encontra um novo ânimo, que já se pensava perdido desde setenta do século passado. Vislumbra-se um «*New New (New) Keynesianism*», a suscitar a adesão dos economistas desde sempre Keynesianos e de outros, a que a circunstância obriga.

Nazaré da Costa Cabral[13]

---

[13] Agradecemos ao Dr. Guilherme W. d´Oliveira Martins toda o auxílio que nos prestou na elaboração deste artigo. A sua disponibilidade e espírito de iniciativa foram aqui inexcedíveis.

Luís Máximo dos Santos

As medidas de combate à crise financeira em Portugal

Luís Máximo dos Santos
Mestre em Direito pela FDUL, Consultor do Banco de Portugal
Vogal do Conselho Superior de Magistratura, eleito pela AR

Revista de Finanças Públicas e Direito Fiscal

RESUMO

O presente artigo centra-se na apreciação das medidas adoptadas em Portugal para combater a crise financeira, em especial no respeitante ao regime de concessão extraordinária de garantias pessoais pelo Estado, previsto na Lei n.º 60-A/2008, de 20 de Outubro, e às medidas de reforço da solidez das instituições de crédito, previstas na Lei n.º 63-A/2008, de 24 de Novembro.

Palavras-chave:
> Crise Financeira
> Crise Económica
> Garantias do Estado
> Solidez Financeira

ABSTRACT

The following article is dedicated to the analysis of the decisions adopted in Portugal in order to combat the financial crisis, particularly in what concerns the legal regime to grant personal extraordinary guarantees by the State, established under the Law n. º 60-A/2008, of 20th October, as well as the measures to reinforce the financial strength of credit institutions, predicted by the Law n. º 63-A/2008, of 24th November.

Keywords:
> Financial Crisis
> Economy Crisis
> State Guarantees
> Financial Strength

I. Considerações introdutórias

Em artigo publicado no número anterior desta Revista sobre a crise que estamos a viver, escrevemos que a mesma é global num duplo sentido: *(i)* porque resulta de problemas que se situam em aspectos *centrais* do funcionamento do sistema económico e social e *(ii)* porque, em resultado do próprio processo da globalização, se estende por todo planeta, não tendo assim ocorrido aquilo que a dado momento alguns admitiram, ou seja, que as economias emergentes, em especial os BRIC (Brasil, Rússia, Índia e China), conseguissem assegurar taxas de crescimento que permitissem à economia mundial manter ou abrandar apenas ligeiramente o seu crescimento[1]. Vimos igualmente que se trata de uma crise que se desdobra em múltiplas facetas: crise financeira, por onde tudo começou[2], crise económica, mas também crise da gestão empresarial e da própria política.

Como sair desta crise, quais as medidas adequadas para a combater, como criar condições para a retoma, é muito mais do que costuma designar-se por *one million dollar question*. Como assinala António Torrero Mañas[3], "quando procuramos compreender um fenómeno tão complexo como a crise financeira actual a primeira palavra que surge é *modéstia*" (tradução nossa). De facto, apesar de todo o conhecimento acumulado nas diversas ciências que nos podem ajudar a encontrar respostas – e falamos aqui propositadamente em diversas ciências porque a ciência económica não pode ser a única convocada para o efeito –, a tarefa é de

---

[1] De acordo com as previsões do Banco Mundial, o comércio mundial cairá 2% em 2009, o que, a verificar-se, será a primeira vez nos últimos 27 anos.

[2] A este respeito cremos ser importante sublinhar uma diferença importante relativamente à crise de 1929. Enquanto nessa altura a crise se iniciou por um *crash* bolsista que arrastou a falência de muitos bancos, transmitindo-se depois a toda e economia, num processo que seria, aliás, fortemente agravado pelas políticas proteccionistas que foram postas em marcha, agora a crise iniciou-se no sistema financeiro, repercutiu-se, depois, progressivamente, nos mercados bolsistas e de capitais em geral, atingindo finalmente, como não poderia deixar de ser, toda a actividade económica. Ou seja, contrariamente ao que sucedeu na crise de 1929, a origem primeira da actual crise residiu no sistema financeiro e não nos mercados bolsistas. Ainda que, evidentemente, ambos os aspectos estejam profundamente interligados.

[3] Cf. António Torrero Mañas, *La Crisis Financiera Internacional y Económica Española*, Encuentro, Madrid, 2008, p. 9.

enorme magnitude, pois os erros e os vícios acumulados durante muito tempo foram tremendos. A intensidade e a rapidez da degradação dos indicadores económicos fundamentais que se verifica por todo o lado são, afinal, o melhor espelho da dimensão desses mesmos erros.

Perante tal quadro, o regresso a Keynes é generalizadamente assinalado e admitido, estando muito em voga a afirmação de que neste momento somos todos keynesianos. Mesmo Karl Marx suscita renovado interesse, merecendo até honras de capa na revista *Time* publicada em 2 de Fevereiro do corrente, onde se titula: "What would Marx think?"

Claro que os ensinamentos dos grandes mestres são sempre ferramenta preciosa. Mas importa não ter ilusões: as soluções para os problemas de hoje têm de ser dadas por um pensamento actual, que incorpore a complexidade das nossas actuais sociedades e instituições. Por outras palavras, novas ideias precisam-se. Com urgência. Sobretudo no espaço político da chamada social-democracia ou socialismo democrático, impõe-se há muito uma revitalização ideológica que a retire do sono em que se deixou cair por força de uma apressada rendição à vulgata económica liberal. Os sistemas democráticos só terão a ganhar com isso. Na verdade, a história do século XX demonstra que sempre que o espaço da social-democracia se enfraqueceu e descaracterizou os resultados foram desastrosos.

O terreno que estamos a pisar está todo ele cheio de contradições. Para sair da crise advoga-se (e pratica-se) uma política monetária agressivamente expansionista. Em alguns dos principais países industrializados, as taxas de juro de referência aproximam-se de 0%. Compreendem-se as motivações. Mas não é verdade também que, segundo muitos, a política monetária demasiado laxista seguida pela Reserva Federal dos EUA nos primeiros anos desta década foi uma das principias causas da actual crise ao contribuir para o agigantar da bolha imobiliária e do crédito? Advoga-se (e pratica-se) igualmente uma política orçamental abertamente expansionista, seja pelo aumento da despesa pública seja pela redução dos impostos ou pela combinação de ambos. Mas como vamos conciliar isso com o nível de endividamento público de muitos países? Não correremos o risco de assistir a uma corrida dos Estados à emissão de dívida pública que irá, afinal, saturar os respectivos mercados, tornando ainda mais difícil o acesso das empresas privadas ao crédito que tanto se quer facilitar, por força do conhecido *crowding out effect*?

Não queremos dizer com isto que tais medidas sejam em si erradas. Muito pelo contrário. Mas há que convir que temos de ser cautelosos na aplicação de receitas, por muito sucesso que elas tenham tido no passado, pois as circunstâncias actuais são bastante diferentes. Assim, por exemplo, o grau de abertura das principais economias é hoje muito maior do que se verificava no período em que as políticas keynesianas foram aplicadas com sucesso. A aplicação do modelo keynesiano fez-se num quadro de economias razoavelmente fechadas e que permitia medidas de controlo do comércio externo de cariz proteccionista, realidades que não correspondem à situação que hoje se vive e que, aliás, nem sequer se harmonizam com a constituição económica prevalecente.

Por outro lado, é inegável que esta crise tem uma dimensão *estrutural*, pelo que não podemos pensar que será só com políticas de regulação da conjuntura de tipo keynesiano que conseguiremos entrar em terreno firme no plano económico. Há muito mais a fazer. De facto, desmontar todo o processo de desmedida "financeirização" da economia em que vivemos nos últimos 25 anos, conduzindo-o para patamares aceitáveis, coloca-nos perante desafios totalmente novos, a requererem, consequentemente, soluções igualmente inovadoras. Acresce que esta crise financeira e económica radica em causas que estão para além dos aspectos financeiros e económicos em sentido estrito, o que obviamente cria dificuldades adicionais. Há na verdade uma dimensão cultural e sociológica nessas causas que importa não desprezar. A sua superação implica novos paradigmas de comportamento e novas metodologias para a respectiva avaliação. Com efeito, e como assinalam Paul Dembinski e Emílio Fontela[4]:

> "Todo parece indicar que en el período actual de desarrollo de la economia mundial el poder se ha desplazado de la economía real al mundo financiero, que ha podido llegar antes al objetivo de la globalización de los mercados.

---

[4] Cf. Paul Dembinski e Emílio Fontela, "Ahorro, intermediación financiera e inversión: observaciones de ética económica", *in* Javier W. Ibánez Jiménez, António Partal Ureña e Pilar Gómez Fernández-Aguado (coords.), *El paradigma de la ética económica y financiera*, Marcial Pons, Madrid, 2006, p. 30.

Revista de Finanças Públicas e Direito Fiscal

Este cambio de la estructura del poder económico puede ser beneficioso si realmente consigue una mayor eficiencia en la asignación del ahorro a la inversión, pero también puede ser peligroso se transmite al sistema en su conjunto un impulso especulativo y eticamente frágil. El nuevo poder financiero debe tomar en cuenta su responsabilidad global, y necesita una reflexión ética que inspire positivamente toda su lógica de comportamiento".

Parece assim claro que, a par de medidas de acção imediata que, ao nível dos diversos instrumentos de política económica, visam contrariar os efeitos da crise e agir sobre determinados aspectos das suas causas, conforme se tem estado a fazer um pouco por todo o lado, em diversos tons e matizes, há igualmente um importante trabalho de médio e longo prazo, que importa iniciar desde já, em ordem a contrariar as suas causas mais profundas. Situados em níveis diferentes, os dois aspectos revestem-se de crucial importância. De facto, se não se adoptassem medidas imediatas para contrariar as causas próximas da crise e os seus efeitos imediatos assistiríamos seguramente a um agravamento descontrolado e intolerável da situação económica e social. Mas se não se agir a um nível mais profundo, visando debelar as suas causas remotas, corremos o risco de, passada a tempestade, voltarmos em breve a incorrer em nova tormenta por repetição do mesmo tipo de comportamentos e vícios.

II. As medidas de combate à crise económica: sumária referência

Muito embora o presente artigo tenha como objecto as medidas de combate à crise financeira, não queríamos deixar de fazer uma breve referência às medidas adoptadas para combater especificamente a crise económica. Na esfera estritamente económica, confrontados com números que evidenciam recuos da produção que há muito não se viam e com o inerente galopar do desemprego, os governos lançaram mão de programas de estímulo à actividade económica consistentes em novos investimentos públicos, na antecipação e aceleração do ritmo de investimentos que já estavam previstos, em estímulos de diversa ordem às pequenas e médias empresas, combinando, nalguns casos, essas medidas de aumento da despesa pública com medidas de desagravamento fiscal.

Tudo isto, claro está, acompanhado de medidas de apoio específicas diri-gidas àqueles sectores de actividade que apresentam mais dificuldades, como sucede, por exemplo, com o sector automóvel.

Nesse sentido, se olharmos para as medidas que têm vindo a ser adoptadas em Portugal e as compararmos com o que se tem feito em muitos outros países, designadamente os da União Europeia, a conclusão só pode ser a de que a receita adoptada é bastante semelhante. Não é de espantar que assim seja, sobretudo no que toca aos países da zona euro, tendo em conta que, encontrando-se centralizada na União Europeia a política monetária, os instrumentos que os Estados-membros têm dispo-níveis se situam fundamentalmente no domínio da política orçamental e fiscal.

Assim, na Lei do Orçamento do Estado para 2009 (Lei n.º 64-A/2008, de 31 de Dezembro) contêm-se várias medidas visando o desagravamento fiscal das pequenas e médias empresas (PME), como é o caso da redução do Imposto sobre o Rendimento das Pessoas Colectivas (IRC), através do designado sistema dual de taxas[5], bem como da redução do pagamento por conta. No entanto, admitindo implicitamente a insuficiência de tais as medidas, foram consagradas várias medidas fiscais, qualificadas como "anticíclicas", através de diploma autónomo, a saber, a Lei n.º 64/2008, de 5 de Dezembro, tendo em vista, designadamente, minorar o impacto no rendimento das famílias dos custos crescentes com a habitação.

Mais recentemente ainda, em 16 de Janeiro do corrente, o Conselho de Ministros aprovou a Proposta de Lei do Programa Orçamental Inicia-tiva para o Investimento e o Emprego, que altera a Lei do Orçamento do Estado para 2009[6]. A Proposta contém um novo conjunto de estímulos fiscais, a saber: a criação, para o ano de 2009, de um regime combinado de incentivos fiscais, designado Regime Fiscal de Apoio ao Investimento (RFAI – 2009), que abarca o IRC, o Imposto Municipal sobre Imóveis,

---

[5] Nos termos da nova redacção dada ao artigo 80.º do Código do IRC, a matéria colectável até 12.500 euros é tributada à taxa de 12,5%. Quando superior, o quantitativo é dividido em duas partes: uma igual ao limite do primeiro escalão, à qual se aplica a taxa de 12,5%, outra, igual ao excedente, a que se aplica a taxa de 25%.

[6] As alterações à Lei do Orçamento do Estado para 2009, que se traduziram num orçamento suplementar, ficaram a dever-se não só ao impacto orçamental da Iniciativa para o Investimento e o Emprego (estimado em 0,8% do PIB) mas também ao impacto da revisão do enquadramento macroeconómico (estimado em 0,9% do PIB).

Revista de Finanças Públicas e Direito Fiscal

o Imposto Municipal sobre as Transmissões Onerosas de Bens Imóveis e o Imposto do Selo, desse modo se procurando favorecer o investimento produtivo; a descida do limite mínimo de pagamento especial por conta, aplicável em sede de IRC; a redução do limiar mínimo para a apresentação de pedidos de reembolso em Imposto sobre o Valor Acrescentado e ainda algumas outras medidas de reforço de benefícios fiscais já existentes.

A Iniciativa para o Investimento e o Emprego (IIE), aprovada no Conselho de Ministros de 13 de Dezembro de 2008, e posteriormente reforçada através de várias decisões, muito em especial a Proposta de Lei relativa ao respectivo Programa Orçamental, cujo impacto é estimado em 0,8% do PIB, constitui a peça chave da estratégia do Governo no combate à crise económica e desenvolve-se a partir de cinco eixos centrais (que por sua vez se desdobram em diversas medidas específicas): o programa de modernização das escolas; a promoção das energias renováveis, da eficiência energética e das redes de transporte de energia; a modernização da infra-estrutura tecnológica ao nível da banda larga de nova geração; o apoio especial à actividade económica, às exportações e às PME (onde se incluem o aludido RFAI, mas também diversas linhas de crédito) e, finalmente, o apoio ao emprego e reforço da protecção social.

A versão revista da IIE incorpora já, conforme se refere no Programa de Estabilidade e Crescimento 2008-2011, na redacção actualizada em Janeiro de 2009, medidas destinadas a pôr em prática o plano de relançamento da economia europeia, aprovado pelo Conselho Europeu de 11 e 12 de Dezembro de 2008.

Uma última referência para o Programa de Regularização Extraordinária das Dívidas do Estado, aprovado pela Resolução do Conselho de Ministros n.º 191-A/2008, de 27 de Novembro, que surgiu na sequência do chamado Programa Pagar a Tempo e Horas, aprovado pela Resolução do Conselho de Ministros de n.º 34/2008, de 22 de Fevereiro, o qual teve como objectivo reduzir, de forma estrutural e significativa, os prazos de pagamento a fornecedores de bens e serviços praticados por entidades públicas, procurando assim melhorar o ambiente para negócios, reduzir os custos de financiamento e de transacção, introduzir uma maior transparência na fixação de preços e criar condições para uma mais sã concorrência.

Sucede, porém, que, com o agudizar da crise, e não obstante reconhecer a boa implementação do Programa Pagar a Tempo e Horas, o Governo considerou que no contexto económico actual, que cria dificuldades acrescidas no acesso ao financiamento por parte das empresas, em particular das pequenas e médias empresas, se justificava reforçar a garantia de pagamento aos credores privados das dívidas vencidas dos serviços e dos organismos da administração directa e indirecta do Estado, das Regiões Autónomas e dos municípios, criando por isso o Programa de Regularização Extraordinária de Dívidas do Estado[7]. Quanto a nós, os objectivos deste Programa são inteiramente louváveis e a sua adopção só peca por tardia. A sua aplicação pode gerar efeitos mais positivos na actividade económica do que muitas medidas de estímulo de outra natureza, assim o Programa seja cumprido com determinação.

Conforme já salientámos *supra*, as medidas adoptadas pelo Governo Português são, em grande parte, similares às que muitos outros governos europeus têm adoptado. Por outro lado, o efeito de agravamento do défice orçamental que vão gerar é, a nosso ver, inteiramente justificado, atentas as características da actual situação económica. Porém, só daqui a algum tempo se poderá verificar até que ponto todas estas medidas, em especial as incluídas na IIE, produziram efectivamente resultados significativos.

III. As medidas de combate à crise financeira

III.1. Considerações preliminares

A política monetária, seja na vertente de gestão das taxas de juro de referência, seja no plano da injecção de liquidez nos mercados monetá-

---

[7] A este respeito refira-se que o artigo 141.º da Lei do Orçamento do Estado para 2009 autoriza o Governo, excepcionalmente, a aumentar o endividamento líquido global até ao montante de 1.700 milhões de euros para fazer face às necessidades de financiamento, tendo em vista a regularização extraordinária de dívidas de entidades públicas. Por outro lado, o artigo 173.º da mesma Lei prevê diversos mecanismos destinados a assegurar o cumprimento dos objectivos de prazos de pagamento a fornecedores das entidades públicas.

Revista de Finanças Públicas e Direito Fiscal

rios, constitui um instrumento fundamental para combater qualquer crise financeira. Ora, como é sabido, na zona euro a política monetária está centralizada na União Europeia, constituindo matéria da competência do Banco Central Europeu (BCE) e dos bancos centrais nacionais enquanto entidades participantes no Sistema Europeu de Bancos Centrais (SEBC). Uma vez declarada a crise, em Agosto de 2007, as primeiras medidas adoptadas para a combater situaram-se nesse domínio. Se ao nível das injecções de liquidez se assistiu, desde cedo, a uma estreita coordenação entre o BCE, a Reserva Federal e o Banco de Inglaterra, já quanto às políticas de taxa de juro o mesmo não se passou, bastando para tanto sublinhar o caso da subida das taxas de referência que o BCE decidiu em Julho de 2008.

Ainda em 2007, o Conselho ECOFIN realizado 9 de Outubro, sob a Presidência portuguesa, definiu um plano de acção que identificou quatro grandes áreas de intervenção no combate à crise[8]:

a) Aumento da transparência nos mercados;
b) Melhoria dos *standards* de avaliação dos activos financeiros, especialmente em situação de reduzida liquidez do mercado;
c) Fortalecimento da supervisão do sistema financeiro;
d) Melhoria do funcionamento dos mercados.

Contudo, durante larga parte de 2008, assistiu-se a uma assinalável descoordenação, com discursos e acções muito diferentes de país para país, em parte como resultado da errada convicção que se gerou nalguns sectores de que a União Europeia poderia ser muito menos afectada do que os Estados Unidos. Foi o período em que muito se glosou a ideia de que deveriam ser os EUA a assumir o esforço fundamental de resolução da crise, uma vez que tinham estado na sua origem. Porém, o curso dos acontecimentos rapidamente tornou claro que o sistema financeiro europeu estava igualmente no centro do vulcão, trazendo os responsáveis políticos europeus à realidade, desse modo se criando condições para

---

[8] O Anexo I das Conclusões deste Conselho, intitulado "Princípios comuns para a gestão de crises financeiras transfronteiras", contém, a nosso ver, algumas afirmações e princípios de intenção que não se mostram inteiramente coerentes com algumas das medidas que vieram a ser adoptadas ao longo de 2008 sob a terrível pressão dos acontecimentos.

caminhar no indispensável sentido de uma acção conjunta e coordenada ao nível da União.

Após as intervenções na *Fannie Mae* e no *Freddie Mac*, bem como na AIG e, sobretudo, após a falência do *Lehman Brothers* tornou-se claro que se estava perante um "Setembro negro" que conduziria um verdadeiro "Outono escaldante".

Face a este quadro que assumiu proporções verdadeiramente dramáticas, fazendo pairar um ambiente de ruína iminente do sistema financeiro internacional, as campainhas de alarme soaram. Em 6 de Outubro, os Chefes de Estado e de Governo da União Europeia, em coordenação com a Presidência francesa, comprometeram-se a tomar todas as medidas necessárias para assegurar a estabilidade do sistema financeiro e a protecção dos depositantes, através da cedência de liquidez por parte dos bancos centrais, de intervenções específicas e pontuais em instituições financeiras em dificuldades, e do reforço de mecanismos de protecção de depósitos.

Tendo por base este compromisso, o Conselho ECOFIN de 7 de Outubro de 2008 acordou em dar prioridade ao restabelecimento da confiança e ao funcionamento adequado do sector financeiro, através da definição de um conjunto de princípios comuns que assentam: *(i)* no apoio às instituições de importância sistémica; *(ii)* na protecção dos depósitos dos aforradores privados; *(iii)* na garantia da liquidez do sistema financeiro; *(iv)* numa maior transparência das instituições financeiras; *(v)* na coordenação das acções levadas a cabo pelos vários Estados-membros, tomando em consideração potenciais efeitos transfronteiras; e *(vi)* na intervenção pública decidida a nível nacional, mas de forma coordenada com os restantes países.

Em face destas orientações, e tendo como pano de fundo o cenário de agudização da crise financeira, surgiram em Portugal vários diplomas legais que contêm as medidas fundamentais da estratégia do Governo de combate à crise financeira, a saber:

- Lei n.º 60-A/2008, de 20 de Outubro, que estabelece a possibilidade extraordinária de concessão de garantias pessoais pelo Estado no âmbito do sistema financeiro, regulamentada pela Portaria n.º 1219-A/2008, de 23 de Outubro;
- Lei n.º 63-A/2008, de 24 de Novembro, que estabelece medidas de reforço da solidez das instituições de crédito no âmbito da

iniciativa para o reforço da estabilidade financeira e da disponibilização de liquidez nos mercados internacionais[9];

- Decreto-Lei n.º 211-A/2008, de 3 de Novembro, que reforça os deveres de informação e transparência no domínio financeiro, quer para com as autoridades de supervisão quer para com os clientes das instituições financeiras, aumenta de € 25.000 para € 100.000 o limite de cobertura do Fundo de Garantia de Depósitos (FGD) e do Fundo de Garantia do Crédito Agrícola Mútuo (FGCAM) e reduz significativamente o prazo de efectivação dos reembolsos, entre outros aspectos.

Além disso, no momento em que se escrevem estas linhas está pendente de apreciação na Assembleia da República a Proposta de Lei n.º 227/X, de 20 de Outubro, que estabelece o regime de aprovação e divulgação da política de remuneração dos órgãos de administração de entidades de interesse público e procede à revisão do regime sancionatório em matéria criminal e contra-ordenacional no domínio financeiro. No quadro da aludia revisão, procede-se *(i)* à elevação das molduras penais e contra-oredenacionais; *(ii)* ao agravamento da coima máxima aplicável quando o dobro do benefício económico exceder aquele montante; *(iii)* ao agravamento da natureza das contra-ordenações associadas à violação de deveres de informação e de constituição ou contribuição para fundos de garantia obrigatórios; *(iv)* à introdução da figura do processo sumaríssimo no sector bancário e segurador; e *(v)* à extensão do regime da publicidade das decisões condenatórias em processo contra-ordenacional à área da banca e dos seguros.

Relativamente às alterações introduzidas pelo Decreto-Lei n.º 211-A/2008, de 3 de Novembro, no que diz respeito ao reforço dos deveres de informação, importa sublinhar que se pretende, designadamente, como se refere no próprio preâmbulo do diploma, "nivelar os deveres de informação sobre produtos financeiros complexos, exigindo-se que a informação seja completa e clara de modo a permitir ao público o efectivo conhecimento das suas características e riscos, impondo-se o dever de entrega ao investidor de um documento informativo em linguagem

---

[9] Até ao momento em que se escrevem estas linhas, não foi ainda publicada a portaria de regulamentação prevista no artigo 23.º da Lei n.º 63-A2008, de 24 de Novembro.

clara, sintética e compreensível que expressamente identifique o produto como produto financeiro complexo." O artigo 2.º do diploma dá tradução a tais propósitos, estabelecendo regras específicas em matéria de dever de informação para os produtos financeiros complexos, entre os quais se incluem os instrumentos de captação de aforro estruturados. Passa também a ser obrigatória a aprovação pelas autoridades de supervisão das mensagens publicitárias relativas a este tipo de produtos.

Na óptica do crédito ao consumo, impõe-se às entidades autorizadas a conceder crédito a prestação ao cliente, antes da celebração do contrato, das informações adequadas sobre as condições e o custo total do crédito e ainda que assegurem que as entidades que intermedeiem essa concessão prestem a referida informação.

III.2. A concessão extraordinária de garantias pessoais pelo Estado

Nos termos do seu artigo 1.º, a Lei n.º 60-A/2008, de 20 de Outubro, tem por objecto estabelecer "a possibilidade de concessão extraordinária de garantias pessoais pelo Estado para o reforço da estabilidade financeira e da disponibilização de liquidez nos mercados financeiros". A concessão pelo Estado de garantias pessoais ao abrigo da referida lei tem por objecto exclusivamente o cumprimento de obrigações assumidas em contratos de financiamento ou de emissão de dívida não subordinada, com um prazo mínimo de três meses e um prazo máximo de três anos[10], denominada em euros. Não podem beneficiar deste regime extraordinário as operações do mercado monetário de depósitos interbancário, as operações de dívida subordinada, as operações que já beneficiem de outro tipo de garantia, bem assim como as operações de financiamento realizadas em jurisdição que não observe padrões de transparência internacionalmente aceites.

O montante global das garantias a conceder ao abrigo desta lei pode ir até 20 mil milhões de euros e podem ser concedidas ou renovadas até 31 de Dezembro de 2009.

---

[10] O prazo máximo pode, excepcionalmente, por proposta fundamentada do Banco de Portugal, ir até aos cinco anos (cf. artigo 2.º, n.º 2, da Portaria n.º 1219-A/2008).

Revista de Finanças Públicas e Direito Fiscal

A criação deste regime extraordinário de prestação de garantias pessoais pelo Estado[11] teve como finalidade criar as condições que permitam o restabelecimento da liquidez nos mercados financeiros com vista à manutenção da estabilidade financeira e ao financiamento regular da economia.

Podem solicitar a concessão de garantia pessoal do Estado todas as instituições de crédito com sede em Portugal que cumpram os critérios de solvabilidade previstos na lei, ainda que enfrentem, no contexto actual, constrangimentos ao nível do acesso à liquidez.

O pedido de concessão de garantia é acompanhado da minuta do contrato de financiamento definindo, nomeadamente, os intervenientes na operação, os termos e as condições financeiras da mesma. O pedido é apresentado junto do Banco de Portugal e do Instituto de Gestão da Tesouraria e do Crédito Público[12], que procedem à sua análise, remetendo a respectiva proposta de decisão, devidamente fundamentada, no prazo máximo de oito dias úteis, ao membro do Governo responsável pela área das finanças, com faculdade de delegação, que terá de decidir o pedido, no prazo máximo de dois dais úteis (cf. n.ºs 2 e 3 do artigo 4.º da Lei e artigo 6.º da Portaria). Na apreciação do pedido será tido em consideração, nomeadamente, o contributo da entidade beneficiária para o financiamento da economia e a necessidade e condições financeiras do financiamento.

A Portaria n.º 1219-A/2008, de 23 de Outubro, define, entre outros, os seguintes aspectos:

* Os elementos a apresentar juntamente com o pedido da garantia para efeitos da respectiva instrução;

---

[11] A lei geral que estabelece o regime jurídico da concessão de garantias pessoais pelo Estado ou por outras pessoas colectivas de direito público é a Lei n.º 112/97, de 16 de Setembro.

[12] Na verdade, o artigo 3.º, n.º 1, da Portaria n.º 1219-A/2008 estabelece que o pedido é apresentado junto do Banco de Portugal, em aparente contradição com o disposto no artigo 4.º, n.º 2, da própria lei que regulamenta, onde se refere que a apresentação é feita "junto do Banco de Portugal e do Instituto de Gestão da Tesouraria e do Crédito Público". Todavia, o n.º 3 do mencionado artigo 3.º da Portaria estatui que "o pedido apresentado no Banco de Portugal nos termos do n.º 1 considera-se efectuado, igualmente, junto do Instituto de Gestão da Tesouraria e do Crédito Público, I.P."

- Os elementos de informação a prestar e demais obrigações acessórias a cumprir pelas entidades beneficiárias da garantia;
- Os mecanismos de fixação e revisão das comissões a suportar pelas entidades beneficiárias da garantia, em condições comerciais apropriadas;
- Os procedimentos de reporte de informação e monitorização das entidades beneficiárias na pendência da garantia;
- Os mecanismos gerais de accionamento das garantias;
- Os termos relativos à prestação de contra-garantias.

A concessão da garantia pelo Estado está sujeita ao pagamento de uma comissão pela instituição de crédito beneficiária, definida em condições comerciais e atendendo ao seu nível de risco. O valor da comissão é fixado nos termos da tabela constante em anexo à Portaria n.º 1219-A/2008 e baseia-se nas recomendações emitidas pelo BCE nesta matéria, tomando como referência o *spread* do *credit default swap* das instituições de crédito.

Sem prejuízo da competência das demais entidades dotadas de funções inspectivas, cabe à Direcção-Geral do Tesouro e Finanças, em articulação com o Banco de Portugal e o Instituto de Gestão da Tesouraria e do Crédito Público, assegurar e fiscalizar o cumprimento dos encargos emergentes da execução das garantias concedidas ao abrigo da lei em questão, bem como acompanhar e assegurar a gestão das garantias após a sua emissão. Semestralmente, o Ministério das Finanças dá conhecimento à Assembleia da República de todas as concessões extraordinárias de garantia pessoal, no âmbito do sistema financeiro, concedidas nos termos da referida lei, bem como da sua execução.

Até ao momento, de acordo com os dados constantes do Programa de Estabilidade e Crescimento 2008 – 2011, actualizado em Janeiro de 2009, houve quatro instituições de crédito (CGD, BES, BCP e BANIF) que recorreram à garantia do Estado ao abrigo da Lei n.º 60-A/2008, num total de 5,050 mil milhões de euros.

Nos termos do artigo 10.º da Lei n.º 60-A/2008, no caso de accionamento da garantia em virtude de incumprimento pela entidade beneficiária, o Estado fica sub-rogado no direito do credor até ao seu integral ressarcimento, podendo, se e na medida do necessário para defesa do interesse patrimonial do Estado:

a) Converter o crédito que detém sobre a entidade beneficiária em capital da mesma, designadamente através da emissão de acções preferenciais, após consulta ao Banco de Portugal;

b) Decidir sobre a adopção de princípios de bom governo societário, sobre a política de distribuição de dividendos e de remuneração dos titulares dos órgãos de administração e fiscalização;

c) Designar um ou mais administradores provisórios, nos termos e com os poderes previstos no artigo 143.º do Regime Geral das Instituições de Crédito e Sociedades Financeiras, considerando-se atribuídas ao membro do Governo responsável pela área das finanças as competências aí previstas para o Banco de Portugal.

Finalmente, importa também salientar que à concessão de garantias pessoais prevista na Lei n.º 60-A/2008 se aplica subsidiariamente, com as necessárias adaptações e no que com esta não seja incompatível, o regime previsto na Lei n.º 112/97, de 16 de Setembro, que contém o regime geral da prestação de garantias pessoais pelas entidades públicas.

III.3. As medidas de reforço da solidez financeira das instituições de crédito

III.3.1 A Lei n.º 63-A/2008, de 24 de Novembro, visa criar condições para que as instituições de crédito fortaleçam os seus fundos próprios, à semelhança do que se tem verificado noutros países da União Europeia, como, por exemplo, o Reino Unido, a França, a Alemanha e a Espanha. Pretende-se com o regime jurídico assim criado que as instituições de crédito que reúnam adequadas condições de solidez, à luz da legislação aplicável, atinjam um nível de solvabilidade mais elevado – tendo em conta a imposição do Banco de Portugal no sentido de as instituições de crédito deterem, no mínimo, um rácio de fundos próprios de base (*tier* 1) de 8% – por forma a garantir o seu acesso à liquidez em condições adequadas, e, consequentemente, o regular financiamento da actividade económica. Como se verá *infra*, o recurso ao investimento público é realizado mediante a imposição de condições e contrapartidas, de acordo com princípios de proporcionalidade, remuneração e garantia dos capitais investidos e de minimização dos riscos de distorção da concorrência.

III.3.2. Nos termos do seu artigo 1.º, a Lei n.º 63-A/2008, de 24 de Novembro, tem por objecto estabelecer "medidas de reforço da solidez financeira das instituições de crédito no âmbito da iniciativa para o reforço da estabilidade financeira e da disponibilização de liquidez nos mercados financeiros".

O artigo 2.º estatui, por seu turno, que o reforço da solidez financeira das instituições de crédito é efectuado através de operações de capitalização com recurso a investimento público e pode realizar-se mediante:

- O reforço dos níveis de fundos próprios das instituições de crédito que reúnam adequadas condições de solidez e solvência aferidas de acordo com a legislação aplicável;
- A participação no plano de recuperação e saneamento de instituição de crédito que, nos termos do artigo 141.º do Regime Geral das Instituições de Crédito e Sociedades Financeiras, aprovado pelo Decreto-Lei n.º 298/92, de 31 de Dezembro, apresentem, ou mostrem risco de apresentar, um nível de fundos próprios, solvabilidade ou liquidez inferior ao mínimo legal.

As medidas *supra* referidas têm natureza subsidiária e temporária, sendo aplicáveis a operações de capitalização de instituições de crédito a realizar até 31 de Dezembro de 2009.

No que diz respeito ao âmbito subjectivo de aplicação do diploma, o artigo 3.º estabelece que "podem beneficiar de operações de capitalização previstas na presente lei, as instituições de crédito que tenham sede em Portugal".

Sob a epígrafe "modos de capitalização", o artigo 4.º estabelece que a "capitalização pode ser realizada com recurso a quaisquer instrumentos ou meios financeiros que permitam que os fundos disponibilizados à instituição de crédito sejam elegíveis para fundos próprios de base (*tier* 1)".

A operação de capitalização pode ser efectuada, designadamente, através de:

- Aquisição de acções próprias da instituição de crédito;
- Aumento do capital social da instituição de crédito;
- Outros valores representativos de capital, que sejam legal ou estatutariamente admitidos;

Revista de Finanças Públicas e Direito Fiscal

- Contrato de associação em participação ou contrato de efeitos similares.

O aumento do capital social pode realizar-se mediante emissão de acções preferenciais sem voto e de acções que conferem direitos especiais, bem como pela emissão de acções ordinárias.

No caso de a operação de capitalização ser efectuada através da emissão de acções preferenciais sem voto, o direito ao dividendo prioritário a que se refere o artigo 341.º do Código das Sociedades Comerciais é previamente fixado por portaria do membro do Governo responsável pela área das finanças[13].

A operação de capitalização pode, ainda, efectuar-se através da emissão dos instrumentos financeiros *supra* referidos destinada aos accionistas da instituição de crédito, ao público ou a ambos, com tomada firme ou garantia de colocação, no todo ou em parte, pelo Estado. Além disso, por proposta do Banco de Portugal, devidamente fundamentada, a operação de capitalização pode também ser efectuada mediante a emissão de obrigações ou outros valores de dívida, por parte da instituição de crédito, sem sujeição ao limite previsto no artigo 349.º do Código das Sociedades Comerciais. Nesse caso, as obrigações ou outros valores de dívida a emitir podem ser convertíveis em acções, ordinárias ou preferenciais, ou permutáveis por estas, por iniciativa dos titulares.

O artigo 6.º do mencionado diploma legal regula aspectos relativos ao exercício do direito de preferência na subscrição e o artigo 7.º prevê a derrogação do dever de lançamento de oferta pública de aquisição.

Sob a epígrafe "desinvestimento público", o artigo 8.º estatui que "mostrando-se assegurada, pela instituição de crédito, a manutenção de níveis adequados de fundos próprios, pode a mesma adquirir a participação do Estado ou reembolsar os valores de dívida emitidos ao abrigo da presente lei, no todo ou em parte, com observância do disposto no n.º 3", ou seja, o desinvestimento público terá de ser realizado de acordo com as condições de mercado e de modo a assegurar a adequada remuneração e garantia dos capitais investidos, tendo em conta os objectivos de estabili-

---

[13] À data em que se escrevem estas linhas tal portaria – que deverá também regulamentar outros aspectos, conforme se estatui no artigo 23.º da Lei n.º 63-A/2008 –, não foi ainda publicada.

dade financeira[14]. O Estado pode, igualmente, sem prejuízo de eventuais direitos de preferência, ceder a terceiros, a todo o tempo, a sua participação no capital social da instituição de crédito, ou alienar os títulos de dívida emitidos ao abrigo da Lei n.º 63-A/2008, no todo ou em parte.

O acesso ao investimento público para reforço de fundos próprios depende de solicitação do órgão de administração, com o consentimento do órgão de fiscalização. Mas o órgão de administração pode sempre fazer depender a sua iniciativa de acesso ao investimento público de mandato conferido pela assembleia geral e fá-lo-á, necessariamente, se as medidas a tomar dependerem, no todo ou em parte, de deliberação da assembleia geral.

O acesso ao investimento público para reforço de fundos próprios depende de candidatura apresentada pela instituição de crédito interessada junto do Banco de Portugal, devidamente fundamentada e instruída com um plano de reforço de fundos próprios.

Cabe ao Banco de Portugal proceder à análise da candidatura, devendo remeter, no prazo máximo de 10 dias úteis[15], a respectiva proposta de decisão, devidamente fundamentada, ao membro do Governo responsável pela área das finanças. Na proposta de decisão, o Banco de Portugal pronuncia-se, designadamente, sobre a adequação patrimonial da instituição de crédito interessada e sobre as garantias que a mesma oferece de prossecução de uma política de negócios sólida e prudente.

Compete ao membro do Governo responsável pela área das finanças, mediante despacho, decidir sobre a realização da operação de capitalização, seus termos, condições e encargos a assumir pela instituição de crédito interessada. Na ponderação da decisão, o membro do Governo responsável pela área das finanças tem em consideração, nomeadamente, o contributo da instituição de crédito interessada para o financiamento da economia e a necessidade de reforço de fundos próprios. A decisão deve ser tomada no prazo de cinco dias úteis, prorrogável por igual período

---

[14] Por força do disposto no artigo 24.º da Lei n.º 63-A/2008, o desinvestimento público a que se refere o artigo 8.º deve ocorrer no prazo máximo de três anos, que pode, excepcionalmente e no caso de as condições de mercado o justificarem, ir até cinco anos, a contar da data de entrada em vigor da lei.

[15] Este prazo pode ser prorrogado se a complexidade da operação o justificar (cf. artigo 12.º, n.º 6, da Lei n.º 63-A/2008).

se a complexidade da operação o justificar, sem prejuízo da faculdade de devolução da candidatura ao Banco de Portugal para clarificação, caso em que o prazo se suspende.

O investimento do Estado realizado ao abrigo deste regime tem relevantes consequências para as instituições de crédito, sujeitando-as, potencialmente, a um vasto conjunto de obrigações e limitações. Com efeito, nos termos do artigo 14.º, n.º 1, da Lei n.º 63-A/2008, enquanto a instituição de crédito se encontrar abrangida pelo investimento público para reforço de fundos próprios fica sujeita aos termos, condições e encargos fixados no despacho que decide sobre a operação de recapitalização, designadamente no que se refere:

- À utilização dos meios facultados ao abrigo do reforço de fundos próprios, em particular no que se refere ao contributo da instituição de crédito para o financiamento da economia, nomeadamente às famílias e às pequenas e médias empresas;
- À adopção de princípios de bom governo societário, que podem incluir o reforço do número de administradores independentes;
- À política de distribuição de dividendos e de remuneração dos titulares dos órgãos de administração e fiscalização, bem como à possibilidade de introdução de limitações a outras compensações de que beneficiem esses titulares, independentemente da natureza que revistam;
- À adopção de medidas destinadas a evitar distorções de concorrência;
- À possibilidade de ser necessário o reforço das contribuições para os fundos de garantia de depósitos;
- À adopção de mecanismos que permitam concretizar o desinvestimento público em condições de mercado que garantam uma adequada remuneração do capital investido, assegurando assim a protecção do interesse dos contribuintes.

Importa também salientar que no âmbito do programa de intervenção previsto no artigo 142.º do Regime Geral das Instituições de Crédito e Sociedades Financeiras, pode o Banco de Portugal propor a cooperação do Estado no saneamento da instituição de crédito, através da viabilização de adequado apoio monetário ou financeiro, com recurso aos modos de capitalização que *supra* referenciámos.

Compete ao Banco de Portugal o acompanhamento e fiscalização das medidas propostas, bem como a elaboração, com periodicidade máxima mensal, de relatórios individuais sobre cada uma das instituições de crédito abrangidas, remetendo-os ao membro do Governo responsável pela área das finanças, que semestralmente dará conhecimento à Assembleia da República das operações de capitalização realizadas.

Muito importante é também o disposto no artigo 20.º da Lei n.º 63-A/2008, cujo n.º 1 estatui que "sem prejuízo das obrigações internacionais do Estado Português, não é considerada concentração de empresas a aquisição pelo Estado de participações sociais ou de activos em instituições de crédito ao abrigo da presente lei". Por outro lado, enquanto se mantiver a intervenção pública realizada ao abrigo da lei ora em causa, sempre que estiver prevista a susceptibilidade de ponderação de interesses económicos relevantes, para efeitos da legislação aplicável às operações de concentração de empresas, são obrigatoriamente consideradas, para protecção do interesse público, a urgência inerente à actuação no sector financeiro, as circunstâncias relativas ao risco e situação patrimonial das instituições de crédito, nomeadamente, em matéria de solvabilidade e liquidez, e as suas implicações na estabilidade do sistema financeiro português.

Ainda neste plano, saliente-se que se da intervenção pública na recuperação e saneamento, prevista no artigo 16.º, decorrer uma operação de concentração em que se verifique alguma das condições previstas no n.º 1 do artigo 9.º da Lei n.º 18/2003, de 11 de Junho, esta operação pode realizar-se antes de ter sido objecto de uma decisão de não oposição por parte da Autoridade da Concorrência, não dependendo a validade dos negócios jurídicos realizados no âmbito dessa operação de autorização, expressa ou tácita, daquela Autoridade.

A concessão de garantias pessoais pelo Estado e o reforço da solidez financeira das instituições de crédito dispõem de recursos obtidos por dotações do Orçamento do Estado e emissão de dívida pública até ao limite global de 20 mil milhões de euros (sendo que o montante afecto ao reforço da solidez financeira das instituições de crédito – 4 mil milhões de euros – teve como base de cálculo as necessidades de aumento de capital das instituições de crédito com sede em Portugal para atingirem, a partir dos actuais valores, um rácio de fundos próprios de base de 8%).

Cumpre sublinhar, finalmente, do ponto de vista da articulação deste regime com o regime das garantias, que o acesso ao investimento público, no âmbito da Lei n.º 63-A/2008, é independente do recurso pela instituição de crédito a garantias pessoais do Estado, nos termos da Lei n.º 60-A/2008.

Do que resulta exposto, cremos que se pode afirmar que, tal como no caso da concessão de garantias, o regime constante da Lei n.º 63-A/2008 foi definido tendo por referência os princípios fundamentais sobre esta matéria definidos no âmbito da União Europeia, designadamente a observância: *(i)* do carácter temporário no apoio público; *(ii)* da natureza subsidiária face ao reforço de capitais pelos accionistas; *(iii)* do comprometimento pelas instituições de crédito apoiadas no seu esforço de capitalização com planos de recuperação; e *(iv)* da distinção de tratamento entre instituições de crédito estruturalmente sólidas daquelas que apresentam problemas de solvência.

IV. Considerações conclusivas

Como não poderia deixar de ser, o sistema financeiro português não ficou imune à tremenda crise financeira que estamos a viver desde o Verão de 2007. Em nossa opinião, tanto a lei da concessão extraordinária de garantias pessoais pelo Estado como a lei que estabelece medidas de reforço da solidez financeira das instituições de crédito foram passos oportunos e muito importantes para evitar agudizar os problemas, constituindo assim respostas adequadas à crise. Estão, como vimos, em directa correspondência com as orientações da União Europeia nesta matéria e foram concretizados em termos equilibrados face aos diversos interesses em presença.

Foi também importante, igualmente em linha com a as orientações da União Europeia, que vai muito em breve proceder a uma alteração à Directiva 94/19/CE, do Parlamento Europeu e do Conselho, de 30 de Maio, relativa aos sistemas de garantia de depósitos, a elevação de € 25.000 para € 100.000 do limite de cobertura dos depósitos abrangidos pela FGD e pelo FGCAM, materializada no artigo 12.º do Decreto-Lei n.º 211-A/2008, de 3 de Novembro, a vigorar, nos termos de tal norma, até 31 de Dezembro de 2011. A sua importância, contudo, situa-se mais ao nível do plano psicológico, visando conferir um sinal suplementar de confiança no sistema, já que a estratégia seguida tem passado por evitar que qualquer instituição entre em ruptura de pagamentos (e consequente falência), recorrendo para isso, se necessário, à sua nacionalização, como se viu no caso do Banco Português de Negócios[16], ou a intervenções ao abrigo do regime do saneamento das instituições de crédito, como sucedeu no caso do Banco Privado Português. Ou seja, por outras palavras, os mecanismos de cobertura de depósitos não foram até agora accionados.

Mas, claro está, o combate às causas profundas da crise em curso terá de passar pela adopção de medidas de outro género, que requerem ponderação e coordenação a nível da União Europeia e mundial, designadamente no respeitante à tão reclamada reforma da regulação e supervisão financeira. Embora urgente, trata-se de um trabalho muito complexo e que, por isso mesmo, levará algum tempo a concretizar.

---

[16] O Banco Português de Negócios foi nacionalizado pela Lei n.º 62-A/2008, de 11 de Novembro.

Nuno Cunha Rodrigues
Pacote anti-crise da Comissão Europeia entre o copo de água meio-cheio e meio-vazio

Nuno Cunha Rodrigues
Mestre em Direito
Assistente da Faculdade de Direito de Lisboa

Revista de Finanças Públicas e Direito Fiscal

RESUMO

O "pacote anti-crise" da Comissão Europeia constitui um documento essencial para compreender os compromissos políticos da Comissão.

Compreende um conjunto de medidas que, pela dinâmica que podem introduzir na economia, nos permitem vislumbrar um copo de água meio-cheio.

Acontece que, na sua esmagadora maioria, as medidas são endereçadas aos Estados-membros.

Sendo assim, o "pacote anti-crise" exprime uma relevante carta de intenções, repleta de normas programáticas e, por consequência, não vinculativas para os Estados-membros o que, de resto, tem originado comportamentos e interpretações diversos.

Dir-se-á, nesta perspectiva, que as medidas correspondem a um copo de água meio-vazio.

Palavras-chave:
Comissão Europeia
Medidas anti-crise
Política Orçamental / Política fiscal

ABSTRACT

The "anti-crise package" issued by the European Comission is essencial in order to understand the political commitment of the Comission.

The package envolves measures that, by their economic impact, allow us to see a half-full glass of water.

But, the majority of the measures are adressed to the member states.

As so, the "anti-crise package" is similar to a relevant letter of intentions, full of programmatical standars and, by so, not binding the member states. This has given rise to different behaviour and interpretations.

We can say that, in this regard, the measures are similar to a glass of water half-empty.

Keywords:
European Comission
Anti-crise package
Tax Policy

1. Introdução

A Comissão Europeia aprovou, em finais do ano passado, um pacote de medidas contra a crise financeira que tem por objectivo estimular a economia na Comunidade Europeia e convidar os Estados-membros a adoptarem medidas anti-ciclícas.

O "pacote" é, no essencial, composto por dois documentos:

a) A comunicação da Comissão "da crise financeira à retoma: um quadro de acção europeu"[1];

b) A comunicação da Comissão ao Conselho Europeu "plano de relançamento da economia europeia"[2];

Estas medidas são adoptadas num contexto de crise económica global, que se pressentia desde meados do ano passado, e num momento em que se verifica o retorno, ainda de que forma tímida e subtil, a políticas proteccionistas.

Reconhece-se esse risco na reacção enérgica ao desencadeamento da crise, por parte da Presidência Francesa do Conselho – ocorrida em Dezembro de 2008 –, certamente muito dependente do estilo pessoal do Presidente de França, que avançou uma perspectiva assente em políticas neo-keynesianas traduzidas num pacote de 26 mil milhões de euros em obras públicas, com a gradual atenuação da defesa da política de concorrência até agora postulada pela Comunidade (que tinha já como precedente sintomático a eliminação da referência expressa, no Tratado de Lisboa, entre os fins visados pela Comunidade, de que a concorrência não seja falseada no mercado interno até agora prevista no artigo 3.º, n.º 1, alínea g) do TCE).

A reacção da França suscitará, porventura, um debate entre a Presidência Checa da Comunidade – que procura defender o interesse da Comunidade – e o Governo Francês que sustentará o (inacreditável) acordo alcançado com o sector automóvel. Como se sabe, este acordo

---

[1] COM (2008) 706 final, disponível em http://ec.europa.eu/commission_barroso/president/pdf/COMM_20081029_pt.pdf

[2] COM (2008) 800, disponível em http://eur-lex.europa.eu/LexUriServ/LexUriServ.do?uri=COM:2008:0800:FIN:PT:PDF

condiciona o massivo apoio financeiro do Estado Francês à proibição de deslocalização da produção, por parte das marcas francesas, para fora do território francês e à proibição de despedimentos.

Junta-se a isto a pouco populosa mas energética manifestação de trabalhadores ingleses contra trabalhadores comunitários, também prenúncio do regresso, em época de crise, a políticas proteccionistas, ainda que dissimuladas.

A falta de resposta da Comissão Europeia quanto à crise financeira, que atravessou o irregular ano de 2008, representava um silêncio cada vez mais ensurdecedor para os Estados-membros que, face à redução dos mecanismos de intervenção económica determinados pela impossibilidade de recorrerem à política monetária ou cambial e face aos limites impostos pelo Pacto de Estabilidade e Crescimento – ainda que estes numa versão *soft* resultante da revisão de 2005 – se encontravam sem pistas para o caminho a desbravar.

Na decorrência do apelo dos Estados-membros e face às iniciativas desenvolvidas pela Presidência Francesa do Conselho, a Comissão Europeia aprovou finalmente, em Novembro de 2008, o supra referido "pacote anti-crise".

Vejamos cada um dos documentos.

2. A comunicação da Comissão "da crise financeira à retoma: um quadro de acção europeu"[3]:

Esta comunicação tem uma natureza preliminar face ao enquadramento mais vasto que veio a ser delineado em 26 de Novembro de 2008.[4]

---

[3] COM (2008) 706 final, disponível em http://ec.europa.eu/commission_barroso/president/pdf/COMM_20081029_pt.pdf

[4] A comunicação refere, na p. 2, que "em 26 de Novembro, a Comissão irá propor um enquadramento de retoma mais pormenorizado, no quadro da Estratégia de Lisboa para o crescimento e o emprego, reunindo um conjunto de iniciativas específicas de curto prazo concebidas para compensar os efeitos adversos sobre a economia e adaptando as medidas de médio e longo prazo da Estratégia de Lisboa para ter em conta a crise."

A Comissão Europeia propõe, nesta comunicação ao Conselho Europeu, de 29 de Outubro de 2008, uma abordagem tripartida da crise financeira, englobando os seguintes aspectos:

i) *Uma nova arquitectura dos mercados financeiros a nível da UE;*
ii) *Medidas para fazer face ao impacto a nível nacional da economia real;*
iii) *Uma resposta mundial à crise financeira;*

A primeira proposta traduz-se no apoio contínuo ao sistema financeiro por parte do BCE e de outros bancos centrais; numa aplicação rápida e coerente dos planos de recuperação bancária concebidos pelos Estados-membros e em medidas decisivas destinadas a conter a repercussão da crise para o conjunto dos Estados-membros.

Para a Comissão, a nova arquitectura dos mercados financeiros a nível da UE baseia-se na flexibilização das regras sobre auxílios de Estado aplicáveis ao sector financeiro – exemplificada na Comunicação sobre a aplicação das regras relativas aos auxílios estatais às medidas adoptadas em relação às instituições financeiras no contexto da actual crise financeira global[5] e num conjunto vasto de *guidelines* que procuram compatibilizar o regime de auxílios de Estado previsto no TCE com os gigantescos apoios financeiros concedidos por toda a Europa, pelos Estados-membros, ao sistema financeiro e, em particular, ao sector bancário.[6]

Anote-se que a modificação do quadro regulatório dos auxílios estatais tem vindo a ocorrer na decorrência da iniciativa da Comissária Nellie Kroes intitulada "SAAP" (*state aid action plan*), apresentada em 2005, que se traduziu, nomeadamente, no recente regulamento de isenção n.º 800/2008.

Como referimos, a Comissão Europeia propôs um forte apoio ao sistema financeiro por parte do BCE e de outros bancos centrais, uma

---

[5] Cfr. JOCE C 270 de 25.10.2008, p. 8.

[6] V., a este propósito, o documento da Comissão Europeia de 8 de Dezembro de 2008 que estabelece orientações (*guidelines*) sobre a recapitalização do sector bancário disponível em http://europa.eu/rapid/pressReleasesAction.do?reference=IP/08/1901&format=HTML&aged=0&language=EN&guiLanguage=en

Revista de Finanças Públicas e Direito Fiscal

aplicação rápida e coerente dos planos de recuperação bancária concebidos pelos Estados-membros e medidas decisivas destinadas a conter a repercussão da crise para o conjunto dos Estados-membros.

Ora, não deixa de ser curioso verificar o apelo, dirigido pela Comissão Europeia, ao BCE no sentido de este conceder "um forte apoio ao sistema financeiro" quando a arquitectura normativa comunitário afirma a absoluta independência do BCE (cfr. artigo 108.º do TCE).

A Comissão apresenta, por outro lado, propostas que visam reforçar a regulamentação e a supervisão relativas às garantias dos depósitos[7] e aos requisitos de fundos próprios, bem como à compensação do risco de efeitos pro-cíclicos da regulamentação e das normas de contabilidade.

Merece realce a redefinição, de forma urgente, do modelo regulamentar e de supervisão do sector financeiro da UE, em especial no que diz respeito às grandes instituições financeiras internacionais dado que - entende a Comissão - a actual organização da supervisão da UE numa base nacional limita o âmbito de uma supervisão macroprudencial eficaz.

Para o efeito, a Comissão lançou os trabalhos relativos ao tipo de sistema de supervisão necessário para o futuro através do grupo *De Larosière*.

Trata-se, de certa forma, de retomar o espírito da Comissão *Lamfallussy*, que tanto impacto causou na regulação do sistema financeiro e no seu avanço.

Veremos, no entanto, se o debate que se travou na ultima década em torno dos modelos de regulação do sistema financeiro – entre o modelo tripartido (*v.g.* no caso de Portugal) e o modelo unitário (*v.g.* no Reino Unido e na maior parte dos Estados-membros) e entre modelos comunitários (em que os comités de reguladores representam embriões de entidades reguladoras transnacionais) e modelos nacionais – chega ao fim.

Em rigor, o debate tem sido travado entre alguns Estados-membros – em particular os chamados países grandes – e a Comissão Europeia sempre que se aflora a possibilidade de criação de uma entidade regu-

---

[7] Em Portugal, e nos termos do artigo 12º do Decreto-Lei nº 211-A/2008, de 3 de Novembro, publicado no Suplemento ao Diário da República, I Série, nº 213, de 3 de Novembro de 2008, até 31 de Dezembro de 2011, o limite de garantia dos depósitos passou de €25 000 para €100 000.

ladora europeia do sistema financeiro. Um exercício que tem sido visto, por alguns, como um mecanismo de afirmação de poder por parte da Comissão; por isso mesmo, rejeitado pelos países grandes.

A Comissão manifestava ainda a intenção de apresentar propostas sobre as agências de notação de crédito e sobre a remuneração dos quadros executivos, conjugando medidas populares com reais necessidades de supervisão das agências de notação responsáveis, em alguns casos, pelo pânico gerado nos mercados.

A Comissão assinalou finalmente o lançamento de trabalhos sobre a adequação da supervisão dos mercados de capitais e da gestão do risco, nomeadamente dos instrumentos derivados, dos fundos de retorno absoluto (*hedge funds*) e dos fundos de capitais de investimento (*private equity*) que visavam restaurar a confiança nos mercados.

3. A comunicação da Comissão ao Conselho Europeu "plano de relançamento da economia europeia"[8]:

Na sequência do quadro desenhado em Outubro de 2008, a Comissão Europeia, pelo seu Presidente, apresentou o "plano de relançamento da economia europeia" em Novembro de 2008, com medidas mais vastas e pormenorizadas de combate à crise financeira.

Este plano parte de um princípio fundamental, que decorre do chamado "modelo social europeu", afirmado pela Comissão Europeia: a solidariedade e justiça social.

O princípio visa, em particular, orientar os apoios para ajudar os mais carenciados e proteger o emprego através de medidas relacionadas com as contribuições para a segurança social.

O quadro de acção proposto desenvolve-se com base em dois pilares:

a) O primeiro pilar consiste numa importante injecção de poder de compra na economia destinada a fomentar e a estimular a confiança. A Comissão propõe que os Estados-membros e a UE acor-

---

[8] COM (2008) 800, disponível em http://eur-lex.europa.eu/LexUriServ/LexUriServ.do?uri=COM:2008:0800:FIN:PT:PDF

dem com urgência num estímulo orçamental imediato até 200 mil milhões de euros (1,5% do PIB), a fim de fomentar a procura, no pleno respeito do Pacto de Estabilidade e Crescimento.

b) O segundo pilar assenta na necessidade de orientar a acção de curto prazo com vista a reforçar a competitividade da Europa a longo prazo. O plano inclui um programa abrangente que visa orientar a acção para os investimentos "inteligentes". Por investimento inteligente entende-se o investimento nas qualificações adequadas para dar resposta às necessidades futuras; o investimento na eficiência energética destinada a criar emprego e a poupar energia; o investimento em tecnologias limpas a fim de fomentar sectores de actividade como os sectores da construção e automóvel nos mercados de baixo carbono do futuro: e investir em infra-estruturas e interconexões com vista a promover a eficiência e a inovação[9];

A comunicação da Comissão apresenta os seguintes objectivos estratégicos do plano de relançamento[10]:

a) Estimular a procura e promover a confiança dos consumidores rapidamente;

b) Reduzir os custos humanos da desaceleração económica e o seu impacto sobre as camadas mais vulneráveis, podendo ser tomadas medidas que contribuam para conter a perda de postos de trabalho e para ajudar as pessoas a reintegrarem o mercado de trabalho em vez de se terem de confrontar com o desemprego de longa duração;

c) Ajudar a Europa a tirar partido do crescimento, a fim de sintonizar a economia europeia com as exigências de competitividade e as necessidades do futuro, tal como sublinhado na Estratégia de Lisboa para o crescimento e emprego;

d) Acelerar a transição para uma economia de baixo carbono;

---

[9] Cfr. p. 3 do plano.
[10] Cfr. p. 6 do "plano de relançamento".

Artigos

Em ordem a alcançar tais objectivos, o plano propõe uma resposta anti-cíclica de carácter macro-económico, assente no Pacto de Estabilidade e Crescimento e na Estratégia de Lisboa para o crescimento e o emprego que consiste em:

i) Um estímulo orçamental imediato num montante de 200 mil milhões de euros (1,5% do PIB da UE), constituído por uma expansão orçamental imediata dos Estados-membros de 170 mil milhões de euros (cerca de 1,2% do PIB da UE) e por um financiamento da UE destinado a apoiar acções imediatas da ordem dos 30 mil milhões de euros (cerca de 0,3% do PIB da UE)[11];

ii) Um conjunto de acções prioritárias baseadas na Estratégia de Lisboa e concebidas para adaptar em simultâneo as economias europeias aos desafios de longo prazo, ao mesmo tempo que continuam a ser aplicadas as reformas estruturais destinadas a aumentar o crescimento potencial.

A Comissão retoma a comunicação de Outubro de 2008, destacando o papel do Banco Central Europeu e dos restantes bancos centrais. Porém, neste domínio, a interconexão entre a Comissão e o BCE será praticamente inexistente face ao disposto no artigo 108.º do TCE.

É assim compreensível que a Comissão se limite a afirmar que "o Banco Central Europeu (BCE), em relação à área do euro, em conjunto com os restantes bancos centrais da UE, procedeu já a uma redução das taxas de juro, tendo dado a entender que existe margem para novas reduções."[12]

O que é pouco mais que um voto piedoso.

A Comissão manifesta idênticas intenções no que se refere ao papel dos bancos, assinalando ser "fundamental que os bancos retomem o seu papel normal de fornecimento de liquidez e de apoio ao investimento da economia real".[13]

---

[11] Registe-se que o financiamento disponibilizado pela Comissão – 30 mil milhões de euros – contrasta com o esforço pedido aos Estados-membros – 170 mil milhões de euros.

[12] Cfr. p. 7.

[13] Cfr. p. 8.

Se, no que se refere ao BCE e aos bancos centrais e comerciais o papel da Comissão é de mero regulador verifica-se que, relativamente ao BEI e ao BERD, a Comissão procura (re)construir, nestas instituições, uma identidade refinanciadora da economia. Para tal, a Comissão entende que "os Estados-Membros devem tomar uma decisão antes do final do ano sobre a incorporação de reservas do BEI no montante de cerca de 60 mil milhões de euros na sua base de fundos próprios, o que constituirá um sinal político altamente visível para os mercados e reforçará de forma significativa a capacidade de concessão de empréstimos do Banco" e que, por outro lado, o "Banco Europeu de Reconstrução e Desenvolvimento (BERD) deverá igualmente aumentar o seu actual nível de financiamento nos novos Estados-Membros em 500 milhões de euros por ano."

O que, diga-se, constitui, novamente, pouco mais do que um voto.

O plano revela-se particularmente ambicioso no que se refere à política orçamental afirmando que apenas um pacote significativo de medidas de estímulo permitirá à Europa combater as expectativas de uma tendência descendente em relação à procura, com as suas repercussões negativas no investimento e no emprego.

A execução desta política compete aos Estados-membros o que leva a Comissão a preconizar um acordo intergovernamental relativo a um pacote de estímulo orçamental coordenado, que deverá ser adoptado em tempo oportuno, bem orientado e de carácter temporário, a ser aplicado imediatamente.

No contexto dos orçamentos nacionais para 2009, este estímulo orçamental coordenado, entende a Comissão, "deverá atingir 170 mil milhões de euros, o que representa 1,2% do PIB da União[14], a fim de garantir um impacto substancial e rápido na economia e no emprego, para além do papel dos estabilizadores automáticos. As despesas e/ou as reduções dos impostos incluídas no estímulo orçamental devem ser

---

[14] O Governo Português apresentou recentemente uma proposta intitulada "iniciativa para o investimento e o emprego" em que o valor total do reforço do investimento público ou de iniciativa pública previsto é equivalente a 0,36% do PIB. Para o Conselho Económico e Social esta percentagem terá um efeito imediato no PIB que dificilmente ultrapassará os 0,3%, valor que o CES considera insuficiente para compensar o agravamento da situação económica. A este propósito, v. *infra*.

coerentes com a flexibilidade proporcionada pelo Pacto de Estabilidade e Crescimento e contribuir para reforçar as reformas estruturais da Estratégia de Lisboa."

Este estímulo orçamental deve ser temporário e os Estados-Membros comprometer-se-ão a inverter a deterioração orçamental e a voltar a prosseguir as metas fixadas nos objectivos de médio prazo.

Para tal, sustenta a Comissão, o estímulo orçamental deve ser concebido de forma criteriosa e basear-senos seguintes princípios[15]:

"(1) Deve ser oportuno, temporário, bem orientado e coordenado;

(2) Deve associar instrumentos ligados às receitas e às despesas:

    i. As despesas públicas têm um impacto na procura a curto prazo. Deve procurar-se uma concentração na fase inicial dos projectos de investimento público, que poderão beneficiar as PME e apoiar objectivos públicos a longo prazo, tais como o reforço das verbas afectadas a infra-estruturas ou o combate às alterações climáticas;

    ii. Garantias e bonificações de taxas de juro a fim de compensar os prémios de risco excepcionalmente elevados que prevalecem hoje em dia;

    iii. Incentivos financeiros bem concebidos com vista a acelerar a adaptação das nossas economias face aos desafios de logo prazo, como as alterações climáticas, incluindo por exemplo incentivos à eficiência energética;

    iv. Descida dos impostos e das contribuições para a segurança social;

    v. Reduções temporárias da taxa normal do IVA[16].

(3) Conduzido no quadro do Pacto de Estabilidade e Crescimento;

    i. Em relação aos Estados-membros considerados em situação de défice excessivo, as medidas correctivas deverão ser tomadas num horizonte temporal que seja coerente com o relançamento da economia.

---

[15] Cfr. p. 9.

[16] Assinale-se, aqui, a redução temporária do IVA que, sublinhe-se, é uma proposta da Comissão que, não interferindo com a sexta directiva (sobre IVA) pode (ou não) ser adoptada pelos Estados-membros.

Revista de Finanças Públicas e Direito Fiscal

(4) Deve ser acompanhado por reformas estruturais que apoiem a procura e promovam a capacidade de resistência da economia, devendo abranger uma agenda de reformas estruturais ambiciosa. Neste desígnio, os Estados-Membros devem ponderar as seguintes medidas:

   i) Apoiar o poder de compra dos consumidores através de um melhor funcionamento dos mercados: políticas que melhoram o funcionamento dos principais mercados podem apoiar a procura, contribuindo para a descida dos preços e reforçando o poder de compra das famílias;

   ii) Enfrentar de forma imediata os problemas de competitividade. Os Estados-Membros com problemas de inflação e de competitividade devem tomar com urgência medidas que reforcem a ligação entre os mecanismos de fixação dos salários e a evolução da produtividade;

   iii) Apoio ao emprego e medidas destinadas a facilitar as transições no mercado de trabalho: o principal desafio do mercado de trabalho de hoje consiste em evitar uma perda ineficiente de postos de trabalho em sectores afectados temporariamente por perturbações da procura a curto prazo. Para o efeito, poderia revelar-se útil uma maior flexibilidade em termos de duração do trabalho ou uma melhoria dos serviços de emprego;

   iv) Redução da carga administrativa e regulamentar que pesa sobre as empresas. As reformas deste tipo poderão ajudar a aumentar a produtividade e a reforçar a competitividade. Entre as medidas que podem ser aplicadas rapidamente poderão referir-se os esforços em curso para reduzir o tempo necessário para a criação de uma empresa.

Por último, a Comissão defende a realização de acções nos quatro domínios prioritários da Estratégia de Lisboa:

a) Cidadãos;

   a. Através da iniciativa europeia de apoio ao emprego;

   b. Criando procura para o factor trabalho[17];

---

[17] Cfr. p. 13.

Artigos

b) Empresas;
  a. Promovendo o acesso a um financiamento suficiente e abordável:
    i. A Comissão assinala que o BEI criou uma linha de 30 mil milhões de euros para a concessão de empréstimos às PME, o que representa um aumento de 10 mil milhões de euros, para além do volume habitual do seu crédito a este sector;
  b. Utilização de auxílios estatais – o que, leia-se, deve ser efectuado à luz do Regulamento n.º 800/2008 ou do artigo 87.º, n.ºs 2 e 3 do TCE, apesar de tais normas não serem invocadas pela Comissão;
    i. Para tal, a Comissão irá criar um pacote de simplificação, nomeadamente com vista a acelerar o seu processo de tomada de decisão em matéria de auxílios estatais (o que, registe-se, já estava previsto no "SAAP");
    ii. A Comissão defende que qualquer auxílio estatal deve ser canalizado através de regimes horizontais, concebidos por forma a promover os objectivos de Lisboa, nomeadamente a investigação, a inovação e a formação, a defesa do ambiente e em especial as tecnologias limpas, os transportes e a eficiência energética. A Comissão autorizará temporariamente os Estados-Membros a facilitar o acesso ao financiamento por parte das empresas através de garantias subvencionadas e de bonificações das taxas de juro para o investimento em produtos que excedam as normas ambientais da UE.
  c. A Comissão irá desenvolver orientações temporárias que permitam auxílios estatais em apoio à concessão de empréstimos;
  d. Deve ser reduzida a carga administrativa e promovido o espírito empresarial;
    i. De entre as medidas propostas, destaca-se a aceleração da proposta relativa ao estatuto da sociedade privada europeia[18];

---

[18] Cfr. p. 15.

Revista de Finanças Públicas e Direito Fiscal

c) Infra-estruturas e energia:
  a. Neste domínio destacam-se as propostas da Comissão para[19]:
    i. Acelerar os investimento com vista a modernizar as infra-estruturas europeias;
    ii. Melhorar a eficiência energética dos edifícios;
    iii. Promover a rápida adopção de "produtos ecológicos" – a Comissão irá propor taxas reduzidas de IVA para produtos e serviços ecológicos que se destinem, em especial, melhorar a eficiência energética dos edifícios.
d) Investigação e inovação. Nesta área, a Comissão propõe[20]:
  a. Aumentar o investimento em I&D, na inovação e na educação;
  b. Desenvolver tecnologias limpas nos sectores automóvel e da construção;
  c. "Internet de alta velocidade para todos"[21];

É, por último, de pôr em relevo o receio revelado pela Comissão Europeia quanto ao retorno a políticas proteccionistas e, consequentemente, à importância de se manter o comércio mundial e, neste sentido, a importância que deve ser dada à conclusão de um acordo de comércio mundial na Ronda de Doha da OMC.[22] e, por outra banda, a atenção que merecem as alterações climáticas e a ajuda aos países em desenvolvimento que, para a Comissão, não deve atenuada no contexto de uma crise financeira.

O "pacote anti-crise" da Comissão Europeia constitui um documento essencial para compreender os compromissos políticos da Comissão.

Compreende um conjunto de medidas que, pela dinâmica que podem introduzir na economia, nos permitem vislumbrar um copo de água meio-cheio.

Acontece que, na sua esmagadora maioria, as medidas são endereçadas aos Estados-membros.

---

[19] Cfr. p. 16.
[20] Cfr. p. 18.
[21] Cfr. p. 19.
[22] Cfr. p. 20.

Sendo assim, o "pacote anti-crise" exprime uma relevante carta de intenções, repleta de normas programáticas e, por consequência, não vinculativas para os Estados-membros o que, de resto, tem originado comportamentos e interpretações diversos.

Dir-se-á, nesta perspectiva, que as medidas correspondem a um copo de água meio-vazio.

Podemo-nos, por tudo isto, interrogar se a Comissão podia (devia?) ter ido mais longe.

A resposta definitiva não pode ser ainda dada.

O "pacote" proposto pela Comissão assinala seguramente o começo de uma etapa que reflecte, por um lado, incerteza e, por outro, o carrossel económico em que o mundo está envolvido.

Não é um antídoto indiscutível para a crise.

Será implementado mais ou menos voluntariamente pelos Estados-membros, o que não deixará de repercutir a tensão supranacionalismo e intergovernamentalidade.[23]

A correcta avaliação só pode fazer-se mais tarde.

---

[23] Em Portugal, a Iniciativa para o Investimento e o Emprego (IIE), que consta da proposta de lei n.º 247/X - proposta que "cria o programa orçamental designado por "iniciativa para o investimento e o emprego" e, no seu âmbito, cria o regime fiscal de apoio ao investimento realizado em 2009 (RFAI 2009) e procede à alteração à Lei n.º 64-A/2008, de 31 de Dezembro foi recentemente apreciada pelo Conselho Económico e Social (CES) (disponível em http://www.ces.pt/file/doc/458/).

Em parecer assinado por João Ferreira Do Amaral, o CES aconselha a preparação de novas medidas e estímulo à economia e de apoio social, que possam estar em condições de imediata realização e de obterem efeitos seguros a curto prazo, a accionar no caso de os indicadores de conjuntura, para a nossa economia, registarem um agravamento mais pronunciado do que o previsto para a evolução da actividade económica e do desemprego.

O CES considera que, mesmo sem a ocorrência de tal agravamento, teria sido possível e desejável, no domínio do investimento público, reforçar mais do que a prevista - e desde já - despesa a realizar, incidindo tal reforço sobre investimentos com maiores efeitos benéficos a curto prazo sobre a actividade económica e que, ao mesmo tempo, contribuam para a melhoria da competitividade das empresas ou da qualidade de vida das famílias.

Rui Duarte Morais

Preços de transferência
O sistema fiscal no fio da navalha*

Rui Duarte Morais
Licenciado pela Faculdade de Direito de Coimbra, onde foi assistente.
Doutor em Direito pela Universidade Católica,
de que é professor na Escola do Porto.
Advogado

---

* Texto que serviu de base à nossa intervenção no seminário "Novos desafios em matéria de preços de transferência", organizado pela KPMG e pela Universidade Católica, que teve lugar nos dias 18 (Lisboa) e 19 (Porto) de Setembro de 2008.

Revista de Finanças Públicas e Direito Fiscal

RESUMO

Este Artigo problematiza a inserção do regime legal dos preços de transferência no conjunto do nosso sistema de tributação do lucro das empresas.

Questiona-se se a valoração *"at arm's length"* dos preços das transacções entre empresas associadas é compatível com a exigência constitucional de que as empresas sejam tributadas pelo lucro real.

Analisa-se a questão dos meios de garantia ao dispor dos sujeitos passivos em caso de correcção, pela Administração, dos preços de transferência declarados, nomeadamente se tal correcção deve ser qualificada como um caso de *avaliação indirecta* da matéria colectável.

Salienta-se como do disposto na *Convenção Relativa à Eliminação da Dupla Tributação em caso de Correcção de Lucros entre Empresas Associadas* resultou a introdução da *Arbitragem* no nosso direito fiscal, meio de resolução de conflitos que é desejável ser estendida a outras matérias.

Porém, é necessário compatibilizar o disposto em tal convenção com os demais meios de garantia ao dispor dos contribuintes.

Palavras-chave:
Preços de Transferência – Constitucionalidade
Preços de Transferência e Avaliação Indirecta
Correcção de Lucros entre Empresas Associadas

ABSTRACT

This Article discusses the insertion of the legal regime of transfer pricing into our system of taxation of corporate profits.

It raises the question as to whether or not the *"at arm's length"* evaluation of prices in transactions between associated enterprises is compatible with the constitutional requirement that companies be taxed on actually realized profits.

The Article analyzes the issue of the guarantees that are at the disposal of the tax payers in case of adjustment by the Tax Authority, of the declared transfer prices, namely, if such adjustment should be qualified as a case of *indirect evaluation of the taxable basis*.

It emphasizes how from the provisions of the *Convention on the Elimination of Double Taxation in Connection with the Adjustment of Profits of Associated Enterprises* resulted in the introduction of *Arbitration* into our system of tax law, as a means of resolving conflicts which it would be desirable to see extended to other subject matters.

Nevertheless, it is necessary to ensure compatibility of the provisions of said convention with the other guarantees available to tax payers.

Keywords:
Transfer prices – Constitutionality
Transfer prices and Indirect Evaluation
Adjustment of Profits between Associated Enterprises

1. Introdução

A realidade subjacente ao regime dos "preços de transferência" assume relevância crescente, em termos de dimensão e de complexidade.

Quanto à dimensão, bastará referir que a maioria das transacções internacionais[1] acontece entre empresas que têm entre si relações especiais, pelo que é abrangida por este regime[2].

A maior complexidade resulta de as mercadorias terem, cada vez mais, características muito específicas; de as transacções de serviços e outros bens imateriais (p. ex., marcas, patentes, *know how*) terem vindo a assumir progressiva importância económica (ultrapassado a das transacções de mercadorias), sendo que, em muitos casos, estaremos perante situações *únicas*[3]; de as condições contratuais serem cada vez mais sofisticadas e atípicas.

Ora, o regime dos preços de transferência assenta no *princípio da comparabilidade*: há que comparar o preço praticado entre empresas especialmente relacionadas com o que, supostamente, seria praticado entre empresas independentes. O que supõe toda uma série de comparações: dos bens e serviços transaccionados; das funções e operações; dos mercados; dos riscos da actividade e das estratégias empresariais. Tal poderá exigir aos agentes económicos, e à própria Administração Fiscal, uma aprofundada análise funcional às actividades desenvolvidas no seio das entidades que estejam em relação especial, desde a investigação e desenvolvimento, a concepção e fabrico dos produtos, até à prestação de serviços de distribuição, comercialização e marketing, de logística ou mesmo financeiros e de gestão[4].

---

[1] Estima-se que, hoje, mais de 70%.

[2] A questão dos preços de transferência também se coloca ao nível de transacções internas, mas não assume a mesma relevância. Estando as duas entidades envolvidas sujeitas ao mesmo regime fiscal, a questão poderá, mesmo, perder sentido prático: a diminuição do imposto a ser pago por uma dessas entidades, em resultado da fixação incorrecta de tais preços, terá contrapartida, em termos de receita fiscal, no maior imposto devido pela outra.

[3] *Únicas* mesmo em termos jurídicos: p. ex., é característica essencial das marcas o seu *carácter distinto* e das patentes a sua *novidade*.

[4] Carlos Carvalho Martins / António Martins, «Os preços de transferência nos grupos industriais», *Ciência e Técnica Fiscal*, nº 420 (2007) 40.

Os "preços de transferência" podem ser, também – e são-no muitas vezes –, instrumento de *planeamento fiscal abusivo*[5]. A existência de diferentes sistemas fiscais nacionais é causa inevitável de distorções nas escolhas dos agentes económicos. Sendo o imposto importante custo associado às actividades empresariais e as consequências tributárias de um facto determinadas pela aplicação de uma dada lei nacional, compreende-se que os operadores económicos tendam a localizar os rendimentos no país onde fiquem sujeitos a menor carga fiscal. Este é o "jogo" do planeamento fiscal internacional[6].

Haverá que relembrar algumas evidências: é consensual a regra de que cada Estado tem o direito de tributar os lucros das actividades empresariais imputáveis a estabelecimentos situados no seu território, sejam eles titulados por residentes ou por não-residentes. O modo como acontece a tributação do lucro empresarial resulta, pois, fundamentalmente, de decisões do *estado da fonte*. Pelo que os sujeitos passivos (incluindo os grupos de sociedades e outros "grupos económicos") cujas activida-

---

Para uma primeira ideia sobre a complexidade (e os custos) das obrigações que para os sujeitos passivos resultam do regime dos preços de transferência, diremos que um inquérito, de Setembro de 2004, sobre os custos administrativos que o cumprimento das obrigações fiscais envolve para os grupos de sociedades da União Europeia, no qual foram questionadas cerca de setecentas grandes empresas, em catorze Estados-membros, revelou que os maiores problemas por elas sentidos eram relativos aos preços de transferência. 82% das queixas referiam-se à documentação nacional exigida, os seja aos "comprovativos" da forma como foram por elas calculados tais preços (PLMJ, «Preços de transferência e arbitragem», *Questões Fiscais da Globalização* I, 2007).

Como referimos na nota anterior, no âmbito das relações puramente internas a questão da correcta quantificação dos preços de transferência pode assumir pouca ou nenhuma relevância (por simplicidade, quando estejam em causa transacções entre sujeitos passivos sujeitos ao regime normal do IRC e não se verifiquem quaisquer "particularidades" como, p. ex., a existência de prejuízos reportáveis). Nestes casos, afigura-se justa a reivindicação da dispensa do cumprimento de obrigações acessórias implicadas por este regime, nomeadamente a da organização do "*dossier* preços de transferência".

[5] O que leva alguns a incluir o art. 58º do CIRC nas chamadas "disposições especiais antiabuso", entendimento que não sufragamos (Rui Duarte Morais, «Sobre a noção de "cláusulas antiabuso" em Direito Fiscal», *Estudos Jurídicos e Económicos em Homenagem ao Prof. Doutor António de Sousa Franco*, 2006, p. 879 ss.).

[6] Sobre algumas dessas estratégias, Rui Duarte Morais, *Imputação de Lucros de Sociedades não Residentes Sujeitas a um Regime Fiscal Privilegiado*, 2005, p. 159 ss.

des se encontrem repartidas por vários Estados tenderão a "localizar" a fatia grossa do seu lucro nos países em que seja menos tributada.

Sendo isto um facto, o certo é que tende a motivar uma visão distorcida das situações que envolvem preços de transferência, as quais são, aprioristicamente, encaradas como casos de planeamento fiscal abusivo. Sem, por isso, se lograr compreender o absolutamente normal das "dúvidas", das dificuldades dos sujeitos passivos em conseguirem definir preços de transferência "correctos"[7].

Acresce que as administrações fiscais envolvidas não estão numa posição de isenção, pois, no fundo, o que se discute é a medida em que cada uma delas irá comungar nos lucros globais obtidos pela empresa multinacional com as operações em causa.

Não serão este tipo de "questões gerais" as que iremos abordar, até porque muitas delas relevam, fundamentalmente, nas ciências económicas. Iremos, numa perspectiva jurídica, analisar alguns desafios que o regime legal vigente coloca ao nosso sistema fiscal, considerado na sua globalidade.

2. Legislar "a recomendação" das organizações internacionais

Porque a questão dos preços de transferência é, essencialmente, internacional, fácil é compreender que muitas respostas sejam gizadas em fóruns internacionais. Destaque natural para a OCDE, o que bem se compreende atentas as finalidades, composição e características desta organização[8].

---

[7] Para o que alerta uma conhecida passagem das *guidelines* da OCDE (Introdução, 1.2): "as Administrações Fiscais não devem presumir, sistematicamente, que as empresas associadas tentam manipular os respectivos lucros. Pode revelar-se realmente difícil determinar um preço de mercado aberto quando os mecanismos de mercado não entram em jogo ou quando se trata de adoptar uma determinada estratégia comercial".

[8] O primeiro relatório, «Preços de transferência e empresas multinacionais», data de 1979. Seguiram-se outros, como «Preços de transferência e empresas multinacionais — Três estudos fiscais», de 1984, e «Os aspectos fiscais dos preços de transferência praticados no seio das empresas multinacionais: as propostas de regulamentação americanas», de 1993. Em 1995 foi publicado o texto que hoje é a principal referência sobre o tema, «Transfer Pricing Guidelines for Multinational Enterprises and Tax Administra-

140
Revista de Finanças Públicas e Direito Fiscal

Neste contexto, compreende-se, também, que as "recomendações" da OCDE influenciem decisivamente o nosso legislador, que a nossa lei sobre o tema siga, muitas vezes a par e passo, os textos propostos por esta organização[9].

Tal é mais um exemplo da tendência actual de os Estados, quando confrontados com questões fiscais de dimensão internacional e com a impossibilidade de consenso quanto a convenções que os passem a vincular directamente, optarem por instrumentos mais brandos, por um direito *soft*, por *gentleman's agreements* envolvendo compromissos políticos de legislar ou actuar em determinado sentido[10].

No caso da OCDE, nem sequer de um compromisso político directo se pode falar. Os textos emanados desta organização, nomeadamente os relativos às "boas práticas" a serem adoptadas pelos Estados em diferentes sectores, têm valor de mera doutrina. Mas uma doutrina especialmente qualificada, não só pelo seu conteúdo intrínseco mas, também, por ser expressão do consenso logrado entre representantes de numerosos Estados (membros e, muitas vezes, também não-membros da organização).

Mostra a experiência que tomar como referência as "recomendações" da OCDE é caminho seguro para atingir um mínimo de harmonização fiscal internacional, nomeadamente quanto à repartição do direito à tributação entre os vários Estados (a consagração de soluções que evitem situações de dupla tributação internacional ou de elisão fiscal internacional). Prova maior é o Modelo OCDE de convenções sobre dupla tributação, o qual, como é sabido, serve, directamente, de base a grande

---

tions», o qual tem sido objecto de revisões periódicas. No *site* da OCDE encontra-se uma (extensa) síntese de tais *guidelines*. Existe tradução portuguesa, em *Cadernos de Ciência e Técnica Fiscal*, nº 189 (2002).

[9] "O novo quadro legal revela um alinhamento com os princípios directores da OCDE sobre preços de transferência dirigidos às empresas multinacionais e às administrações fiscais e colheu inspiração também nas regulamentações de carácter legal e administrativo e num conjunto de boas práticas seguidas por países com maior experiência nesta área", reza o preâmbulo da Portaria 1446-C/2001, de 21 de Dezembro, que "regula os preços de transferência nas operações efectuadas entre um sujeito passivo de IRS ou de IRC e qualquer outra entidade".

[10] Assinalando esta tendência, Casalta Nabais, «A soberania fiscal no quadro de internacionalização, integração e globalização económicas», *Estudos de Direito Fiscal,* 2005, p. 208.

parte dos milhares de Convenções bilaterais em vigor (muitas celebradas entre Estados que não são membros da organização) e, indirectamente, às restantes[11].

Se a generalidade dos países aprovar legislação que, ao menos tendencialmente, siga o recomendado pela OCDE, lograr-se-á, ainda que por via indirecta, a consagração de soluções "universais".

Nada temos a opor, por princípio, ao acolhimento pelo nosso legislador da doutrina das organizações internacionais e, mesmo, dos "modelos" de textos legislativos em que aquela se corporize[12].

O que é certo é que, também por esta via, os sistemas fiscais nacionais se descaracterizam progressivamente. A lei fiscal de cada Estado tende a deixar de reflectir as opções específicas de uma dada comunidade, passando a ser o reflexo de consensos internacionais. A soberania fiscal[13] tende a ser cada vez mais formal e menos substancial. O legislador nacional passa a ser como que o titular do "selo" cuja aposição legitima (determina a vigência de) soluções pensadas por outros. Retomando, ainda que em outro contexto, palavras de Saldanha Sanches[14],

---

[11] Pois que os demais *modelos* partem do MOCDE, procedendo a adaptações que visam corresponder às necessidades específicas que motivam a sua existência.

[12] Até porque estão em causa textos "maduros", objecto de profunda discussão e análise durante períodos temporais dilatados, ou seja, textos com um processo genético bem diferente do da *turbolegislação* fiscal que, constantemente, vemos aprovada. Porém, haverá que resistir ao facilitismo de, por forma acrítica, transpor tais textos em normas legais. Haverá que fazer escolhas claras (nomeadamente entre as "opções" que, por vezes, esses textos deixam em aberto) e, em especial, assegurar a coerência entre as novas normas e as demais que integram o nosso sistema fiscal. E, mais que tudo, haverá que recusar "recomendações" que sejam manifestamente inexequíveis ou cuja execução importe custos desproporcionados. Há que resistir à tentação de ter soluções legislativas avançadas (o que, é certo, conduz a que o nosso país ocupe posições lisonjeiras nas comparações internacionais que, nestas matérias, acontecem sistematicamente), mas incompatíveis com a nossa realidade.

[13] "A função legislativa que, como função normativa primária do Estado, traduz a mais importante manifestação do "poder jurídico supremo" ou do "nível supremo do poder jurídico" do Estado", como entende Casalta Nabais, *O Dever Fundamental de Pagar Impostos,* 1998, p. 299.

[14] Saldanha Sanches, «Soberania fiscal e constrangimentos externos», *Fisco*, nº 27 (1991) 19 ss.

Revista de Finanças Públicas e Direito Fiscal

acentua-se o défice da soberania fiscal nacional sempre que estejam em causa situações com dimensão internacional[15].

Por esta via da importação das soluções legislativas preconizadas pelas organizações internacionais "entraram" na nossa lei normas que são contraditórias com aquilo que, normalmente, se considera serem princípios estruturantes do nosso sistema fiscal. Tal não significa que essas "novas regras" não sejam intrinsecamente válidas. O que nos deve levar a ponderar sobre a possibilidade e conveniência de estender os princípios e soluções nelas contidos a outros sectores da nossa lei fiscal, ultrapassando, se necessário, dogmas e tabus arreigados.

Este pretende ser um contributo para tal debate.

3. O regime dos preços de transferência e a Constituição

O *princípio da independência* ou da *plena concorrência (arm's length principle)*, outro princípio basilar do sistema[16], postula que as empresas especialmente relacionadas, na definição dos preços das suas transacções, devem seguir os mesmos pressupostos que seriam seguidos por empresas independentes, *nas condições e práticas normais de mercado*.

Não interessa, pois, que a fixação dos preços feita pelos sujeitos passivos tenha obedecido a critérios genuinamente empresariais, tenha sido determinada por um legítimo *business purpose*, que fique demonstrado que a tal valoração não presidiu um intuito de economia fiscal. Poder-se-á, até, concluir que, face à informação razoavelmente acessível a esse sujeito passivo, a quantificação dos preços de transferência por ele operada não poderia ser outra. Em qualquer dos casos, os valores constantes da contabilidade do sujeito passivo serão corrigidos se se vier a concluir (porventura com recurso a mais e melhor informação) serem outros os preços que seriam praticados entre empresas independentes em transacções com características idênticas.

---

[15] Cfr., Clotilde Celorico de Palma / Carlos Lobo, «Limitações internacionais à definição da política fiscal nacional», *Competitividade e Concorrência Fiscal*, CTOC, 2008, p. 33 ss.

[16] A par do já referido *princípio da comparabilidade*.

Neste regime, não está em causa saber se a situação declarada por determinado sujeito passivo corresponde à realidade. Está em causa quantificar a parte do lucro global de uma operação ou de um conjunto de operações – cuja execução, no quadro de uma repartição internacional das actividades económicas, foi levada a cabo por várias empresas, especialmente relacionadas, em diferentes países – que deve ser imputada à actividade realizada em cada país (a cada uma das empresas ou estabelecimentos), o que determinará o montante de imposto a cobrar por cada um dos Estados interessados.

A correcção a ter lugar não procura, pois, evidenciar os proveitos e custos que um dado sujeito passivo efectivamente teve. Procura-se apurar quais seriam esses custos e proveitos a *preços normais* de mercado.

Sabido que é a diferença entre proveitos e custos que, no essencial, conduz à determinação do lucro tributável, fácil é concluir que, na medida em que em componentes de tal cálculo apareçam preços de transferência, o resultado tenderá a apontar para um valor normal, a afastar-se do lucro real.

Consideremos o caso de uma sociedade com sede e actividade em Portugal que: adquire a matéria-prima que transforma a uma sociedade com sede e actividade no estrangeiro; vende a totalidade dos produtos que fabrica a uma outra sociedade, no estrangeiro; adquire numerosos serviços a uma outra sociedade estrangeira; o capital de todas as sociedades envolvidas é detido, maioritariamente, por uma outra sociedade (a sociedade-mãe do grupo). Neste exemplo, que corresponderá a situações relativamente correntes, a esmagadora maioria das transacções que acontecem no quadro da actividade da sociedade portuguesa estará sujeita ao regime dos preços de transferência. À quantificação da sua matéria colectável presidirão pois, essencialmente, critérios de normalidade. O seu lucro tributável será, tendencialmente, um *lucro normal*.

Ora, como sabemos, a nossa Constituição determina, no seu art. 104°, n° 2, que "a tributação das empresas incide fundamentalmente sobre o seu rendimento real".

O significado desta exigência constitucional tem sido objecto de explicitação, ainda que nem sempre coincidente, pela nossa doutrina. Aceitemos, para o presente efeito, a posição de Xavier de Basto, para quem: "A Constituição proíbe, pois, que a determinação da matéria colectável, nos rendimentos empresariais, assente no rendimento normal, des-

Revista de Finanças Públicas e Direito Fiscal

ligado da realidade do sujeito passivo. Se a lei ordinária impuser como *método principal* de determinação da matéria colectável o apuramento de um rendimento normal, haverá pois ofensa do princípio estabelecido no art. 104°, n° 2, da CRP"[17].

Quando no domínio dos preços de transferência, a *parte principal* dos "preços" que conduzem à quantificação do lucro tributável é, como regra, quantificada a "valores normais do mercado", surge a interrogação legítima sobre a conformidade com a Constituição de um tal regime[18].

O que não deixa de envolver alguma ironia: a exigência constitucional de que as empresas sejam tributadas pelo rendimento real tem sido analisada essencialmente a propósito do regime simplificado, o qual, potencialmente, abrange apenas pequenas empresas. Muitos duvidam da constitucionalidade de tal sistema[19]. Ora, pelos vistos, as empresas multinacionais (na maioria, grandes e médias empresas) deixam-se, pacificamente, tributar por um lucro que pode ser *fundamentalmente* quantificado pelo recurso a critérios de normalidade, por um *lucro normal,* em decorrência da aplicação do regime de preços de transferência.

---

[17] Xavier de Basto, «O princípio da tributação do rendimento real e a Lei Geral Tributária», *Fiscalidade*, n° 5 (2001) 11.

[18] A questão da inconstitucionalidade do antigo art. 57° do CIRC (hoje, art. 58°) foi objecto de amplo debate doutrinal e jurisprudencial. Cfr. Nuno Sá Gomes, «As garantias dos contribuintes: algumas questões em aberto», *Ciência e Técnica Fiscal*, n° 371 (1993) 126, numa posição fortemente criticada por Saldanha Sanches, *Os Limites do Planeamento Fiscal*, 2006, p. 254 ss. No centro de tal debate estava, porém, uma questão ultrapassada pela subsequente evolução legislativa: a indeterminação, a falta de suficiente tipicidade, da norma.

Xavier de Basto, *op. cit.* nota anterior, 14, considera regime dos preços de transferência como fazendo um apelo a um "elemento de normalidade", compatível com um sistema geral de tributação do rendimento real (acabando por admitir reconduzir a questão à concretização da exigência resultante do advérbio *fundamentalmente,* constante do preceito constitucional). Estamos, no essencial, de acordo. Só que entendemos que saber se é cumprida a exigência constitucional de tributação pelo rendimento real – a qual aceitamos admitir excepções e limitações – deve ser referida a cada um dos sujeitos passivos e não ao resultado global da aplicação do imposto. Assim, pensamos serem inconstitucionais regimes legais de que decorra que determinado sujeito passivo é *fundamentalmente* tributado por um rendimento normal.

[19] Um sistema em que, para mais, está em causa, por princípio, a tributação pelo rendimento real presumido (e não pelo rendimento normal).

Tudo a confirmar o irrealismo do preceito constitucional, historicamente datado[20], o "esquecimento" inevitável a que tende a ser votado[21]. E nos faz reflectir sobre a necessidade de, uma vez por todas, sem tabus constitucionais, se pensar na hipótese de criar um verdadeiro sistema simplificado de tributação das pequenas empresas[22], assente no lucro normal, quantificado, também ele, através de *acordos prévios* (em homenagem, desde logo, ao princípio constitucional da participação dos cidadãos na formação das decisões ou deliberações que lhes disserem respeito – art. 267°, n° 5, da CRP), ainda que, necessariamente, muito mais simples que os previstos em matéria de preços de transferência.

4. É a correcção dos preços de transferência um caso de avaliação indirecta da matéria colectável?

A regra, no nosso sistema fiscal, é que a matéria colectável seja avaliada ou calculada directamente segundo os critérios próprios de cada tributo (art. 81° da LGT).

No caso dos rendimentos empresariais, quando o apuramento do lucro tributável é feito com base numa contabilidade organizada, estamos perante um *cálculo directo*, efectuado pelo próprio sujeito passivo[23].

A correcção, pela administração fiscal, dos valores constantes da contabilidade dos sujeitos passivos que devam ser qualificados como

---

[20] Cfr. Casalta Nabais, «Alguns aspectos da tributação das empresas», *Estudos de Direito Fiscal*, 2005, p. 376.

[21] Seguindo o sábio provérbio "mais vale prevenir que remediar", consideraríamos sensato reformular, numa próxima revisão constitucional, este preceito, à semelhança do que aconteceu com os n° 3 e n° 4 desse mesmo art. 104° da CRP. O primeiro, relativo à tributação do património, foi totalmente expurgado da sua carga ideológica inicial. O segundo, relativo à tributação do consumo, "amenizado" para evitar incompatibilidades com o regime comunitário do IVA.

Isto se não se optar pela eliminação, pura e simples, de tal artigo da Constituição, o que nos pareceria ser a solução mais coerente, até porque, historicamente, já cumpriu a sua missão.

[22] O que se impõe pelo absurdo que é o regime simplificado hoje vigente. Cfr. Rui Duarte Morais, *Apontamentos ao IRC*, 2007, p. 171 ss.

[23] Leite Campos/Silva Rodrigues/Lopes de Sousa, *Lei Geral Tributária*, 2003, p. 419.

preços de transferência corresponde, a nosso ver, a uma forma de avaliação indirecta da matéria colectável.

Indirecta porque a administração fiscal se afasta dos "preços" declarados e fixa novos valores, partindo de outros dados que não os constantes da contabilidade desse sujeito passivo (apesar de esta não ser objecto de qualquer reparo quanto à sua veracidade),"substituindo" os valores declarados (que foram os efectivamente praticados) pelos que, hipoteticamente, aconteceriam entre empresas independentes.

O entendimento de que a correcção dos preços de transferência é um caso de avaliação indirecta da matéria colectável parece encontrar suporte suficiente nas normas que tipificam os casos em que é possível o recurso a tal instituto por parte da administração fiscal. Estaremos perante um caso de "impossibilidade de quantificação directa e exacta dos elementos indispensáveis à correcta determinação da matéria tributável" (al. b) do art. 87º da LGT), pois que cabem nesta noção as situações de "existência de manifesta discrepância entre o valor declarado e o valor de mercado dos bens e serviços" (art. 88º, al. d), da LGT). Casos estes em que a determinação da matéria colectável por métodos indirectos poderá ter em conta "o valor de mercado dos bens ou serviços tributados" (art. 90º, nº 1, al. h)).

É certo que, no CIRC, a regulamentação relativa aos preços de transferência não aparece na Secção V, intitulada "Determinação do lucro por métodos indirectos", mas sim na Secção VI, "Disposições comuns e diversas". Só que este não parece ser argumento decisivo. Além de ser meramente formal, haverá que não esquecer a anterioridade temporal do CIRC relativamente à LGT e a forma, por vezes atabalhoada, como foi feita a adaptação dos vários códigos tributários a este último diploma, que sobre eles tem precedência lógica, uma vez que "enuncia e define os princípios gerais que regem o direito fiscal português e os poderes da administração tributária e garantias dos contribuintes"[24].

Não ignoramos que parte significativa da doutrina, com apoio jurisprudencial, entende que, para além da dicotomia avaliação directa/avaliação indirecta, existe uma terceira forma de intervenção da administração fiscal na fixação da matéria colectável: a que resultaria da atribuição,

---

[24] "Título" do DL nº 398/98, de 17 de Dezembro, que aprovou a LGT.

pela lei, de poderes não estritamente vinculados de correcção dos valores declarados pelos sujeitos passivos. Exemplo seria, precisamente, a possibilidade de correcção dos preços de transferência declarados[25].

Não aceitamos esta visão, resquício do tempo em que se reconhecia à administração fiscal um campo de discricionariedade técnica, judicialmente insindicável, na fixação da matéria colectável. Para nós, ou estamos perante uma avaliação directa, a qual visa a quantificação do rendimento real[26], seja através dos dados constantes da contabilidade do sujeito passivo, seja através de outros meios de prova, obtidos, p. ex., em sede de controlo cruzado, ou caímos na avaliação indirecta, nas situações em que a lei prevê que o rendimento tributável seja apurado de outro modo, a partir de dados "externos". Por regra, na avaliação indirecta procura-se, indiciariamente, determinar o rendimento que o contribuinte obteve, procura-se quantificar o seu *rendimento real presumido*. Mas, mesmo quando é este o objectivo, a falta de elementos relativos à situação concreta do sujeito passivo faz com que, muitas vezes, se acabe por cair numa quantificação que só de nome corresponderá a um rendimento real presumido, aproximando-se mais de um verdadeiro rendimento normal[27].

O que tem de intrinsecamente diferente a temática da correcção dos preços de transferência, relativamente à generalidade dos casos em que acontece a avaliação indirecta, é que não lhe subjaz, necessariamente, uma violação pelo sujeito passivo dos seus deveres de cooperação[28]. O que nos dá mais uma razão substantiva em apoio da ideia de que tal correcção deve ser qualificada como um caso de avaliação indirecta: com-

---

[25] Jorge de Sousa, *Código de Procedimento e de Processo Tributário*, I, 2006, p. 840; Nuno Sá Gomes, «As Garantias dos Contribuintes», *Ciência e Técnica Fiscal,* nº 371 (1993) 127.

[26] Sendo certo que a ideia de rendimento real é, em si mesma, um mito, como bem assinala Casalta Nabais, *Direito Fiscal*, 2007, p. 178.

[27] P. ex., a fixação indirecta do rendimento com base, apenas, no disposto na al. g) do nº 1 do art. 90º da LGT (a matéria tributável do ano ou anos mais próximos que se encontre determinada pela Administração Fiscal), conduzirá ao rendimento normal, pois não envolve qualquer elemento relativo à realidade do sujeito passivo no exercício a que tal fixação se reporta.

[28] Sobre a avaliação indirecta como consequência da violação de deveres de cooperação, Saldanha Sanches, *A Quantificação da Obrigação Tributária*, 1995, p. 386 ss.

preende-se que aquele que vê o seu rendimento tributável ser objecto de fixação administrativa indirecta em razão de incumprimento de deveres a que, legalmente, está sujeito goze de maiores garantias do que aquele que é objecto de idêntica forma de fixação sem ter cometido ilícito algum?

Sendo correcta a qualificação das "correcções dos preços de transferência" como uma forma de avaliação indirecta da matéria colectável, tal devia repercutir-se na possibilidade de os "preços" fixados pela administração serem objecto do procedimento de revisão da matéria colectável regulado nos art. nº 91º e ss. da LGT.

Debrucemo-nos um pouco sobre esta questão, olhando o que foi a evolução legislativa. Temos, primeiro, a LGT, cujo art. 91º, nº 14, na sua redacção inicial, excluía de tal procedimento de revisão as correcções "que possam ser objecto, de acordo com as leis tributárias, de recurso hierárquico com efeito suspensivo da liquidação". Era precisamente o caso das correcções dos preços de transferência.

Um ano depois da entrada em vigor da LGT, surge o CPPT, cujo art. 54º, nº 2, foi interpretado como estendendo o procedimento de revisão da matéria colectável, regulado nos art. 91º e ss. da LGT, a todas as correcções quantitativas efectuadas no âmbito de um poder discricionário, sem excepção, efectuadas pela administração tributária, de modo a compreender, entre outras, as correcções operadas em sede de preços de transferência, salvo se, usando da faculdade prevista no nº 3 de tal norma, o contribuinte optasse pelo recurso hierárquico com efeito suspensivo[29].

A Lei nº 32-B/2002, de 30 de Dezembro, no que interessa: a) revogou o (antigo) art. 129º do CIRC, acabando assim a figura do recurso hierárquico da liquidação com efeito suspensivo; b) revogou os nº 2 e 3 do art. 54º do CPPT; c) deu nova redacção ao nº 14 do art. 91º da LGT, o qual, agora, exclui do âmbito do procedimento de revisão da matéria colectável (apenas) "as correcções meramente aritméticas da matéria tributável resultantes de imposição legal e as questões de direito, salvo quando referidas aos pressupostos da determinação indirecta da matéria colectável".

Procurando sintetizar: inicialmente, a LGT não abrangia as correcções dos preços de transferência no âmbito do procedimento de revi-

---

[29] Lima Guerreiro, *Lei Geral Tributária*, 2000, p. 387 ss.

são da matéria colectável regulado nos seus art. 91º e ss. por existir um meio próprio de reacção, o recurso hierárquico com efeito suspensivo; o CPPTT veio abrir a alternativa de utilização do procedimento de revisão ou de tal recurso hierárquico; este recurso hierárquico, com efeito suspensivo, foi abolido, pelo que terminou a possibilidade de opção prevista no CPPT; consequentemente, passaram a estar excluídos do âmbito do procedimento de revisão regulado na LGT apenas os casos de alterações à matéria colectável resultantes de meras correcções meramente aritméticas.

Considerar que a correcção dos preços de transferência é um caso de avaliação indirecta parece ser a "melhor solução", aquela que, em sede interpretativa, se deve supor que foi acolhida pelo legislador. Aproveitando, ainda que em diferente contexto, os dizeres de Lima Guerreiro[30], "entendeu o legislador ser apropriado estender o diálogo entre contribuinte e administração tributária previsto para a aplicação de métodos indirectos às correcções da matéria colectável efectuadas com base em relações especiais entre contribuintes e terceiros (…). Se tivermos em conta os fortes particularismos do objecto desse tipo de recursos (por exemplo, os preços de transferência), entendemos essa solução ser adequada, na medida em que garante uma troca de pontos de vista entre o contribuinte e a administração fiscal que é nestes casos particularmente necessária".

Acresce, como dissemos, que não parece compreensível que os sujeitos passivos que sejam objecto de correcções em razão do incumprimento de deveres de cooperação tenham ao seu dispor um meio de garantia que não é acessível aos que são objecto de correcções a que não subjaz um qualquer ilícito.

A ser exacto o nosso pensamento, estaremos confrontados com uma questão de diminuição das garantias dos contribuintes em resultado da forma errónea como a administração fiscal interpreta a lei. Por considerar não ser este um caso de avaliação indirecta da matéria colectável (considerar estarem em causa correcções técnicas ou aritméticas, feitas no exercício de faculdades discricionárias), não abre aos sujeitos passivos

---

[30] *Op.* e *loc. cit.*

Revista de Finanças Públicas e Direito Fiscal

a possibilidade de acesso ao procedimento de revisão. E, ao que parece, perante a passividade destes...

5. A "entrada" da arbitragem no nosso direito fiscal

Muitos são os que reclamam pela introdução urgente da arbitragem no nosso direito fiscal[31]. No cerne dos litígios a serem por ela abrangidos estão, para todos, os decorrentes da quantificação da matéria colectável por métodos indirectos.

Há que ter consciência clara que as questões que, normalmente, aí se colocam escapam, em muito, à vocação natural dos Tribunais. Estes, por definição, conhecem e sabem aplicar o Direito. Mas a fixação indirecta da matéria colectável envolve, as mais das vezes, conhecimentos que são do foro de outras ciências ou artes. Apreciar de margens médias do lucro líquido sobre as vendas e prestações de serviços ou compras e fornecimentos de serviços de terceiros, de taxas médias de rentabilidade de capital investido, de coeficientes técnicos de consumos ou utilização de matérias-primas e outros custos directos, dos custos presumidos em função das condições concretas do exercício da actividade, do valor de mercado dos bens ou serviços tributados, da existência ou não de uma relação congruente e justificada entre os factos apurados e a situação dos contribuintes (ou seja, da maioria dos critérios que, segundo o art. 90º da LGT, devem presidir a quantificação indirecta do lucro) é algo que escapa à maioria dos juristas (como escapará, também, àqueles que, muito embora tendo formação específica nessas áreas, não tenham experiência assinalável no ramo de actividade empresarial em questão). Só quem nunca teve ensejo de deparar com a incompreensão de um Juiz para com os meandros, as especificidades, de determinada actividade económica é que não compreenderá o que pretendemos dizer.

---

[31] Destaque para os vários textos que Diogo Leite de Campos tem publicado em defesa desta ideia. Entre outros, «A arbitragem em Direito tributário», *Estudos Jurídicos e Económicos em Homenagem ao Prof. Doutor António de Sousa Franco*, I, 2006, p. 739 ss. e *O Sistema Tributário no Estado dos Cidadãos*, 2006, p. 77 ss.; «Certeza e segurança no direito tributário: a arbitragem», *Revista da Ordem dos Advogados* (2005) 313 ss.

Normalmente, o Juiz é confrontado com um relatório pericial da autoria da administração fiscal (o relatório de inspecção que é fundamento da liquidação impugnada) e com as críticas – à metodologia nele adoptada, à suficiência das indagações feitas (dos indícios em que se louva), à coerência das conclusões extraídas dos factos apurados – que ao mesmo são feitas por peritos ou testemunhas indicados pelo sujeito passivo. O Juiz tem, em consciência e fundamentadamente, que decidir sobre a validade da quantificação operada pela administração fiscal, se ela deve ou não decair em resultado da contra-argumentação carreada para o processo, se, em consequência, deve ou não anular a liquidação. Muitas vezes em situação de verdadeira incompreensão, o Juiz tenderá, naturalmente, a inclinar-se pela validação do acto administrativo, até por crença na competência técnica dos funcionários da administração fiscal (o que, na maioria dos casos, é um facto) e de que terão cumprido com o dever de isenção que sobre eles, legalmente, impende.

Em nossa opinião, os Tribunais, no geral, nunca se mostraram muito interessados em apreciar tal tipo de questões. Foram coniventes com o entendimento de que a quantificação indirecta da matéria colectável se inseria no domínio da, então, chamada discricionariedade técnica da administração fiscal (cujo exercício, substancialmente, escaparia a sindicância judicial) até ao momento em que a actual Constituição, ao estipular no seu art. 268º, nº 4, o direito dos cidadãos à impugnação (judicial) de quaisquer actos administrativos que os lesem, independentemente da sua forma, deixou de permitir outro entendimento que não o de os Tribunais terem competência (e, consequentemente, o dever) de apreciarem o *quantum* fixado pela Administração Fiscal[32].

Reconhecendo a conveniência de existir um crivo capaz de evitar que estas questões subam, sistematicamente, aos Tribunais, o legislador criou o *procedimento de revisão*, regulado pelos art. 91º e ss. da LGT[33], de utilização obrigatória sob pena de o Tribunal não ter competência plena para ajuizar da legalidade da quantificação em causa. Procedimento dirigido a um desiderato ele próprio estranho aos cânones clássicos do

---

[32] Cfr. Jorge Magalhães Correia, «Anotação ao Acórdão do STJ de 11 de Março de 1987», *Fisco*, nº 1 (1988) 23 ss.

[33] Sobre este procedimento, Rui Duarte Morais, *Apontamentos ao IRC*, 2007, p. 188 ss.

152
Revista de Finanças Públicas e Direito Fiscal

Direito Fiscal, "a busca de um *acordo*, nos termos da lei, quanto ao valor da matéria tributável a considerar para efeitos de liquidação". Só que é pouca a eficácia deste mecanismo: na esmagadora maioria dos casos, não há acordo e os contribuintes acabam por recorrer judicialmente, impugnando a liquidação.

A razão de tal ineficácia é simples de explicar: na ausência de acordo, a decisão final do procedimento continua a pertencer à administração fiscal. Ou seja, quando o litígio permanece após a *tentativa de conciliação* (em pouco mais se traduz, ao menos na maior parte dos casos, o debate entre os peritos), a decisão não é isenta ou, pelo menos, não é assim entendida pelos contribuintes. O procedimento de revisão só seria um mecanismo *justo* para a resolução de litígios se a entidade decisora reunisse duas qualidades: total independência (não estar ligada por qualquer vínculo à Administração Fiscal, contrariamente ao que ora acontece) e uma especial qualificação para apreciar a factualidade em causa. Só reunidas estas condições é que, razoável e constitucionalmente, seria possível limitar a possibilidade de recurso para os Tribunais.

Assistimos, há mais de 20 anos, ao debate na doutrina sobre se a quantificação administrativa da matéria colectável deve ser passível de reapreciação através de um mecanismo de arbitragem. Para além da natural resistência da Administração Fiscal, há que enfrentar aqui (mais) um tabu jurídico: o de que a natureza pública da obrigação fiscal seria inconciliável com a existência de mecanismos «privados» para resolução de conflitos. Só que este tabu está definitivamente quebrado ao nível do direito administrativo[34], no qual o Direito Fiscal, de algum modo, se inscre.

5.1. A "novidade" é que temos já no nosso Direito Fiscal situações em que conflitos originados por uma quantificação administrativa da matéria colectável são passíveis de ser dirimidos através de uma arbitragem vinculativa. Tal acontece, precisamente, no domínio dos preços de transferência, quando estejam em causa empresas sedeadas ou estabelecidas em diferentes países da União Europeia, por força da *Convenção relativa à eliminação da dupla tributação em caso de correcção de*

---

[34] João Caupers, «A arbitragem nos litígios entre a administração pública e os particulares», *Cadernos de Justiça Administrativa*, nº 18 (1999) 3 ss.

lucros entre empresas associadas[35] (90/436/CEE), a qual, não por acaso, é normalmente designada por *Convenção de Arbitragem*.

Recordemos as grandes linhas de tal Convenção: uma empresa (um sujeito passivo), cujos preços de transferência por si declarados, relativos a transacções com empresas ou estabelecimentos localizados em outro

---

[35] Segundo o nº 4 do art. 58º do CIRC, "considera-se que existem relações especiais entre duas entidades nas situações em que uma tem o poder de exercer, directa ou indirectamente, uma influência significativa nas decisões de gestão da outra," o que se considera verificado nas situações que, a título exemplificativo, são enumeradas, a seguir, em tal preceito.

Porém, o art. 4º da *Convenção relativa à eliminação da dupla tributação em caso de correcção de lucros entre empresas associadas* (90/436/CEE), que aqui nos interessa considerar, apresenta uma outra definição de "relações especiais" (empresas associadas): a) uma empresa de um Estado Contratante participe directa ou indirectamente na direcção, no controlo ou no capital de uma empresa de outro Estado Contratante; b) as mesmas pessoas participem directa ou indirectamente na direcção, no controlo ou no capital de uma empresa de um Estado Contratante e de uma empresa de outro Estado Contratante.

Ou seja, a definição convencional resulta, por vezes, mais abrangente (p. ex., não estabelece valores mínimos de participação no capital social) e, por outras, menos abrangente (não se incluem situações de mera dependência económica, como as previstas na al. g) do nº 4 do art. 58º do CIRC) que a da lei nacional.

Aparentemente poderíamos deparar-nos com situações em que os preços praticados em transacções entre sujeitos passivos residentes em Portugal e noutros Estados-membros da EU seriam de qualificar como preços de transferência à luz da nossa lei interna, mas a sua correcção não poderia ser objecto de reapreciação através do mecanismo de arbitragem previsto na Convenção. Só que haverá que atentar no facto de, em princípio, todos os países signatários da Convenção estarem, bilateralmente, unidos por convenções baseadas no Modelo da OCDE. Segundo o nº 1 do art. 9º de tal Modelo, reproduzido na generalidade das Convenções subscritas por Portugal, os Estados contraentes só podem "corrigir" preços de transferência quando se verifique a existência de "relações especiais" tipificadas nessa mesma norma. Como o texto do art. 9º, nº 1, do MOCDE coincide com o do art. 4º da Convenção, temos que as situações em que é possível a um Estado-membro corrigir preços relativos a transacções entre seus residentes e residentes noutro país comunitário são, também, aquelas em que é possível o recurso ao mecanismo de arbitragem.

A definição do nº 4 do art. 58º deve pois, como é regra geral, ceder perante a definição constante de uma convenção sobre dupla tributação.

Por último deve-se salientar que, em matéria de preços de transferência, se manifesta o conhecido fenómeno da personalização do *estabelecimento estável*: são considerados como se fossem uma entidade jurídica distinta dos demais estabelecimentos, sitos noutros países, do respectivo titular.

Revista de Finanças Públicas e Direito Fiscal

país da União, tenham sido objecto de correcção pela administração fiscal do Estado onde reside ou está localizada, pode submeter o caso à apreciação da autoridade competente desse Estado, nos três anos seguintes à notificação da correcção.

Tal autoridade competente, se não estiver, por si só, em condições de dar solução satisfatória ao caso, procurará resolvê-lo por acordo amigável com a autoridade competente do outro Estado contratante interessado, a fim de eliminar a dupla tributação, dispondo para tal de um prazo de dois anos. Findo tal prazo sem haver acordo, será constituída uma comissão consultiva que, em seis meses, elaborará parecer sobre a forma de eliminar a dupla tributação em questão. Comissão essa que ouvirá as empresas interessadas.

Tendo presente tal parecer, as autoridades competentes dos dois países terão mais seis meses para, por acordo, decidirem, de forma a assegurar a eliminação da dupla tributação. Se não chegarem a acordo em tal prazo, o parecer da comissão torna-se vinculativo.

Estamos no domínio da arbitragem, uma vez que existe a possibilidade de o processo previsto na Convenção vir a desembocar numa decisão vinculativa tomada por árbitros independentes, à qual os Estados envolvidos (e consequentemente as empresas em causa) ficam obrigados[36].

Aceite o princípio de que as relações jurídico-fiscais podem ser sujeitas a arbitragem, é tempo de o legislador ponderar sobre a sua institucionalização como forma de dirimir outros conflitos tributários. O que, a nosso ver, não deve ser ponderado sob a perspectiva, por vezes algo economicista, de uma desjudicialização, mas a partir do reconhecimento de que, em certas matérias, árbitros com conhecimentos profundos da área empresarial em causa estarão em melhores condições para fazer Justiça que o comum dos juízes tributários.

---

[36] Alberto Xavier, *Direito Tributário Internacional*, 2007, p. 205.

Artigos

6. As garantias dos sujeitos passivos em caso de correcção dos preços de transferência

6.1. Uma primeira interrogação que se pode colocar é a de saber se uma correcção dos preços de transferência significa que, por ter declarado outros valores, o sujeito passivo cometeu um ilícito fiscal.

Temos notícia de não ser procedimento habitual da Administração Fiscal a instauração de procedimento contra-ordenacional em decorrência de uma simples correcção[37], até pelo vazio legal existente[38]. O que, mesmo indo para além da questão da insuficiência normativa, nos parece correcto, pois, como temos vindo repetidamente a afirmar, uma tal correcção não supõe, necessariamente, um acto ilícito do sujeito passivo. De todo o modo, fica uma observação sobre a questão de ser necessário reflectir sobre as condições em que a manipulação de preços de transferência, a sua fixação em valores claramente artificiais como forma de lograr economias de imposto no seio do grupo, constitui um ilícito tributário. Isto, desde logo porque, nos termos do art. 8°, n° 1, da Convenção, a autoridade competente de um Estado Contratante não é obrigada a iniciar o procedimento amigável ou a constituir a comissão consultiva quando tiver sido definitivamente decidido, através de procedimento judicial ou administrativo, que uma das empresas em causa é passível de penalidade grave, por actos que originem uma correcção dos lucros[39].

---

[37] Diferentemente acontecerá, p. ex., se o sujeito passivo não tiver procedido aos ajustamentos correlativos a que se refere o art. 3° da Portaria 1446-C/2001, de 21 de Dezembro.

[38] "A matéria dos preços de transferência deverá ainda ser completada com a publicação de legislação específica sobre as penalidades aplicáveis às situações de incumprimento das obrigações decorrentes da presente portaria, nomeadamente das obrigações acessórias relativas à manutenção de um processo de documentação fiscal", diz o Preâmbulo da Portaria 1446-C/2001.

[39] Portugal emitiu uma "declaração unilateral" relativa ao artigo 7° da Convenção, segundo a qual "a expressão «penalidade grave» abrange as sanções criminais e bem assim as demais penalidades fiscais aplicáveis a infracções cometidas com dolo ou em que a coima aplicável seja de montante superior a 1 000 000 (um milhão) de escudos". Só que, para além da evidente desactualização desta declaração, falta tipificar quais os concretos actos que originem uma correcção de lucros que são susceptíveis de dar origem à aplicação de uma penalidade.

Revista de Finanças Públicas e Direito Fiscal

6.2. A arbitragem convencional, no domínio dos preços de transferência, enquanto mais um meio de garantia ao dispor dos sujeitos passivos, começa a ter o necessário enquadramento sistemático no nosso direito processual fiscal. O art. 169º, nº 1, do CPPT foi alterado recentemente[40], passando a consagrar que a suspensão da execução, normalmente condicionada à prestação de garantia suficiente, pode decorrer da pendência do processo de arbitragem[41].

Porém, outras normas carecem de revisão, até no interesse da Fazenda. É o caso da al. d) do art. 46º da LGT, que deveria ser alterado de forma a incluir nas causas de suspensão do direito à liquidação a pendência do processo de arbitragem[42].

6.3. Outra questão por resolver é a da conjugação entre a utilização do mecanismo de arbitragem convencional e a dos meios de garantia consagrados pela lei interna[43].

Dado o primado de aplicação do aí disposto relativamente a normas de fonte interna, analisemos o que dispõe o art. 7º da Convenção:

1 – (...)

As empresas podem utilizar as possibilidades de recurso previstas pelo direito interno dos Estados Contratantes em causa; contudo, sempre que o caso tiver sido submetido a tribunal, o prazo de dois anos indicado no parágrafo anterior [prazo para a constituição da comissão consultiva] começa a correr a partir da data em que se tiver tornado definitiva a decisão tomada em última instância no âmbito desses recursos internos.

(...)

---

[40] Lei n.º 67-A/2007, de 31 de Dezembro.

[41] O que, a nosso ver, já deveria decorrer da interpretação extensiva do preceito.

[42] Até para evitar o resultado absurdo de a A.F. ficar obrigada, em razão do acordo ou do "parecer" que pôs termo ao processo arbitral, a alterar a liquidação por si efectuada e não o poder fazer por ter decorrido o prazo durante o qual tal lhe seria possível.

[43] Na doutrina nacional, encontramos referência, pioneira, a estas questões em Manuel Pires, «Procedimento Arbitral – CEE», *Ciência e Técnica Fiscal*, nº 357 (1990) 7 ss.; cfr., tb., Catarina Pinto Correia, «Les prix de transfert : les résolutions au problème de la double imposition : la procédure arbitrale et les accords préalables de prix», *Direito e Justiça*, I (1999) 255 ss.

Artigos

3. No caso de a legislação interna de um Estado Contratante não permitir que as autoridades competentes derroguem as decisões das suas instâncias judiciais, o disposto no nº 1 só é aplicável se a empresa associada desse Estado tiver deixado expirar o prazo de interposição do recurso ou tiver desistido desse recurso antes de ser pronunciada qualquer decisão. Esta disposição não afecta o recurso na medida em que este incida sobre elementos diferentes dos referidos no artigo 6°.

Uma primeira conclusão se pode retirar deste normativo: o recurso a este mecanismo de arbitragem não exclui, por princípio, o direito ao uso dos meios de garantia que a lei interna prevê.

Comecemos por analisar a questão da conciliação da "arbitragem convencional" com os meios graciosos (reclamação e recurso hierárquico).

Em termos processuais, encontraremos, normalmente, a seguinte sucessão de actos ou procedimentos: notificação da correcção à matéria colectável[44]; procedimento de revisão da matéria colectável (no entendimento por nós sufragado); liquidação; reclamação; recurso hierárquico da decisão da reclamação; impugnação.

Se tivermos em conta os prazos ordenadores que a lei prevê e pressupondo a sua observância, poderíamos concluir que o sujeito passivo poderia lançar mão dos meios graciosos de garantia e, só depois de estes decididos, requerer a abertura do processo de arbitragem, pois que estaria, ainda, em tempo para o fazer.

Mas suponhamos que, por uma qualquer razão (desde logo, o risco de esgotamento do prazo para accionar o mecanismo convencional, em razão da demora na decisão dos procedimentos graciosos), o sujeito passivo que tem pendente uma reclamação ou um recurso hierárquico decide requerer a abertura do processo de arbitragem.

O nº 2 do art. 6 da Convenção determina que o contacto com a administração fiscal do outro país, em ordem à obtenção de um acordo, só deve ter lugar se a autoridade competente do Estado de residência do sujeito passivo, a quem foi requerida a abertura do processo conven-

---

[44] Notificação que terá sido precedida do envio do projecto de decisão, relativamente ao qual o interessado, querendo, poderá exercer o direito de audição prévia.

cional, não estiver, por si só, em condições de dar solução satisfatória à situação.

Assim, temos que a "activação" do mecanismo convencional parece pressupor a decisão de indeferimento definitivo, pela administração fiscal, da pretensão do sujeito passivo. O que, logicamente, se deve projectar em consequências processuais quanto aos recursos graciosos pendentes, consequências essas que deveriam estar expressas na lei: a) as reclamações e/ou recursos hierárquicos pendentes, cujos fundamentos sejam os mesmos que os que motivam o pedido de abertura do "processo de arbitragem", deveriam ser apensos a este[45]; b) a decisão de iniciar o processo de arbitragem convencional (de contactar a autoridade do outro Estado) implicaria a prévia decisão expressa de tais reclamações ou recursos, o que deveria ser notificado ao sujeito passivo para este, querendo, impugnar judicialmente a decisão de indeferimento[46].

6.3.1. Temos, agora, a questão da conciliação dos mecanismos de arbitragem com as decisões judiciais proferidas pelo Estado de residência do requerente.

De tal se ocupa o citado art. 7º da Convenção, que prevê duas hipóteses: estando pendente recurso judicial, o prazo para a constituição da comissão consultiva só começa a correr a partir da data em que tal recurso conheça decisão definitiva[47]. Porém, no caso de a legislação interna de um Estado Contratante não permitir que as autoridades competentes derroguem as decisões das suas instâncias judiciais, só haverá lugar à constituição da comissão consultiva se a empresa associada desse Estado tiver deixado expirar o prazo de interposição do recurso ou tiver desistido desse recurso antes de ser pronunciada qualquer decisão.

---

[45] À semelhança do que dispõe o art. 111º do CPPT, relativamente às reclamações pendentes em caso de interposição de recurso judicial de impugnação.

[46] A decisão de contactar a administração fiscal do outro Estado supõe a "impossibilidade" de a A.F., por si só, resolver a questão, ou seja um indeferimento da reclamação ou recurso hierárquico que esteja pendente. Só que a lei não configura esta forma de indeferimento tácito, pelo que a "abertura" do processo convencional não parece "abrir" prazo para a impugnação judicial com tal fundamento.

[47] Ou seja, previne-se a litispendência entre o processo judicial (a correr no tribunal nacional) e o "processo de arbitragem" internacional.

159

Artigos

Em resumo, a convenção distingue duas situações, passíveis de corresponder às diferentes realidades de cada um dos Estados: aquelas em que as administrações fiscais podem "derrogar" as decisões dos seus tribunais e aquelas em que o não podem.

Dir-se-ia ser evidente que a administração fiscal portuguesa não pode "derrogar" as decisões dos tribunais, desde logo por imperativo constitucional (as decisões dos tribunais são obrigatórias para todas as entidades públicas e privadas e prevalecem sobre as de quaisquer outras entidades – art. 205°, n° 2, da CRP).

Só que esta seria uma resposta simplista. A questão tem a ver, desde logo, com a natureza do nosso contencioso tributário, se este é de plena jurisdição ou de mera anulação. Não cabe aqui discutir o tema, até porque, a nosso ver, a questão só ficará plenamente esclarecida quando acontecer a reforma do CPPT que, finalmente, venha adequar a lei processual tributária aos princípios e soluções inovadoras consagrados pelo novo CPTA.

Circunscrevamo-nos ao processo de impugnação, pois é ele que está em causa. A decisão terá, normalmente, um de dois conteúdos possíveis: ou rejeita a pretensão do impugnante e declara a inexistência do vício alegado, ou acolhe a pretensão e anula o acto. Neste último caso, cabe à administração fiscal extrair as devidas consequências da sentença anulatória, podendo, sendo o caso, proceder a nova liquidação, dentro do prazo de caducidade. Ou seja, a procedência, mesmo que total, de uma impugnação não significa, necessariamente, que não haja imposto a pagar, que não possa haver uma nova liquidação, passível de nova impugnação. Nesta medida, podemos entender que a administração fiscal portuguesa pode "derrogar" (a palavra, utilizada na Convenção, tem um significado difícil de precisar no contexto do direito processual tributário português) as sentenças dos seus tribunais.

Mas, como dissemos, a possibilidade de uma nova liquidação é condicionada pelo teor da sentença. Imaginemos uma sentença que anula a liquidação por entender que os preços declarados correspondem aos que aconteceriam entre empresas independentes. A administração fiscal fica impedida de proceder a qualquer correcção e, consequentemente, a uma nova liquidação. São definitivamente "válidos" os preços de arbitragem declarados, a arbitragem convencional perde o seu sentido.

Revista de Finanças Públicas e Direito Fiscal

Parece-nos óbvia a afirmação de que o processo de arbitragem só terá sentido (só será possível) quando, no seu termo, as administrações fiscais dos dois países em causa estejam em condições de redefinir as consequências tributárias dos factos que originaram o litígio, não estejam impedidas ou limitadas em razão de sentenças dos seus tribunais nacionais.

Mais que proceder a uma exegese de textos normativos, parece-nos importante reflectir sobre o que é uma arbitragem: trata-se, em geral, de uma *forma alternativa* de resolução de litígios. A opção pela arbitragem supõe o abdicar, pelo menos parcial, do recurso aos mecanismos judiciais[48]. Pelo que entendemos que relativamente aos residentes em Portugal, o prosseguimento do processo de arbitragem previsto na Convenção deve ficar dependente de requerente ter deixado expirar o prazo de interposição do recurso ou ter desistido do recurso interposto antes de este ter decisão transitada em julgado.

Solução esta a ser expressamente consagrada na nossa legislação processual, e que entendemos ser perfeitamente conforme com a Convenção.

---

[48] A decisão que ponha termo a um processo de "arbitragem convencional" parece-nos ser insusceptível de recurso judicial, mesmo estando em causa vícios procedimentais. Merecendo a questão maior reflexão, apenas diremos que a jurisdição do TJCE não abrange os litígios emergentes da aplicação de convenções celebradas entre os Estados-membros, como é o caso da "convenção de arbitragem".

António Martins
Mário Augusto

Is thin capitalization a fiscal problem? An empirical analysis that shows it may be overstated

António Martins
University of Coimbra, School of Economics
amartins@fe.uc.pt

Mário Augusto
University of Coimbra, School of Economics
and Institute of Systems and Robotics
maugusto@fe.uc.pt

Revista de Finanças Públicas e Direito Fiscal

ABSTRACT

Most OECD countries have inserted in their corporate income tax codes the so-called "anti-abuse clauses". Thin capitalization is often cited as one of these clauses. The reason for its existence is based on the fear that groups of companies use internal financing in the form of inter-company loans to locate financial revenues and costs in the most tax convenient jurisdiction.

Is this fear justified in the case of Portuguese affiliates of foreign firms? Do Portuguese subsidiaries of foreign companies have capital structures more reliant on debt than fully owned Portuguese firms? This is the question that this paper addresses.

The methodology used is based on a sample of 478 Portuguese corporations, covering the period 2000 to 2005, that are afterwards divided in two sub-samples: one that contains firms fully owned by Portuguese shareholders, and other that has firms where the majority of equity is in foreign hands and, as such, would be prone to use inter company financing for tax planning operations.

In face of these results, it can be ventured that thin capitalization does not seem to be a problem for Portuguese tax authorities, and that the elimination (in 2006) of the rule when the parent company is in another EU country, imposed by EU after the ECJ Ruling on the Lankhorst-Hohorst case, will not produce a loss of tax receipts.

Keywords:
> thin capitalization,
> anti-abuse clauses,
> tax planning

RESUMO

A subcapitalização tem originado a inserção em muitos códigos do imposto sobre o rendimento das sociedades de cláusulas que visam combater esta forma de planeamento fiscal no âmbito de sociedades integrando um grupo.

Com este texto, pretende-se mostrar, através de uma análise estatística, que confrontando duas amostras de sociedades operando em Portugal – uma que contém sociedades sob controlo nacional, a outra contendo empresas societárias sob controlo estrangeiro – para o período 2000 a 2005, não se confirma que as sociedades dominadas por grupos internacionais tenham maior proporção de dívida intra-grupo no seu financiamento.

Assim, parecem exagerados os receios acerca desta potencial forma de abuso, e as consequências do conhecido Acórdão do TJCE sobre o caso Lankhorst no artigo 61 do CIRC não parecem ser de molde a originar, entre nós, significativa perda de receita.

Palavras-chave:
> subcapitalização,
> normas anti-abuso,
> planeamento fiscal

1. Introduction

Most OECD countries have inserted in their corporate income tax codes the so-called "anti-abuse clauses". These are deemed to contribute to the sustainability of public finances, given they tend to prevent schemes of tax planning that may have no economic substance and are set up with the sole purpose of decreasing taxes. Thin capitalization is often cited as one of these schemes.

Its application in the European Union has recently undergone substantial changes, following the now famous ruling by the European Court of Justice (ECJ) regarding the Lankhorst-Hohorst case, where the thin capitalization rule applied by the German authorities was challenged by a Dutch parent company of a German subsidiary and the court ruled in favour of the Dutch company.

The reason for this clause is based on the fear that groups of companies use internal financing in the form of inter-company loans to locate financial revenues and costs in the most tax convenient jurisdiction.

Portugal is no exception, and has such a clause which establishes that "excess interest" (meaning the part of interest related to a loan that exceeds twice the equity capital from the foreign parent company in the Portuguese subsidiary) is not deductible for income tax purposes.

Is this fear justified? Do Portuguese subsidiaries of foreign companies have capital structures more reliant on debt than fully owned Portuguese firms? This is the question that this paper addresses.

The methodology used is based on a sample of 478 Portuguese corporations, covering the period 2000 to 2005, that are afterwards divided in two sub-samples: one that contains firms fully owned by Portuguese shareholders, and other that has firms where the majority of equity is in foreign hands and, as such, would be prone to use inter company financing for tax planning operations.

We analyze if there are statistical significant differences in capital structure between these sub-samples, and conclude that foreign owned firms are more capitalized (have less debt) than the Portuguese firms.

In face of these results, it can be ventured that thin capitalization does not seem to be a big fiscal problem for Portuguese tax authorities, and that the elimination (in 2006) of the rule when the parent company

Revista de Finanças Públicas e Direito Fiscal

is in another EU country (imposed by EU after the ECJ Ruling on the Lankhorst-Hohorst case) will not produce a loss of tax receipts.

We must also stress, rightly at the beginning of the paper, that its purpose its not the discussion of the legal technicalities related to the thin capitalization court rulings. This is well done in the references provided in the text. Our purpose is mainly to address the problem in quantitative terms, to investigate if the tax strategy based on intra group loan is observed in practice.

The paper is organized a follows: section 2 presents a literature review on multinationals, debt and taxes, and deals with the rationale for thin capitalization rules; section 3 focuses on the European Court of Justice ruling concerning the famous Lankhorst-Hohorst case; section 4 presents the evolution of the thin capitalization rule in the Portuguese corporate tax code; section 5 presents the methodology, data and results in the empirical part of the paper; section 6 concludes.

2. Multinationals, debt, taxes and the "thin capitalization" rule

2.1 Multinationals, debt and taxes

A considerable body of theoretical and empirical literature exists focusing on the influence of taxes in financial decisions[1]. From the Modigliani and Miller (1958) and Miller (1977) papers arguing, respectively, for the irrelevance of the capital structure decision or the tax benefits of debt use, a lot of empirical work have been carried out to verify if taxes are a significant factor in shaping corporate financial decision making[2].

Multinationals, having subsidiaries in several countries, face a more complex set of choices, relatively to purely domestic firms, as far as the influence of taxes on capital structure is concerned. In fact, the financial decisions of multinationals can be affected, among other factors, by the tax rates of jurisdictions where its subsidiaries operate; the network of tax treaties and the methods used to avoid double taxation, and specific

---

[1] For a survey see Augusto (2006).

[2] See, for example, Mackie-Mason (1990), Graham (2000), and Gordon and Lee (2001).

rules (such as transfer pricing and thin capitalization) that are enacted to fight what is considered abusive tax planning.

In particular, when a parent company is deciding the financing structure of a subsidiary, and given the general bias of tax systems in favour of corporate debt financing, the tax differentials between the corporate tax rates of the parent's country and the rates applying in the tax jurisdictions where subsidiaries are operating can be a powerful force in shaping financial policy. A source of financing can be particularly influenced by differences in tax rates: the intra group debt flows from parent to subsidiaries.

Subsidiaries in high tax countries would use internal debt as an instrument to minimize taxes within the group, transferring income from high tax to low tax countries through interest flows.

On the other hand, governments are not passively observing the tax strategies of multinationals, and try to react by inserting in the corporate tax codes some clauses to fight what is seen as abusive tax planning.

At the empirical level, several studies have found evidence that tax rates do indeed influence multinational financing policies. For the USA, Altshuler and Grubert (2003) find that multinational financial decisions and the flows of intra group interest are consistent with tax minimization purposes.

In an EU context, Buettner *et al* (2006, p.13) state that: *"the capital structure of multinationals confirms that the local tax burden exerts important effects on the affiliate's debt. This refer not only to external debt,(....)a higher tax rate is also associated with an increase in internal debt."*

Huizinga *et al* (2007), based on a large dataset of European multinationals, observed that a foreign subsidiary capital structure is influenced by local corporate taxes, as well as tax differences relatively to the parent company and other foreign subsidiaries of the same group.

In face of the impact of taxes on the financing decisions of multinationals and how they finance their subsidiaries – in particular using internal group debt flows –, many countries adopted, in the last decades of the past century, a set of so called "anti abuse clauses" to prevent, among other things, that multinational tax planning would have a free hand in shifting income between different tax jurisdictions.

One of these clauses is the well known "thin capitalization rule" that sets limits to interest deductibility at the subsidiary level, when its indebtedness to a non resident parent company overtakes a certain legally defined limit.

2.2. The thin capitalization rule: its rationale and application in EU before the Lankhorst case

During the 80s and the 90s of last century, as the expansion of multinationals increased and national tax authorities found that local subsidiaries were often stripped of taxable profits by the use of internal debt and related interest costs, many countries reacted by inserting in their corporate income tax codes the thin capitalization rule.

Briefly stated, this rule made what was deemed "excess interest" non deductible for tax purposes at the subsidiary level. An example, based on the Portuguese original version of the rule, illustrates how it works.

Suppose that a German firm was the sole equity owner of a Portuguese subsidiary, and that the invested equity capital by the parent company was 1 million euro. Suppose, also, that the parent made a loan to the subsidiary of 5 million euro, and that an interest rate of 6% per annum was established. The total interest paid to the parent was 300 000 euro. But, given that the Portuguese corporate tax code established that there was excess (non deductible) interest when the indebtedness was higher than twice the equity participation, then the deductible interest was only 120 000 euro (2* 1 000 000 * 0,06).

In such a situation, there is a tax penalty related to the financing via intra group debt. These consequences arise because if the same amount of debt could be obtained from an independent source (e.g., a bank) the thin capitalization rule did not apply. Moreover, the rule was generally applied in a way that if the parent/subsidiary were both residents, no such limitation on interest deductibility existed. A discrimination based on the residence principle was then at stake.

Most OECD countries adopted similar rules. What varied was the limit of indebtedness to the parent firm, the definitions of equity capital and intra group debt to be taken into consideration, and the treatment of non deductible interest in terms of its reconfiguration as dividends.

The rationale for this rule, as already stated, is based on the tax authorities´ fear that multinationals could use financial policy to set intra group loans at such levels that interest paid to the parent company would be similar to operating results, therefore eliminating taxable profits[3].

Even before the watershed that the ruling by the European Court of Justice (ECJ) on the famous Lankhorst case established, some doubts arose regarding the accordance of the thin capitalization rule with the EU basic laws[4].

These doubts were based on the interpretation of article 43 of the European Community Treaty, that granted freedom of establishment of nationals of any member state in another member state. Moreover, a principle of non discrimination based on nationality was also inserted in the treaty. This article is thus one of the pillars that support the whole economic building of the European Community: the prohibition of non discrimination based on the nationality of persons from any member state.

Therefore, a different fiscal treatment based on the residence — as the thin capitalization rule did not apply to interest flows between domestic parent /subsidiaries — was seen a tax discrimination purely based on a residence factor. For many authors (e.g., Lousa, 1998 and Torres, 1996), this tax rule violated the freedom of establishment and the non discriminatory clause, which are basic principles of the EC Treaty. But the event that substantially changed the application of the thin capitalization rule in the EU was the Lankhorst case and the respective ruling by the ECJ.

3. The ECJ ruling in the Lankhorst case

A Dutch firm (LTVB) was the sole equity owner of another company (Lankhorst–Hohorst BV), also located in the Netherlands. The latter was the parent company of a Germany subsidiary (Lankhorst –Hohorst GmbH). In 1996, LTVB lent to Lankhorst –Hohorst GmbH 3 million

---

[3] For details on these topics see Torres (2003) and Cunha and Santos (2005).

[4] See Cunha and Santos (2005).

DM[5]. The latter paid interest in the amounts of 135 000 DM in 1997, and 109 695 DM in 1998. The intra group loan was used by the subsidiary to repay a bank credit of a similar amount, which had a higher interest rate. The German firm presented losses in 1997 and 1998, which rendered negative its equity capital.

The German corporate income tax code established that if the indebtedness to a non resident parent company was higher than 3 times the equity participation, then the interest paid would be assimilated to a dividend distribution. Interest deductibility was denied at the subsidiary level, and the re-qualified "dividend distribution" was taxed in Germany.

The parent company took the case to the court, and a German tax court (Finanzgericht Munster) sent the case to the ECJ, asking for a ruling on the accordance of the German tax rule with article 43 of the EC Treaty.

The ECJ ruling, briefly stated, declared, in December 2002:

i)   That in former cases it has reaffirmed several times that EC Treaties are quite clear in that tax autonomy of any member state could not be based on any discrimination based on nationality;

ii) The German tax rule regarding the thin capitalization went against the freedom of establishment stated in article 43;

iii) The reason that German tax authorities presented to defend their case — fighting tax evasion — was not seen as carrying enough weight to justify the discriminatory nature of the rule;

iv) The German thin capitalization rule violated the EC treaties basic principles, namely the right to establishment, and the non discrimination between nationals of any member state.

This ruling was thus a set back for tax authorities across the EU, giving companies a decisive instrument to fight in courts any non deductible interest that resulted from the application of the thin capitalization rule.

For EU countries, in tax terms, two options were open: to eliminate the thin capitalization rule when parent and subsidiary were established in

---

[5] We follow the description of the case by Torres (2003).

member states, or to extend the rule to domestic parent/subsidiary loans, therefore eliminating the charge of discrimination based on nationality.

4. The Portuguese thin capitalization rule, and its modification after the Lankhorst ruling

Following many other countries, the Portuguese government, in the State Budget for 1995, sought a parliamentary authorisation to insert a thin capitalization rule in the corporate tax code. Thus, in 1996, article 57-C of the corporate tax code established the first version of the rule. Its main features were:

i) When the indebtedness of a Portuguese subsidiary to a non resident parent company is excessive, the interest related to the part of the loan that is considered excessive will be qualified as non deductible;

ii) There is "excessive indebtedness" when credit obtained from the parent company is higher than twice its equity capital in the subsidiary[6].

The article was again modified — with minor changes — in 2000. And a major change occurred in 2006, following the ECJ ruling in the Lankhosrt case. Before analysing the 2006 change, let us appreciate the rationale of the rule, and its accordance *vis a vis* the EC basic principles.

The insertion of the rule in the corporate tax code was seen as an instrument to fighting tax evasion. By the same time that the thin capitalization rule was introduced, transfer price rules, controlled foreign corporations and the non deductibility of payments made to residents in tax heavens were also inserted in the code. We have thus a whole set of norms linked to fight what was considered multinational abusive tax planning.

---

[6] In 1996 a modification was introduced in the article: the rule could be avoided (and interest was fully deductible) if the subsidiary presented a proof that the same level of indebtedness could be obtained from and independent entity (e.g. a bank).

On the other hand, it is easy to see the discriminatory nature of the rule. It is only applied when the parent company is non resident; leaving outside the rule the case when the parent and the subsidiary were both residents in Portugal. Therefore, its accordance with the basic EC law is very questionable.

We agree with Cunha and Santos (2005) when they say: *"The risk of tax evasion exists not only when equity owners are non residents; it also exists when they are residents ... . And it is a strong line of jurisprudence of the ECJ that the risk of tax evasion does not justify, per se, discriminatory measures"*. And they conclude, in accordance with many Portuguese tax scholars, that the thin capitalization rule was, from the beginning, nor compatible with EC law.

But the Portuguese doctrine and the ECJ ruling did not convince successive governments to change the rule. Only when the pressure to change, in the wake of the Lankhorst case, grew too strong, was it finally modified in 2006.

The present version of the rule (article 61 of the corporate tax code) states: *"When the indebtedness of a resident firm to an entity that is non resident in Portugal or any EU member state... ."*

After this change, the rule, as such, is only applied to parent companies that are residents outside the EU economic space. And, although it is not the purpose of this paper, it is open to discussion if the rule does not violate the non discriminatory clause that Double Taxation Agreements (DTA) based on the OECD model usually have. For example, if an American parent company has a subsidiary in Portugal and the DTA between USA and Portugal has a non discrimination clause, it is questionable if the thin capitalization rule applies in such a situation.

Anyway, it took three years to change the rule after the December 2002 ruling by the ECJ. Is such a tax norm so important in terms of fighting tax evasion by multinationals with Portuguese subsidiaries? Is the capital structure of Portuguese subsidiaries of non residents companies so heavily affected by intra group debt that such a clause is essential to defend tax receipts? Are government fears exaggerated, or do they have a real base? To our knowledge, no previous empirical study tried to address this question for Portuguese firms. That will be the topic for next section.

5. Methodology, data and results

5.1 Methodology

In the data processing we used the analysis of variance (ANOVA), care having first been taken to examine the underlying theoretical assumptions for its application. The Kruskal-Wallis test, in particular, was used to observe the homogeneity of the variances of the data in the sample.

The ANOVA model used is the study is classified as a single factor experiment (One-Way Anova), whose mathematical representation follows:

$$Y_{ij} = \quad + \tau_j + \varepsilon_j$$

where Y_{ij} represents the ith observations ($i = 1, 2, ..., n_j$) on the jth treatment ($j = 1, 2$ levels), τ_j represents the effect of jth treatment, with $j = 1, 2$ (firms fully owned by Portuguese shareholders and firms where the majority of equity is owned by foreign shareholders), is the common effect for the whole experiment, and ε_{ij} represents the random error present in the ith observation on the jth treatment, which is assumed to follow normal distribution with mean zero.

Mathematically, the hypothesis to be tested is the following:

$$H_0 : \tau_j = 0 \qquad \text{with } j = 1, 2$$
$$H_a : \tau_j \neq 0 \qquad \text{with } j = 1, 2$$

The statistic F will be used in this test for a 5% significance level, with F being obtained using the following estimator

$$F = \frac{MS_\tau}{MSE}$$

where MS_τ corresponds to the mean sum of squares due to the effects of the main factor, and MSE to the estimate of the residual variance. The law of distribution followed by this statistic is F with n_1 degrees of freedom in the numerator and n_2 in the denominator.

Revista de Finanças Públicas e Direito Fiscal

As already mentioned, we are attempting to analyze if there are statistical differences in capital structure between firms fully owned by Portuguese shareholders and firms where the majority of capital is owned by foreign investors. There are several proxies to measure the capital structure of a firm, due to the possibility of constructing proxies using different balance sheet categories, such as assets, liabilities, or equity. In our study, following the works of Jensen *et al.* (1992), Bathala *et al.* (1995), Crutchley *et al.* (1999), Hall *et al.* (2000), and Ghosh *et al.* (2000), among others, the indicator of the capital structure used is the following:

$$Y = \frac{Equity}{Liabilities}$$

It must also be said that data used in this study did not allow the direct analysis of the variable "intra-group loans", because they were not discriminated in the data base.

5.2. Sample and data

The data used in this study was obtained from a database supplied by Dun & Bradstreet. From this database we extracted two sub-samples of non-financial firms. The first one, include firms fully owned by Portuguese shareholders (379 firms); the second, include firms where the majority of the equity is owned by foreign investors (99 firms). To be included in the sample, the firms would have to satisfy the following requirements: (i) have more than 100 employees; (ii) have continual data during the period from 2000 to 2005, (iii) do not show zero net assets, or zero sales during that period, (iv) did not suffer during this period any significant changes, such as mergers or total shut-down, and (v) the State is not an equity holder. According to the above criteria, the final sample includes 478 firms.

Firms in the sample were grouped into twenty-one (21) sectors based on their main economic activities. Table 1 presents a sample profile in terms of the economic sector and number of firms in each sector.

173

Artigos

Table 1: Data by economic sectors

Economic sector	Number of firms
Agriculture and fishing	7
Agro-industry	29
Mining and quarrying	1
Construction	65
Textiles and textile products	37
Wood, cork, and furniture	18
Paper, paper products, printing and publishing	12
Energy products, chemicals and plastic products	66
Basic metals and fabricated metal products	36
Manuf. of machinery and equipment n.e.c.	13
Electrical and optical equipment	12
Transport equipment industry	17
Transport, storage and communications	32
Hotels and restaurants	16
Trade	70
Computer and related services	8
Electricity, gas and water supply	6
Education	2
Health and social work	2
Social and personal services activities	21
Other services activities	8
Total	**478**

Table 2 shows the distribution of sub-sample of the firms owned by foreign shareholders by country. As we can see, Spain and France together account for 53.5% of the observations, which is only natural, given the proximity geographic and cultural between Portugal and these EU economies.

Table 2: Firms owned by foreign shareholders by country

Country	Number of firms	% of total
Belgium	2	2,0
Brazil	1	1,0
Denmark	2	2,0
England	7	7,1
France	20	20,2
Germany	9	9,1
Holland	13	13,1
Hon Kong	1	1,0
Italy	2	2,0
Japan	1	1,0
Luxemburg	1	1,0
Malta	1	1,0
Spain	33	33,3
Sweden	2	2,0
Switzerland	3	3,0
United States	1	1,0
Total	**99**	**100,0**

Table 3 presents basic statistics on each on of the sub-samples analyzed in this study, by year. As can be seen, the indicator of the capital structure used range from -70% (2003) to 1331% (2000) in both cases for the firms fully owned by Portuguese shareholders. The **mean** of the indicator´s value is smaller in the sub-sample of the firms owned by Portuguese shareholders in all the years.

This means that from 2000 to 2005 foreign owned firms have higher equity proportions in their capital structure than Portuguese owned firms. This is a result that must be stressed in the context our analysis, as the thin capitalization clause was, during all the period, inserted in the corporate tax code.

For example, in 2001, the mean for Portuguese controlled firms is 78% and 87% for foreign controlled firms. In 2005, the values are, respectively, 87% and 117%. And given the mean values for all the period, it can be said that, on average, the foreign controlled firms were far from the limit (twice the equity) established in article 61 of the corporate tax code. In fact, if they were using twice the equity as intra-group loans, then – even assuming no other liabilities, which is not a commonly observed situation – the variable we used as capital structure indicator would be aprox. 50%. But it is significantly higher every single year!

The foreign owned firms thus have, on average, less debt than the Portuguese owned firms. However, regarding the evaluation of the standard deviation we can observe an alteration in 2002: before 2002 is smaller in foreign owned firms and after in Portuguese owned firms.

Table 3: Descriptive statistics of sample by year

	2000		2001		2002		2003		2004		2005	
	Portug. control	Foreign control	Portug. control	Foreign control	Portug Contr.	Foreign control	Portug control	Foreign control	Portug control	Foreign control	Portugu control	Foreign control
Nº of firms	379	99	379	99	379	99	379	99	379	99	379	99
Capital structure												
Mean	**.77**	**.91**	**.78**	**.87**	**.80**	**.99**	**.80**	**1.06**	**.80**	**1.22**	**.87**	**1.17**
SD	1.12	.98	.97	.89	.93	1.05	.94	1.15	.92	1.43	1.29	1.54
Min	-.56	-.44	-.41	-.21	-.61	.05	-.70	-.30	-.62	.05	-.66	.02
Max	13.31	6.33	6.83	4.29	6.75	4.91	7.26	7.47	9.22	10.94	13.26	12.83

5.3 Results

This section summarizes the most significant results obtained based on the methodology discussed above.

As mentioned, the main objective of this paper is to analyse if there are statistical significant differences in capital structure between two sub-samples of firms, after the December 2002 change the ruling by the ECJ. In this context, we analyze if there are statistical differences in capital structure between the firms fully owned by Portuguese investors and foreign owned firms, during the period from 2000 to 2005. The statistics obtained are summarized in Table 4.

Table 4: One-Way ANOVA results

Year	Source of variation	df	F statistic	*p-value*
2000	Control (τ)	1	1.21	.273
	error	476		
2001	Control (τ)	1	.72	.396
	error	476		
2002	Control (τ)	1	3.04	.082
	error	476		
2003	Control (τ)	1	5.48	.020
	error	476		
2004	Control (τ)	1	12.41	.000
	error	476		
2005	Control (τ)	1	3.89	.049
	error	476		

The following hypotheses are to be tested:

$$H_0 \; : \; \tau_j = 0 \qquad \text{with } j = 1, 2$$

this means, *the control of equity of the firm does not affect the average values of capital structure.*

The values found for statistic F in 2000, 2001, and 2002 indicate that there are no significant differences among the different groups of firms, therefore we cannot reject H_0 hypothesis for a significance level of 5%. After 2002 the values for the statistic F indicate that there are significant differences in the average values of capital structure between the two sub-samples of firms, therefore we reject H_0 hypothesis. The firms where the majority of equity is owned by foreign shareholders are more capitalized.

It can be said that, based on the evidence presented on this paper, foreign controlled firms are not obviously prone to use intra group loans as a tax minimization strategy. Even if we take note of the limit set by article 61 of CIRC (twice the equity), it is observed that the affiliates of foreign companies were far from that limit, and probably other tax planning mechanisms were more important than the fiscal savings potentially derived from intra group loans.

6. Concluding remarks

This paper analyzes the capital structure differences, during the period 2000-2005, among two sub-samples of non financial Portuguese firms: firms fully owned by Portuguese shareholders and firms where the majority of the equity is owned by foreign investors.

Before 2002 the results indicate that there are no significant differences in the average of capital structure between the two sub-samples analyzed. After 2002 the results show significant differences. The foreign owned firms have, on average, less debt in its capital structure (are more capitalized) than firms owned by Portuguese investors.

In face of these results, we venture that thin capitalization does not seem to be a especial problem for Portuguese tax authorities, and that the elimination (in 2006) of the rule when the parent company is in another EU country (imposed by EU after the ECJ Ruling on the Lankhorst-Hohorst case) will not produce a significant loss of tax receipts.

Better profitability and profit retention on a higher scale may be factors that explain such higher levels of equity capital of foreign dominated affiliates in comparison with locally owned firms. A big financial muscle to infuse capital from the parent company may also be a factor related to the financing policies documented by the results.

To sum up, financial policy does not seem to be a factor in tax stripping strategies when it comes to foreign investors.

We are conscious of some of the limitations of our study. These results do not take other factors into consideration to explain the capital structure differences noted. Other characteristics of the firms and the context into which they fit, such as size, asset structure, dividend policy, interest rates, economic policies, and access to cohesion funds, must surely help to explain capital structure differences.

7. References

Altshuler, R. and Grubert, (2003), "Taxes, Repatriation Strategies and Multinational Financial Policy", *Journal of Public Economics*, 87, pp. 73-107.

Augusto, M. (2006), *"Política de Dividendos e Estrutura do Capital"*, Imprensa da Universidade de Coimbra.

Bathala, C. T.; Bowlin, O. D., and Rao, R. P. (1995), "Debt Structure, Insider Ownership, and Dividend Policy: A Test of the Substitutability Hypothesis in an Agency Framework", *Research in Finance*, 13, pp. 237-260.

Buettner, T.; Overesch, M.; Schreiber U., and Wamser, G. (2006), "Taxation and Capital Structure Choice: Evidence from a Panel of German Multinationals", *CESifo*, Working paper N° 1841, pp. 15.

Crutchley, C. E.; Jensen, M. R. H.; Jahera, J. S. Jr., and Raymond, J. E. (1999), "Agency Problems and the Simultaneity Decision Making: The Role of Institutional Ownership", *International Review of Financial Analysis*, 8, pp. 177-197.

Cunha, P. P. and Santos, L. (2005), "Sobre a Incompatibilidade do Direito Comunitário com o Regime Fiscal da Subcapitalização", *Fisco*, 119/121, pp. 3-26.

Ghosh, A.; Cai, F., and Li, W. (2000), "The Determinants of Capital Structure", *American Business Review*, 18, pp. 129-132.

Gordon, R. H. and Lee, Y. (2001), "Do Taxes Affect Corporate Debt Policy? Evidence from US Corporate Tax Return Data", *Journal of Public Economics*, 82, pp. 195-224.

Graham, J. R. (2000), "How Big are the Tax Advantages of Debt?", *The Journal of Finance*, 55, pp. 1901-1941.

Hall, G.; Hutchinson, P., and Michaelas, N. (2000), "Industry Effects of the Determinants of Unquoted SMEs' Capital Structure", *International Journal of the Economics of Business*, 7, pp. 297-312.

Huizinga, H.; Laeven, L., and Nicodème G. (2007), "Capital Structure and International Debt Shifting", *CEB*, Working paper N° 07/015, pp. 65.

Jensen, G. R.; Solberg, D. P., and Zorn, T. S. (1992), "Simultaneous Determination of Insider Ownership, Debt, and Dividend Policies", *Journal of Financial & Quantitative Analysis*, 27, pp. 247-263.

Lousa, M. P. (1998), "Enquadramento Fiscal da Subcapitalziação das Empresas", *Actas das XIX Jornadas Latino-Americanas de Direito Tributário*, Lisboa, pp.138.

Mackie-Mason, J. K. (1990), "Do Taxes Affect Corporate Financing Decisions?, *The Journal of Finance*, 45, pp. 1471-1493.

Miller, M. (1977), "Debt and Taxes", *The Journal of Finance*, 32, pp.261-278.

Modigliani, F. and Miller, M. (1958), "The Cost of Capital, Corporation Finance and the Theory of Investment", *American Economic Review*, 48, pp. 261-297.

Torres, M. A. (1996), "Alcance do Novo Regime da Subcapitalização", *Fisco*, 76/77, pp. 79-80.

Torres, M. A. (2003), "As Normas Contra a Subcapitalização e o Caso Lankhorst", *Fiscalidade*, 13/14. pp. 127-144.

Carlos Loureiro
Paulo Rodrigues

Novo regime de pagamentos a entidades não residentes: retroactividade prevista indutora de distorções adicionais

Carlos Loureiro
Divisão de Consultoria Fiscal da Deloitte

Paulo Rodrigues
Divisão de Consultoria Fiscal da Deloitte

Revista de Finanças Públicas e Direito Fiscal

RESUMO

A Divisão de Consultoria Fiscal da Deloitte debruça-se sobre as implicações fiscais decorrentes do novo regime de pagamentos de rendimentos atribuídos a entidades não residentes, analisando o impacto decorrente das alterações relativamente ao mesmo, no contexto da aprovação da Lei do Orçamento do Estado para 2008, analisando as potenciais modalidades ao dispor dos contribuintes que se encontrem em situações de injustiça neste contexto.

O presente artigo visa permitir ao leitor a compreensão do enquadramento histórico-processual do novo regime, com as suas sucessivas alterações, e apresenta alternativas que visam permitir colmatar as situações de manifesta injustiça presentemente analisadas.

Palavras-chave:
Pagamentos de rendimentos a não residentes
ADT
Procedimentos formais
Retroactividade

ABSTRACT

The Tax Division of Deloitte undertakes an analysis of the tax implications associated with the new regime applicable to payments of income made to non-resident entities, assessing the impact arising from the amendments introduced to this regime in the context of the approval and entry into force of the Budget Law for 2008, considering all the alternative routes of action available for taxpayers that face cases of injustice on this field.

The current report purports to allow the reader to understand the historical and procedural background to this new regime, including the previous amendments and presents alternatives that may resolve cases of blatant injustice, as described.

Keywords:
Non-resident entities income payment
Double taxation agreements
Formal procedures
Retroactivity

O pecado original...

De forma transversal, os Estados têm vindo a estreitar as suas relações económicas e comerciais de forma significativa, pelo que se tornam particularmente relevantes os diversos instrumentos que facilitam a globalização, de entre os quais se destaca a celebração de convenções internacionais que, pese embora cobrindo uma multiplicidade de vertentes, incidem particularmente sobre matérias de natureza tributária.

É neste contexto que surgiram os tratados internacionais de conteúdo especificamente tributário, visando eliminar ou atenuar a dupla tributação e combater a evasão fiscal, ou ainda procurando regulamentar a colaboração administrativa em matéria de impostos, destacando, no âmbito da questão que nos prende, o tratamento conferido relativamente aos pagamentos derivados de rendimentos atribuídos por uma entidade residente num Estado Contratante a outra no outro Estado Contratante, os vulgarmente denominados Acordos para eliminar a Dupla Tributação (doravante denominados "ADT"). É este fenómeno, de crescente relevância para Portugal, que será objecto da nossa análise, incidente sobre as mais recentes alterações relativas às regras de aplicação dos ADT[1].

Na sequência da celebração de ADT com outros Estados Contratantes, Portugal optou por instituir, unilateralmente, procedimentos formais tendentes à fiscalização da aplicação dos ADT e, consequentemente, dos benefícios vertidos nos mesmos. Efectivamente, os únicos ADT – dos 52 que Portugal celebrou até ao presente (Outubro de 2008) – que referem em concreto a possibilidade de os Estados Contratantes determinarem as modalidades de aplicação das convenções são os ADT celebrados entre Portugal e França e entre Portugal e Itália.

---

[1] Tal como afirma Alberto Xavier *in* Direito Tributário Internacional, Edição Almedina, Março 2007, pág. 105: *"Mercê de uma política de certo modo nacionalista e proteccionista e do seu relativo isolamento, Portugal manteve-se, durante longos anos, alheado do movimento"* (de celebração de ADT's)... *"A esta razão acresce o facto de o nosso sistema fiscal, resultante da reforma de 1929, assentar no princípio da tributação do rendimento normal, bem como da circunstância de estarem em curso os estudos para a reforma do sistema fiscal português. A progressiva abertura do país à liberdade de comércio internacional e a relevância do investimento estrangeiro inflectiram, porém, esta tendência."*

Contudo, a preocupação de controlo de Portugal extravasou o princípio que lhe estava subjacente: as normas e requisitos impostos pelo ordenamento tributário português para efeitos de aplicação dos ADT celebrados com outros Estados Contratantes – os instrumentos de direito internacional que pretendem eliminar ou mitigar a dupla tributação relativamente a rendimentos que se encontram genericamente sob a competência tributária de dois Estados – são substancialmente diferentes e nitidamente mais rigorosos que os aplicáveis na generalidade dos outros Estados Contratantes, podendo mesmo em parte constituir uma violação da própria Constituição da República Portuguesa ("CRP").

Tal situação pode ser inferida por violação do artigo 8º, nº 2, da CRP, o qual dispõe que: "*As normas constantes de convenções internacionais regularmente ratificadas ou aprovadas vigoram na ordem interna após a sua publicação oficial e enquanto vincularem internacionalmente o Estado Português.*"

Não se trata, nesta sede, de discutir sobre um eventual concurso de normas, mas sim de aferir se uma norma do ordenamento jurídico interno português pode produzir os efeitos de não permitir a aplicação de uma norma de direito internacional, posto que ao produzir tais efeitos gerará, em bom rigor, uma violação da norma de direito internacional constante da convenção internacional em vigor, gerando igualmente, mesmo que indirectamente, uma violação da própria CRP, quando resulte do ordenamento interno a não aplicação prática da convenção internacional em vigor.

Na conjuntura actual, em que Portugal desenvolve um esforço sensível no sentido de reorientação das linhas estratégicas que norteiam a economia nacional, numa perspectiva de internacionalização, a perpetuação de condições de índole burocrático-administrativa para a aplicação de um ADT constitui um entrave efectivo e, em alguns casos, incontornável, ao investimento directo estrangeiro em Portugal.

Fundamentação do erro e os clamores da injustiça

Breve enquadramento histórico

As normas domésticas portuguesas impõem, de forma genérica, uma tributação sobre rendimentos de fonte portuguesa auferidos por entidades não residentes em Portugal. No entanto, o beneficiário do rendimento pode accionar a aplicação de um ADT, ou de outro acordo de direito internacional, celebrado entre Portugal e o Estado da residência, eventualmente aplicável, para assegurar uma isenção ou uma redução da taxa de imposto, dependendo da natureza do respectivo rendimento em causa.

Contudo, a aplicação do ADT em que Portugal é Parte Contratante depende do preenchimento de determinados requisitos de índole formal, consistindo tais formalismos, designadamente, na realização, pelo beneficiário do rendimento perante o devedor do mesmo – investido no papel de substituto tributário, enquanto responsável pela retenção na fonte do correspondente imposto – de prova da sua residência fiscal no Estado contraparte de Portugal quanto ao ADT de cujas vantagens pretende usufruir, mediante certificação pelas respectivas autoridades tributárias.

Neste sentido, o requisito de obtenção de uma certificação do estatuto de residente fiscal do beneficiário do rendimento pelas autoridades fiscais do país de residência, foi plasmado na Circular n.º 18/99, de 7 de Outubro de 1999, que estabelecia a necessidade de um formulário português específico (modelo 4-RFI) ser certificado pelas autoridades fiscais estrangeiras antes da data em que o imposto era devido às autoridades fiscais.

No entanto, resulta claramente do artigo 112º da CRP, bem como de jurisprudência e doutrina unânime, que as Circulares das autoridades fiscais não constituem fonte de Direito mas, ao invés, meras *resoluções administrativas"*, que vinculam a conduta dos órgãos da Administração, mas não os contribuintes, sejam residentes ou não residentes, em Portugal, para efeitos fiscais.

Pese embora as Circulares não serem dirigidas aos contribuintes, cumpre reconhecer que, em alguns casos, poderão desempenhar um papel útil para os mesmos, uma vez que, para efeitos de decisões sobre a interpretação e aplicação da lei fiscal, os funcionários da administração fiscal se encontram vinculados aos critérios adoptados nas mesmas.

Todavia, a Circular acima citada não se limitou a definir critérios de interpretação de um determinado normativo jurídico-tributário, antes arrogando-se o direito a definir e a criar novos requisitos e regras que não se encontram incluídos nos ADT, nem tão pouco na legislação doméstica portuguesa (que, de todo o modo, se deveria conformar com aquele).

Revista de Finanças Públicas e Direito Fiscal

A mencionada Circular mais não representou que a intenção das autoridades fiscais de legislar, introduzindo novas regras onde nenhumas existiam, não aprovadas pela Assembleia da República nem pelo Governo, mas emitidas por um órgão administrativo num documento não vinculativo nem oficialmente publicado, em clara violação do primado da lei, traduzido no princípio da legalidade fiscal.

O facto de a lei portuguesa não conter nenhuma disposição que impusesse a entidades portuguesas, que efectuassem pagamentos a beneficiários não residentes, a observância dos requisitos formais acima expostos foi implicitamente assumida pelas autoridades fiscais, após um período de controvérsia, tendo em consequência o Secretário de Estado para os Assuntos Fiscais emitido o Despacho n.º 596/2001, de 28 de Dezembro de 2001, afirmando que "*a prova tardia da residência no outro Estado Contratante não preclude a aplicação do mecanismo da limitação da retenção, desde que esta haja sido emitida nos termos legais, com identificação dos pagamentos abrangidos e do ano em que se efectuam*". Contudo, o seu sucessor veio a revogar tal posição, numa decisão divulgada pelo Ofício-Circulado n.º 20.078, de 31 de Outubro de 2002.

Implicitamente, também o legislador reconheceu que tal regra não existia no ordenamento português, regra essa que as autoridades fiscais procuravam impor apenas com base nas suas orientações administrativas internas, tendo sentido a necessidade de alterar a legislação aplicável, introduzindo três novos parágrafos ao artigo 90º do Código do Imposto sobre o Rendimento das Pessoas Colectivas ("IRC"), pela Lei n.º 32-B/2002, de 30 de Dezembro (Lei do Orçamento do Estado para 2003), em vigor a partir de 1 de Janeiro dc 2003, os quais pcla primeira vez consagraram legalmente os requisitos formais já antecipados pela Circular nº 18/99.

Nos termos da redacção do então artigo 90º do CIRC, que vigorou até 1 de Janeiro de 2006, tal formulário poderia ser certificado até ao termo do prazo de entrega do imposto ao Estado, ou seja, até ao dia 20 do mês seguinte àquele em que ocorresse o facto gerador de imposto. A partir de 2007, ao abrigo do novo regime nos termos do Decreto-Lei n.º 211/2005, de 7 de Dezembro, prescrevia o nº 2 do artigo 90º - A do Código do IRC que a prova devia ser efectuada até à data do facto gerador do imposto (e não já até ao termo do prazo da sua cobrança).

Sem prejuízo da alteração efectuada ao termo do prazo para realização da referida prova, a consequência da sua inobservância manteve-se inalterada, uma vez que, caso o beneficiário dos rendimentos não lograsse a certificação atempada do formulário em causa, entendiam-se por não verificados os pressupostos que viabilizam a aplicação do ADT e, como tal, o substituto tributário deveria aplicar a taxa de retenção na fonte prevista na lei interna.

Contudo, caso à entidade beneficiária dos sobreditos rendimentos fosse possível realizar essa prova no prazo de dois anos contados do facto gerador do imposto, desta feita através da certificação de um formulário RFI para o efeito, conferia-lhe o nº 7 do artigo 90º-A do Código do IRC a possibilidade de requerer o reembolso, total ou parcial, do imposto que tivesse sido retido na fonte em excesso relativamente à taxa prevista no ADT.

A faculdade conferida ao beneficiário dos rendimentos de, em termos latos, reconstituir a situação que teria resultado caso os formalismos tivessem sido inicialmente observados, afigura-se uma forma equilibrada de salvaguardar os legítimos interesses das autoridades fiscais portuguesas em velar pela correcta aplicação dos ADT e os não menos legítimos direitos dos sujeitos passivos à efectiva aplicação destes importantes instrumentos de Direito tributário internacional.

Substância sobre a forma – questão candente

No contexto supra descrito, revela-se essencial reconhecer que a exigência razoável e não excessiva de formalismos para a aplicação dos ADT, impostas pelos Estados Contratantes em geral, e por Portugal em particular, se afigura inteiramente legítima, na medida em que traduz a necessidade de assegurar que os benefícios dos ADT apenas sejam usufruídos por entidades que a eles tenham direito, visando a prevenção de esquemas artificiais ou fraudulentos.

No entanto, é necessário acautelar que os formalismos, por mais legítimos que sejam os objectivos que presidem à sua instituição, não se sobreponham aos objectivos e superiores interesses que presidiram à assinatura dos ADT e ao fim útil que lhes é inerente.

Nesta sede, é de notar que, se é certo que um Estado tem direito a exercer o controlo da aplicação dos ADT de que é parte através da imposição de requisitos formais, não pode o mesmo tornar excessivamente onerosa ou difícil a possibilidade de beneficiar dos mesmos, conforme já salientado em decisões do TJCE[2].

Podemos inferir das decisões do TJCE que, no caso das "formalidades" que devem ser observadas, estas devem ser proporcionais, no sentido de que devem sempre permitir ao contribuinte que actue de boa-fé, o exercício dos seus direitos, ao invés de o impedir com fundamento apenas em aspectos meramente formais ou acessórios. Adicionalmente, no caso de procedimentos de responsabilização, contanto que seja emitido um certificado de isenção/ "direito ao benefício" da taxa reduzida, pelas autoridades fiscais competentes, a isenção/taxa reduzida de retenção na fonte mantém-se aplicável, pelo menos sob a forma de um reembolso.[3]

---

[2] Conforme o Tribunal de Justiça das Comunidades Europeia (TJCE) afirmou recentemente, nos casos Bockemühl (C-90/02) e Scorpio (C-290/04): " tal poder [o de impor formalidades] só pode ser exercido até ao ponto em que, através do número ou pela natureza técnica de tais formalidades, a sua imposição torne praticamente impossível ou excessivamente difícil exercer o direito..." (Bockemühl) e que "a isenção fiscal de que beneficia..., um prestador de serviços não residente... só possa ser tomada em conta no quadro do procedimento de retenção na fonte pelo devedor da remuneração ou no âmbito de um posterior procedimento de isenção ou de reembolso ou ainda, no âmbito de uma acção de responsabilidade contra este intentada, no caso de ser emitido pela autoridade fiscal competente um certificado de isenção que ateste que as condições para esse efeito estabelecidas pela dita convenção estão preenchidas." (Scorpio).

[3] Nestes termos, também a jurisprudência portuguesa se manifestou na exemplar sentença de 20 de Fevereiro de 2003 do Tribunal Tributário de 1ª Instância do Porto, na qual o Tribunal (tal como o Ministério Público) se recusou a aceitar a posição das autoridades fiscais considerando, entre outras afirmações lúcidas e inequívocas:
  – *"não pode esquecer-se que as Circulares são meras orientações administrativas, que não podem derrogar o que está estabelecido em Convenções. As Circulares não são fonte de direito que criem aos contribuintes ou a terceiros quaisquer deveres ou imposições legais"*;
  – *"as Convenções, enquanto diplomas de direito internacional, desde que devidamente ratificados e promulgados (...) sobrepõem-se à legislação ordinária interna (...)"*;
  – *"tem razão o magistrado do MP quando defende que «haverá que actuar com «granu salis» na análise da comprovação de tal condição [i.e., da residência*

189

Artigos

Por várias vezes os Tribunais Portugueses[4] pronunciaram-se no sentido de que os procedimentos formais instituídos neste âmbito pelo Estado Português – ora porque apenas constavam de Circular, ora porque após consagração legislativa, i.e., com a Lei do Orçamento de Estado

---

fiscal no Estado contratante], *sob pena de se retirar pela via da Circular aquilo que está claramente consagrado na Convenção*";

– "*Desta forma, a ausência, meramente temporária, do documento exigido nenhum prejuízo acarretou para a Fazenda Nacional (...) Assim é de somenos importância o hiato temporal verificado. Não vemos, pois, que o fundamento do acto de liquidação impugnado possa subsistir. Ele padece de erro nos pressupostos de direito e, como tal, não poderá manter--se (...). Pelo exposto, julga-se a presente impugnação procedente, por provada, e, em consequência, anula-se o acto de liquidação posto em crise*".

[4] A secção do contencioso tributário do Tribunal Central Administrativo Sul, em acórdão proferido em 8 de Abril de 2003 no âmbito do processo n.º 5366/01, concluiu que, apesar de o ADT celebrado entre Portugal e a Suíça (no caso, *royalties* haviam sido pagos a uma sociedade fiscalmente residente na Suíça) não ter sido alegadamente "accionado" pela prévia certificação dos formulários, "*os pagamentos* [em causa naquele processo] *têm-se por tributáveis..., segundo a Convenção celebrada com a Suíça, artº 12, n.ºs 1 e 2, à taxa máxima reduzida de 5%*", não se aplicando, por conseguinte, a taxa doméstica (de 15%), como o pretendia a administração tributária.

Em 3 de Novembro de 2004, no âmbito do processo no. 00151/04, relativo a "*lucros de empresa*" (que nos termos dos ADT apenas podem ser tributados no Estado da residência do beneficiário), a mesma secção do Tribunal Central Administrativo Sul considerou que tais lucros apenas podiam ser sujeitos a tributação no Reino Unido (de que era residente o respectivo beneficiário), afirmando que "*com referência a esses proventos não havia, em princípio, lugar a qualquer retenção na fonte e entrega de valores ao Estado Português, irrelevando, por isso, eventuais incorrecções cometidas no preenchimento de documentação entregue aos serviços tributários*".

Subsequentemente, o Tribunal Administrativo e Fiscal de Lisboa (2º Juízo), decidiu em 17 Janeiro de 2005, no âmbito do processo n.º 52/2003, relativamente a uma liquidação de IRC por retenção na fonte sobre pagamentos efectuados em 1997, refere que " *quer a CDTPE* [Convenção para evitar a Dupla Tributação entre Portugal e Espanha] *quer a legislação fiscal portuguesa aplicável à data dos factos, não estabelecem a necessidade de possuir, em data prévia à entrega do imposto retido ao Estado, um certificado de residência fiscal, ou qualquer outro tipo de documento*".

Nesta notável decisão, o Tribunal acrescenta que, "*como é sabido, as Circulares administrativas não são vinculativas, salvo para os respectivos serviços*", e desfecha com a consideração de que "*efectivamente, à data dos factos tributários, a prova tardia da residência no outro Estado Contraente não preclude a aplicação dos mecanismos da limitação da retenção no Estado da Fonte.*"

para 2003, continuavam a produzir o efeito da não aplicação de uma dada Convenção Internacional – devem servir tão-somente para corroborar que a entidade beneficiária dos rendimentos é residente no Estado com o qual Portugal celebrou o ADT em causa e que, nessa medida, poderá usufruir dos benefícios previstos no mesmo, não devendo dificultar ou impedir a sua aplicação.

Decorre tal concepção do princípio que os ADT têm como objectivo fulcral estimular os investimentos internacionais, prevenindo a dupla tributação dos rendimentos auferidos em situações com elementos de conexão com mais do que um ordenamento jurídico.

Tendo os ADT como objectivo primordial mitigar ou evitar a dupla tributação nos rendimentos atribuídos entre entidades de dois Estados Contratantes, afigura-se injustificável que imposições de ordem meramente burocrática se sobreponham a tal objectivo, desde logo porque não se encontra prevista na generalidade dos ADT celebrados por Portugal a necessidade de observar quaisquer requisitos formais específicos para a plena aplicação dos mesmos (como referido, existe apenas uma referência genérica nos ADT com França e com Itália no sentido de que os Estados podem determinar a modalidade de aplicação dos benefícios do respectivo ADT).

Tal situação tem causado inúmeras dificuldades nas relações bilaterais entre Portugal e outros Estados Contratantes, na medida em que não se afigura legítimo impedir ou dificultar a aplicação de um instrumento de direito internacional que vincula a República Portuguesa, através de imposições meramente administrativas.

No contexto da globalização e internacionalização das economias, os ADT constituem um factor crucial no desenvolvimento dos fluxos

---

Mais recentemente, a secção fiscal do Tribunal Central Administrativo – Sul pronunciou em 9 de Maio de 2006 a sua sentença sobre o processo n.º 00436/05, aliás confirmando uma outra decisão do Tribunal Administrativo e Fiscal de Leiria, igualmente defensora da posição dos contribuintes neste âmbito, afirmando que: *"Cabia portanto, ao Estado Português legislar sobre a matéria ao invés de se limitar a publicar Circulares, uma vez que as Circulares não vinculam os contribuintes, mas apenas os órgãos administrativos e, como tal, à data do facto tributário, a ausência dos supramencionados certificados ou de prova tardia da residência fiscal do beneficiário do rendimento do outro Estado Contratante não preclude (...) a aplicação dos mecanismos de isenção de retenção na fonte"*.

económicos internacionais, constituindo ainda um importante instrumento que visa dar certeza e segurança ao comércio internacional, quer na perspectiva dos agentes económicos, quer das administrações fiscais dos Estados contratantes.

Os requisitos acima enunciados, em virtude da sua significativa rigidez e inflexibilidade, têm levantado numerosos obstáculos práticos à legítima aplicação dos ADT celebrados por Portugal.

A título de exemplo, são particularmente gravosas as situações em que, como consequência das irregularidades eventualmente detectadas numa inspecção, pode vir a ser solicitado um pagamento adicional de imposto, correspondente ao diferencial da percentagem de retenção na fonte estabelecida no ADT, aplicado no montante colocado à disposição da entidade não residente, e o imposto resultante da taxa prevista na lei interna portuguesa.

Tais eventuais liquidações adicionais decorreriam do exercício do direito de liquidação de imposto que assiste às autoridades fiscais portuguesas, relativamente a situações em que entidades não residentes em território português beneficiem de isenções ou reduções de taxas de tributação consagradas num ADT sem que o devedor do rendimento, no seu papel de substituto tributário, haja assegurado atempadamente o cumprimento dos formalismos previstos no artigo 90°-A do Código do IRC, ou seja, sem que tenha na sua posse, à data relevante para os presentes efeitos, os formulários RFI aplicáveis, devidamente certificados pelas autoridades fiscais do país de residência do beneficiário dos rendimentos.

Contudo, caso viesse a ser decidida tal liquidação adicional de imposto (cuja notificação podia ter lugar até quatro anos após o facto gerador do imposto, ou o termo do ano civil em que o facto gerador do imposto ocorre, consoante se trate de factos ocorridos até ou após 31 de Dezembro de 2004), não decorre expressamente da lei qualquer mecanismo que assegure a efectiva aplicação do núcleo essencial do ADT, i.e., no exemplo, a imposição apenas de uma taxa reduzida sobre os montantes pagos para uma entidade fiscalmente residente no Estado Contratante de um dado ADT celebrado por Portugal.

Com efeito, incidindo a liquidação adicional sobre o substituto tributário anteriormente obrigado à retenção na fonte do imposto devido pelo beneficiário do rendimento, não se encontrava explicitamente previsto na lei, o direito de solicitar subsequentemente o reembolso do imposto que entretanto houver sido pago em excesso face aos termos do ADT, ainda que seja satisfeito o formalismo relativo à prova, mediante a apresentação do respectivo formulário RFI para o efeito.

Paralelamente, a lei também se mantém silenciosa no caso de o substituto tributário e/ou o beneficiário do rendimento detectarem, independentemente de qualquer acção inspectiva por parte das autoridades fiscais, irregularidades no cumprimento dos formalismos necessários à aplicação de um ADT e promoverem a regularização da situação, entregando o imposto adicional em falta ao Estado, e pretendendo subsequentemente solicitar o reembolso do sobredito imposto a que, nos termos do ADT, Portugal não tem direito.

Efectivamente, a lei apenas prevê o direito do beneficiário dos rendimentos, no prazo de dois anos contados a partir da verificação do facto gerador do imposto, requerer o reembolso, total ou parcial, do imposto que lhe tenha sido retido na fonte (em excesso face ao resultante da aplicação do ADT), mediante a apresentação do formulário aplicável, tal como disposto no antigo nº 5 do artigo 90º – A do Código do IRC.

Por conseguinte, o texto da lei não permite salvaguardar duas situações com particular pertinência:

- Caso as autoridades fiscais detectem uma instância de aplicação irregular, no plano formal, de um ADT a cujos benefícios o beneficiário do rendimento tem, em substância, direito, a imposição de uma liquidação adicional sem que seja precavido qualquer mecanismo de ulterior reembolso do imposto pago em excesso relativamente ao disposto no ADT, redunda na sua não aplicação prática;
- Caso sejam os próprios contribuintes a detectar a referida situação, fora do prazo para apresentarem pedido de reembolso do imposto retido em excesso a apresentação voluntária a pagamento do imposto não retido na fonte atempadamente resulta igualmente numa efectiva não aplicação do ADT.

Afigura-se que o quadro descrito é ainda agravado pelo facto de, conforme já aludido, assistir às autoridades fiscais um prazo de quatro anos de caducidade para notificar o substituto tributário de uma liquidação adicional eventualmente resultante da detecção do incumprimento dos formalismos associados à aplicação de um ADT.

Com efeito, ainda que se entenda que o supracitado artigo 90º-A do Código do IRC permitia ao beneficiário do rendimento solicitar o reembolso do imposto pago em excesso relativamente às taxas de tributação previstas no ADT, quando esse pagamento seja resultante de uma liquidação adicional de imposto entretanto repercutido pelo devedor que sofre a liquidação adicional ao beneficiário do rendimento – entendimento sancionado pelo Ofício-Circulado 20110/2005, de 17 de Novembro, da Direcção de Serviços das Relações Internacionais –, não se afigura claro que o prazo de dois anos para solicitar tal reembolso inicie a sua contagem com a liquidação adicional de imposto, a sua cobrança ou ainda a sua repercussão.

Ora, caso se entendesse que, mesmo perante a situação excepcional de uma liquidação adicional, tal prazo de dois anos é sempre contado da data do facto gerador de imposto, dificilmente poderá o beneficiário do rendimento lançar mão de tal faculdade, uma vez que, por regra, a liquidação adicional nunca é notificada ao substituto tributário durante esse prazo de dois anos, mas apenas mais tarde, dado que, recorde-se, tal direito das autoridades fiscais apenas caduca ao fim de quatro anos a contar (actualmente) do término do ano civil em que o facto tributário tem lugar.

Seja na esfera do substituto tributário ou do beneficiário do rendimento, uma eventual impossibilidade de recuperação do imposto pago em excesso face ao delimitado pelo ADT, apenas por já ter decorrido o prazo de dois anos sobre o facto gerador do imposto, tão díspar do prazo reflexo que em paralelo assiste às autoridades fiscais para notificar a liquidação adicional, para além de gerar uma grave e manifesta injustiça, origina uma penalidade por incumprimento dos formalismos que se traduz na verdadeira e injustificada não aplicação do ADT.

(Tentar) Sanar uma injustiça evidente

Efectuada a contextualização histórica, cumpre assinalar que, através da Lei de Orçamento de Estado para 2008 (Lei n.º 67-A/2007, de 31 de Dezembro), o legislador veio introduzir um novo regime no artigo 90.º-A do Código do IRC, através do seu n.º 6, segundo o qual *"sem prejuízo da responsabilidade contra-ordenacional, a responsabilidade estabelecida no número anterior[5] pode ser afastada sempre que o substituto tributário comprove com o documento a que se refere o n.º 2 do presente artigo (...) a verificação dos pressupostos para dispensa total ou parcial de retenção".*

A importantíssima introdução desta norma permite que a entidade portuguesa devedora dos rendimentos (e substituto tributário) não seja responsável pelo imposto não retido, de acordo com o diferencial entre a taxa interna e a taxa do respectivo ADT, caso não obtenha o formulário RFI aplicável até à data em que o imposto deve ser entregue ao Estado, podendo tal prova ser efectuada *a posteriori*. Neste sentido, o substituto tributário poderá afastar a obrigação de entrega da totalidade do imposto ao Estado, mediante apresentação ulterior do competente formulário RFI, no qual comprove a verificação dos pressupostos para a dispensa total ou parcial de retenção na fonte, sendo responsável apenas a título contra-ordenacional pela não obtenção atempada dos elementos de prova necessários à efectivação dessa dispensa. No entanto, o novo regime do n.º 6 do artigo 90.º-A do Código do IRC apenas se aplica às infracções que vierem a ocorrer após a entrada em vigor da Lei do Orçamento do Estado para 2008, aliás tal como disposto no Ofício Circulado n.º 20.131, de 7 de Abril de 2008, emitido pela Direcção de Serviço das Relações Internacionais.

No entanto, esta possibilidade veio, de forma inovadora (através do n° 4 do artigo 48.º da Lei N.º 67-A/2007, de 31 de Dezembro), a ser igualmente concedida para casos ocorridos antes da entrada em vigor da Lei do Orçamento do Estado para 2008 e, consequentemente, da norma contida no n.º 6 do artigo 90.º-A do Código do IRC – afastando desta forma o substituto tributário da responsabilidade pelo imposto e pagamento de juros compensatórios.

Para além da recuperação das situações prévias à entrada em vigor do novo regime, pronunciou-se a administração tributária portuguesa através da instrução administrativa mencionada, a qual determina ainda

---

[5] Alínea n.º 5 do artigo 90.º-A do Código do IRC: *"Sem prejuízo do disposto no número seguinte, quando não seja efectuada a prova até ao termo do prazo estabelecido para a entrega do imposto, e, bem assim, nos casos previstos nos n.os 3 e seguintes do artigo 14.º, fica o substituto tributário obrigado a entregar a totalidade do imposto que deveria ter sido deduzido nos termos da lei.".*

que nas situações anteriores à entrada em vigor da Lei do Orçamento de Estado para 2008, a comprovação *a posteriori*, pelo substituto tributário, do preenchimento dos requisitos necessários à limitação, total ou parcial, do imposto retido na fonte, afasta a responsabilidade pelo pagamento de imposto e, bem assim, do correspondente procedimento contra-ordenacional, por ausência de norma que, à data a que se reportam os factos, tipificasse essa infracção.

Neste contexto, o respectivo Ofício Circulado visa clarificar a actuação dos serviços tributários relativamente às implicações decorrentes da aplicação retroactiva do novo regime de responsabilidade decorrente da Lei do Orçamento do Estado para 2008[6].

---

[6] Nos termos da aplicabilidade desta norma, conforme previsto no Ofício Circulado n.º20.131 de 7 de Abril de 2008, importa considerar distintas situações anteriores a 1 de Janeiro de 2008:

  a. A entidade foi notificada de uma liquidação adicional de imposto, tendo procedido ou não ao respectivo pagamento, e deduziu reclamação graciosa ou impugnação judicial, ainda pendente de decisão:

  O Director de Finanças, no caso de reclamação graciosa, ou o Juiz em caso de impugnação judicial, deverão proferir decisão no sentido do deferimento do pedido, e, caso o imposto haja sido pago, o consequente reembolso. No entanto, tal decisão está subordinada à condição de a entidade devedora dos rendimentos ter apresentado no respectivo processo o formulário para aplicação da convenção de dupla tributação, ainda que certificado após o decurso do prazo legal, ou venha entretanto obter os relevante formulários, e efectuar a sua junção ao processo. O referido Ofício Circulado determina igualmente que, caso não tenha sido apresentado pedido de reembolso e os contribuintes tenham apresentado, em sede de reclamação graciosa ou de recurso hierárquico, a prova legalmente exigida de que, à data a que se reportam os factos, estavam verificados os pressupostos para aplicação da limitação total ou parcial de imposto português na fonte sobre o rendimento, deve o correspondente processo ser objecto de deferimento e, consequentemente, proceder-se à anulação do imposto liquidado.

  b. A entidade foi notificada de uma liquidação de imposto, tendo procedido ou não ao respectivo pagamento, e ainda não deduziu reclamação graciosa ou impugnação judicial:

  Esta situação deverá igualmente estar coberta pela norma transitória do OE 2008, uma vez que ainda não se extinguiu o direito de a entidade deduzir reclamação graciosa ou impugnação judicial.

  Assim, até ao termo do respectivo prazo, a entidade devedora deverá utilizar os meios processuais ao seu dispor, invocando a norma transitória do OE 2008, e

Será relevante nesta sede analisar quais as consequências associadas às situações contempladas no referido Ofício-Circulado, relativamente às quais uma sociedade foi notificada de uma liquidação adicional de imposto, procedeu ao respectivo pagamento e não deduziu reclamação graciosa ou impugnação judicial, situação que já não terá cobertura no regime transitório supracitado.

Resulta deste facto que a lei está a discriminar injustificadamente e de forma penalizadora as entidades que foram diligentes, actuando de boa fé e procedendo ao pagamento do imposto em função da liquidação adicional recebida, mas que não deduziram contra a mesma qualquer reclamação graciosa ou impugnação judicial.

Tal como referido anteriormente, até 31 de Dezembro de 2002, a legislação fiscal não continha qualquer norma que estabelecesse que, nos casos de pagamentos a não residentes, para ser possível a aplicação do ADT, fosse necessário obter um formulário devidamente certificado, previamente ao prazo de entrega do imposto ao Estado. Tal exigência apenas se encontrava vertida nas circulares da administração fiscal citadas.

No entanto, com as alterações introduzidas pela Lei do Orçamento do Estado para 2003 ao artigo 90º do Código do IRC, a referida exigência de obtenção de um formulário devidamente certificado até ao termo do prazo de entrega de imposto passou a estar expressamente prevista na lei.

Assim, se quanto às liquidações adicionais relativas a anos anteriores a 2003, em regra, as entidades devedoras apresentaram reclamação graciosa ou impugnação judicial, o mesmo não terá acontecido relativamente às liquidações dos anos de 2003 e seguintes, uma vez que nestes casos os fundamentos a invocar se tornaram mais limitados, pelo facto de

---

juntando o respectivo formulário para aplicação da convenção de dupla tributação, ainda que certificado após do decurso do prazo legal.

c. A entidade foi notificada de uma liquidação adicional de imposto, procedeu ao respectivo pagamento e não deduziu reclamação graciosa ou impugnação judicial

d. A entidade efectuou o apuramento do imposto em falta e procedeu voluntariamente à entrega desse imposto ao Estado;

e. A entidade foi notificada de uma liquidação adicional de imposto e deduziu reclamação graciosa ou impugnação judicial onde foi proferida decisão transitada em julgado, anteriormente a 1 de Janeiro 2008, no sentido do não deferimento do pedido.

estas liquidações já terem sido emitidas ao abrigo de uma norma fiscal de direito interno, especialmente nos casos de algumas convenções onde se reserva aos Estados Contratantes o direito de determinar as modalidades de aplicação da convenção, como referido, nos casos dos ADT com a França e com a Itália.

Aliás, a incerteza, custo e morosidade dos tribunais fiscais portugueses, levando a que o desfecho das impugnações judiciais se prolonguem por largos anos, também desencorajam muitas empresas do recurso à via contenciosa.

No entanto, perante o novo enquadramento legal, essas entidades deverão dispor de um meio processual ao seu alcance que lhes permita solicitar o reembolso do imposto pago, sem o que se cria uma situação de injustiça e de desigualdade manifestamente inaceitáveis e ilegais.

Neste contexto importa pois discutir quais as vias ao dispor dos contribuintes que viram a sua situação fiscal prejudicada, o que não se afigura linear. Passemos a discutir os meios processuais que se afiguram aplicáveis à situação vertente, a saber:

- Pedido de revisão do acto tributário;
- Acção para o reconhecimento de um direito ou interesse legítimo;
- Impugnação em caso de retenção na fonte.

Conforme referido, um dos meios processuais a considerar será o Pedido de Revisão do Acto Tributário. Dispõe o nº 4 do artigo 78º da Lei Geral Tributária ("LGT") que o *dirigente máximo do serviço pode autorizar, excepcionalmente, nos três anos posteriores ao do acto tributário a revisão da matéria tributável apurada com fundamento em injustiça grave ou notória (...)*. Estabelece o nº 5 da mesma norma que *"para efeitos do número anterior, apenas se considera notória a injustiça ostensiva e inequívoca e grave resultante de tributação manifestamente exagerada e desproporcionada com a realidade (...)"*.

Assim, neste pedido a entidade terá de aduzir argumentação que demonstre que a norma transitória, ao não permitir nas circunstâncias em apreço a aplicação de uma convenção de dupla tributação e o consequente reembolso do imposto pago, atribuindo um tratamento discriminatório relativamente a quem apresentou reclamação graciosa ou impugnação judicial, qualifica como uma injustiça ostensiva e inequívoca, ou que a tributação foi manifestamente desproporcionada.

O pedido deverá ser dirigido ao Director-Geral dos Impostos, e apresentado no prazo de três anos a contar da data da liquidação, devendo ser anexo o respectivo formulário RFI para aplicação da convenção, ainda que certificado fora do prazo legal.

De destacar que o Centro de Estudos Fiscais, em parecer emitido no âmbito de um processo específico (Parecer nº 108/2004, de 29 de Novembro de 2004), pronunciou-se no sentido de que o nº 3 (actual nº 4) do artigo 78º da LGT apenas abrange a revisão dos actos de fixação da matéria tributável, como resulta directamente deste preceito legal, e não a revisão de actos de liquidação, por a revisão destes, a pedido do contribuinte, só ser possível com base em ilegalidades *stricto sensu*, ficando sujeita aos prazos do n.º 1 do mesmo artigo.

Tal entendimento não deverá contudo obstar à aplicação do prazo de três anos, com fundamento em injustiça grave ou notória, na situação em análise, porquanto este deve ser entendido como uma extensão do prazo de 120 dias previsto pelo nº1 do artigo 78º da LGT, e, para além disso, o acto de liquidação terá subjacente um acto de fixação da matéria tributável.

Poderá assistir igualmente nesta sede ao contribuinte, o meio processual da *Acção para reconhecimento de um direito ou interesse legítimo (artigo 145º do Código de Procedimento e Processo Tributário – "CPPT")*. A utilização deste meio processual implica duas vertentes: por um lado, a invocação de um direito ou interesse legítimo e, por outro lado, a consideração de que se trata do meio mais adequado para assegurar uma tutela eficaz e efectiva do direito ou interesse protegido.

Relativamente à primeira vertente, constituirá o pedido da presente acção o reconhecimento do direito a usufruir da aplicação do ADT e de não discriminação relativamente às situações consagradas no regime transitório previsto no Orçamento do Estado para 2008, ou seja, em igualdade relativamente às entidades que apresentaram reclamação graciosa ou impugnação judicial.

No que respeita à segunda vertente, e de acordo com a corrente de entendimento mais comum na doutrina, a necessidade ou desnecessidade de uso deste meio processual terá de ser apreciada em concreto mediante a ponderação de quais os meios processuais que melhor asseguram a tutela jurisdicional dos direitos do contribuinte. Assim, esta acção constitui um meio complementar dos restantes, apenas podendo ser proposta quando for a mais adequada para assegurar uma tutela plena, eficaz e efectiva do direito ou interesse respectivos.

Este meio processual vem sendo apontado para utilização:

i. Nos casos em que, não se tendo consumado qualquer ofensa, os particulares fundadamente careçam do reconhecimento declarativo da titularidade de um direito subjectivo ou de um interesse legítimo;

ii. Nos casos em que o particular pretenda a devolução de uma coisa a que tenha direito, no contexto de uma relação jurídico--administrativa;

iii. Nos casos em que o particular pretende efectivar um direito fundamental.

A presente acção deve ser interposta no Tribunal de 1ª instância, no prazo de quatro anos após a constituição do direito ou do conhecimento da lesão do interessado, ou seja, a partir de 1 de Janeiro de 2008, data em que o Orçamento do Estado para 2008 entrou em vigor. Deverá ser anexo o respectivo formulário para aplicação do ADT, ainda que certificado fora do prazo legal.

Verifica-se igualmente manifesta injustiça nos casos em que o contribuinte efectuou o apuramento do imposto em falta e procedeu voluntariamente à entrega desse imposto ao Estado.

Nesta situação, a própria entidade devedora do rendimento efectuou a entrega ao Estado do valor do imposto correspondente à retenção na fonte em falta. Trata-se de mais uma situação que não terá cobertura no regime transitório do Orçamento do Estado para 2008. Mais uma vez, a lei está igualmente a discriminar injustificadamente e de forma penalizadora as entidades que por sua própria iniciativa apuraram e pagaram o imposto que à data era considerado em falta, em manifesta boa-fé.

Deste modo, para além de poderem ser considerados os meios processuais acima referidos, poderá ainda ser considerada a aplicação do processo por impugnação em caso de retenção na fonte.

Prevê o artigo 132° do CPPT a possibilidade de apresentação de reclamação graciosa, por parte da entidade devedora do rendimento, em caso de erro na entrega de imposto superior ao retido. De facto, na situação em apreço, verifica-se que existiu uma entrega de imposto superior ao retido, uma vez que, apesar de não ter havido qualquer retenção na fonte, efectuou-se a entrega do imposto ao Estado.

No entanto, terá ainda que ser demonstrado que essa entrega de imposto ocorreu devido a um erro. Contudo, uma vez que seria necessário argumentar que a decisão de pagamento do imposto enfermou de um erro na formação da vontade, porque se a entidade devedora tivesse conhecimento da alteração legislativa que entretanto ocorreu não teria efectuado esse pagamento, tal facto afigura-se de difícil sustentação.

No que respeita ao prazo de dedução da reclamação graciosa, o mesmo será de dois anos a contar do início do ano seguinte àquele em que o imposto foi entregue ao Estado, devendo ser anexo o respectivo formulário para aplicação da convenção de dupla tributação, ainda que certificado fora do prazo legal.

Porém, dado tratar-se de uma situação atípica, tal contagem de prazo não é isenta de dúvidas. De facto, no espírito deste meio processual estão aquelas situações em que o contribuinte procedeu à retenção na fonte em devido tempo, mas por erro entregou um montante superior ao Estado e não conseguiu compensá-lo com as entregas seguintes da mesma natureza até ao final do ano.

Será que o prazo de dois anos poderá ser contado desde a data da entrega do valor da retenção na fonte ao Estado, quando a mesma foi efectuada para além do prazo legal? Na verdade, o texto da lei não distingue nem coloca essa condição, pelo que se tenderá a concluir que a resposta seja afirmativa.

Finalmente, há que ponderar as situações em que o contribuinte foi notificado de uma liquidação adicional de imposto e deduziu impugnação judicial onde foi proferida decisão transitada em julgado, anteriormente a 1 de Janeiro de 2008, no sentido do não deferimento do pedido, de novo casos geradores de manifestas situações de desigualdade.

Trata-se nesta situação de avaliar se uma alteração legislativa pode produzir efeitos sobre casos julgados. Comece-se por referir que a doutrina não é pacífica quanto a esta matéria, existindo divergência de entendimento.

A CRP pronuncia-se sobre os casos julgados em matéria de efeitos da declaração de inconstitucionalidade. Neste âmbito, dispõe o nº 3 do artigo 282º que *"ficam ressalvados os casos julgados, salvo decisão em contrário do Tribunal Constitucional quando a norma respeitar a maté-*

ria penal, disciplinar ou de ilícito de mera ordenação social e for de conteúdo menos favorável ao arguido". Tratam-se, assim, de situações cuja matéria é distinta da situação ora em análise.

Por seu turno, o Código Civil Português dispõe no seu artigo 12°, n° 1, que *"a lei dispõe para o futuro, ainda que lhe seja atribuída eficácia retroactiva, presumem-se que ficam ressalvados os efeitos já produzidos pelos factos que a lei se destina a regular".*

O n.° 1 do art. 13° do mesmo Código consagra que: *" A lei interpretativa integra-se na lei interpretada, ficando ressalvados, porém, os efeitos já produzidos pelo cumprimento da obrigação, por sentença passada em julgado, por transacção, ainda que homologada, ou por actos de análoga natureza".*

Decorre das normas acima transcritas que a protecção do caso julgado apenas se encontra expressamente consagrada em matéria penal, disciplinar ou contra-ordenacional e nas situações de leis interpretativas, conforme já reconhecido pelo Tribunal Constitucional.[7]

---

[7] O Acórdão do Tribunal Constitucional n° 564/2004 (publicado na Iª Série-A do Diário da República, de 20/10/2004) tece algumas considerações sobre a matéria, conforme se transcreve: " A Comissão Constitucional (em Acórdão de 03/05/1978) veio distinguir entre a garantia do caso julgado relativamente a decisões subsequentes, (...) e a garantia de caso julgado relativamente a leis gerais";

"Quanto à segunda questão, para a Comissão Constitucional, o modo como o artigo 210° da CRP (versão originária) se formou, os seus termos muito genéricos até a sua epígrafe não justificam a conclusão segundo a qual ele valeria também para as leis em sentido material (...). Assim, para além do disposto no artigo. 210° da Constituição, não se encontra princípio constitucional que, por si só, impeça a lei geral de reflectir sobre quaisquer situações e relações, mesmo que haja sentença com trânsito em julgado (...). ... E conclui que uma lei geral, em princípio, não deverá afectar o caso julgado, salvo vontade contrária do legislador, apreciada em termos de interesses substanciais mais relevantes".

E continua o referido Acórdão: "Daí que todos concordem que o princípio da não retroactividade das leis civis não encontre apoio na lei fundamental e não haja, por isso, obstáculo a que o legislador ordinário emita leis retroactivas desde que com essa retroactividade se não afectem outros princípios constitucionais. (...) É, porém, precisamente nesta série de leis retroactivas que é afirmado por uns e contestado por outros que um dos limites a tais leis é o constituído por aquelas situações que tenham sido definidas de modo inatacável por sentença transitada em julgado. (...) Continua a pensar-se que o apregoado princípio da intangibilidade do caso julgado pela lei ordinária não tem consagração constitucional mesmo implícita, não passando de um princípio geral do direito a observar na interpretação e aplicação das leis, mas não ao legislador."

Parece decorrer das normas supra descrita e da diversa jurisprudência relevante, que uma alteração legislativa com eficácia retroactiva poderá produzir efeitos sobre casos julgados (excepcionalmente, as situações previstas pelo nº 3 do artigo 282º da CRP), desde que o legislador expressamente o estabeleça.

Na situação em análise, o legislador não estendeu a eficácia retroactiva da norma às situações em que já se produziu caso julgado, estabelecendo que a norma transitória apenas terá eficácia retroactiva relativamente àquelas situações em que esteja pendente reclamação graciosa, recurso hierárquico ou impugnação judicial, pelo que esta norma transitória não poderá produzir efeitos sobre casos julgados. Prevalece portanto uma situação de desigualdade destes agentes económicos perante os restantes.

Encerrado o capítulo relativo aos meios processuais, resta salientar que, adicionalmente à não sujeição a procedimento contra-ordenacional para as infracções verificadas até à entrada em vigor da Lei do Orçamento de Estado para 2008, i.e., até 31 de Dezembro de 2007, supra referido, o Ofício Circulado n.º 20.131, de 7 de Abril de 2008, nas situações em que os sujeitos passivos tenham requerido a revisão do acto de liquidação, desde que o pedido tenha sido apresentado no prazo de reclamação graciosa, o mesmo deverá ser convolado em reclamação graciosa, ficando assim abrangido pelo presente regime transitório. Tal solução parece indiciar uma louvável opção tomada por parte da administração fiscal, no sentido de por cobro a esta situação de injustiça, visando que o novo regime transitório abranja o maior número de casos possíveis.

Finalmente, invocando ainda outros acórdãos do mesmo Tribunal, o citado Acórdão refere que: "Entende este Tribunal, que o caso julgado deve ser perspectivado como algo que tem consagração implícita na Constituição, constituindo desta sorte, um valor protegido pela mesma, esteado nos valores de certeza e segurança dos cidadãos postulados pelo Estado de Direito democrático e, também, num princípio de separação de poderes. E entende, identicamente, que o aludido valor, constitucionalmente consagrado, do caso julgado, não se posta como um valor que a lei fundamental considere inultrapassável. Prova disso constitui a estatuição do nº 3 do artigo 282º da CRP (…).Dessa prescrição extrai o tribunal, conjugando-a como valor próprio o respeito pelo caso julgado. Porém, é ela própria, naquele nº 3 do artigo 282º, que vem estabelecer situações de excepcionalidade ao respeito pelo caso julgado, e daí o dever-se concluir que um tal valor se não perfila como algo de imutável ou inultrapassável".

Nas situações em que os contribuintes não tiverem ainda apresentado a prova antes referida, deverão ser notificados para efeitos da respectiva apresentação a qual, caso não seja efectuada, conduzirá ao indeferimento da reclamação graciosa ou recurso hierárquico.

Caso exista simultaneamente um processo de pedido de reembolso, e o mesmo ainda estiver pendente de decisão, a respectiva apreciação será suspensa e os contribuintes serão notificados para prestar a respectiva prova, cuja apresentação determina o reembolso, caso haja direito ao mesmo, com a consequente anulação do imposto liquidado e arquivamento do processo de pedido de reembolso. Desta feita, não será igualmente responsável pelo pagamento de juros compensatórios, inexistindo uma liquidação adicional nestes termos, pois não havendo imposto a pagar não se justifica a existência dos mesmos.

A contrario, caso o pedido de reembolso de imposto tenha sido já decidido favoravelmente, a reclamação graciosa ou recurso hierárquico será arquivado, por inutilidade superveniente, o que se compreende pois, caso contrário, existiria um risco de se proceder a um eventual duplo reembolso.

O novo regime fiscal dos pagamentos a entidades não residentes parece traduzir uma saudável inflexão por parte do Estado Português, no sentido de colocar cobro às situações de injustiça, ora expostas. No entanto, subsistem manifestas situações que, pelo seu carácter injusto, merecem tutela para que a injustiça possa vir a ser sanada.

Aliás, neste âmbito sempre assistirão aos contribuintes as garantias previstas, como sendo os meios processuais supra mencionados, de forma a repor a situação de injustiça resultante do descrito. Facto é que os meios processuais, seja em sede do processo administrativo ou de um processo judicial, ao dispor dos contribuintes, não se afiguram como capazes de sanar integralmente a injustiça manifesta, posto que, por exemplo, o contribuinte que actuou de boa fé e foi diligente, tal como acima salientado, no sentido em que autoliquidou o imposto em excesso e diligentemente o pagou, não consegue ver a sua situação totalmente acautelada através dos meios processuais existentes.

Deste modo, ainda que recorrendo ao conceito da segurança jurídica seja legítimo afirmar que tais meios processuais devem conter um grau de limitação ao nível da retroactividade dos efeitos que visam abranger, por questões ligadas à estabilidade do sistema, verdade é que recorrendo

Revista de Finanças Públicas e Direito Fiscal

ao conceito pleno de Justiça vigente num Estado de Direito, sempre se poderá afirmar que os contribuintes de facto não se encontram todos em pé de igualdade, posto que em face da injustiça que subsiste dos meios a utilizar, resulta uma efectiva discriminação entre contribuintes que deveriam ser tratados de forma idêntica.

Notas Finais

É do domínio público que Portugal tem procurado fomentar o interesse de agentes económicos internacionais para o investimento no país, a par da internacionalização e cooperação internacional das empresas portuguesas.

Num mundo globalizado, onde as economias se encontram plenamente integradas e as operações se realizam de forma aberta, o índice de competitividade das economias nacionais mede-se por diversos factores, os quais de forma agregada conduzem à determinação da capacidade de atracção de investidores estrangeiros.

Se um indicador como a taxa nominal de imposto sobre o rendimento pode eventualmente ser secundarizado pelos agentes económicos, outros factores apresentam-se certamente determinantes para a atracção de investimento directo estrangeiro, destacando-se de entre os mesmos os comummente denominados por "custos de contexto", associados à burocracia e excesso de carga administrativa transversal na sociedade portuguesa.

Saúdam-se as recentes alterações do regime fiscal, que resultam da aprovação da Lei do Orçamento do Estado para 2008, cujo regime transitório veio "reparar" algumas das injustiças sentidas pelos investidores, quer a montante, pelo afastamento da responsabilidade do substituto tributário pelo pagamento do imposto nos casos *supra* referidos, quer a jusante, pela previsão de efeitos retroactivos, no sentido de permitir pôr termo a litígios anteriores, conforme amplamente explanado. No entanto, as medidas relativas a situações passadas encontram-se ainda longe do desejável, posto que, conforme exposto, subsistem situações de clara discriminação, inaceitáveis num Estado de Direito. Refira-se nesta sede a situação do contribuinte que, actuando de boa fé e de forma diligente, ainda que discordando da liquidação adicional, paga o imposto e não

Artigos

deduz reclamação graciosa ou impugnação judicial, porque se encontrava prevista a obrigação de proceder ao pagamento de imposto do substituto tributário, injustiça que o legislador ordinário reconheceu e apenas afastou com o regime transitório aprovado.

Ainda que seja legítimo a um Estado arguir a necessidade de controlo e implementação de medidas de combate à evasão fiscal, não será, conforme exposto, legítima a negação de benefícios que resultam de um Acordo Internacional bilateral por meras questões burocráticas. Efectivamente, no limite encontramo-nos perante a violação do próprio acordo, em função do incumprimento resultante das medidas consagradas e das suas consequências práticas, quanto mais não seja porquanto a consagração destas medidas burocrático-administrativas resultam na sua génese de uma imposição unilateral não negociada.

A simplificação do regime aplicável e um reconhecimento implícito destas situações de injustiça, que resultavam da não apresentação atempada de formulários de modelo oficial cuja possibilidade apenas se encontra prevista em dois dos ADT celebrados por Portugal, vem de certa forma dar razão aos investidores nesta sede.

Pretendendo o país estimular o investimento directo estrangeiro, é necessário que os investidores sintam que o seu investimento se encontra protegido da influência de factores de índole administrativa e da discricionariedade burocrática, os quais são independentes das regras estabelecidas pelo mercado e do risco natural associado a um projecto de *entrepreneurship*.

Neste contexto, é de toda a conveniência que Portugal possa utilizar plenamente os instrumentos de que dispõe para induzir os investidores a reconhecer o potencial do nosso país, sendo a rede de ADT celebrados por Portugal – ainda que limitada em termos comparativos - uma dessas ferramentas, assumindo-se como um neutralizador do efeito da fiscalidade.

Por conseguinte, e para que não seja a burocracia um dos factores a restringir a evolução do investimento em Portugal, urge que o Governo continue a pugnar pela redução da plêiade de carga administrativo-burocrática que impende sobre os investidores. Neste contexto, a revisão dos procedimentos formais para a aplicação dos ADT celebrados por Portugal continua a surgir na primeira linha, de forma a que se elimine o seu efeito "restritivo sobre o investimento".

João Ricardo Catarino
Vasco Valdez

Ainda a problemática das taxas municipais de infra-estruturas urbanísticas (TRIU) e de compensação

João Ricardo Catarino
Doutor em Administração Pública
Professor Universitário no ISCSP-UTL

Vasco Valdez
Mestre em Direito
Professor Universitário no ISCAL

RESUMO

As taxas têm constituído, uma fonte regular e crescentemente significativa, de receita das autarquias. Através de meros regulamentos municipais nem sempre suficientemente claros e precisos, estas procedem à sua liquidação e cobrança em condições que muitas vezes não respeitam os princípios enformadores da actividade tributária. De entre tais avulta a deficiente consagração regulamentar dos termos e condições em que podem ser exigidas e um insuficiente respeito pela dogmática e os limites desta figura tributária.

O presente artigo analisa as fragilidades desses procedimento e regime e discorre sobre a legitimidade da sua exigência nos casos em que seja duvidosa a prestação da correspondente contrapartida pública, própria da figura.

Palavras-chave:
Taxas
Taxa de infra-estruturas urbanísticas
Taxa de compensação
Regime Geral das Taxas

ABSTRACT

The rates have been a regular and increasingly significant source of revenue for local governments. Through mere municipal regulations, not always sufficiently clear and precise, they proceed to liquidation and recovery in conditions that often do not respect the principles of tax activity. Among these accrue to poor regulatory consecration of the terms and conditions under which they may be required and an insufficient respect for dogmatic and the limits of this tax figure.

This article examines the weaknesses of the system and procedure and is about the legitimacy of its requirement in cases where it is doubtful the provision of the relevant public contrast, the figure itself.

Keywords:
Taxes
Tax of town planning infrastructures
Tax of compensation
General regime of the Taxes

1. Enquadramento do problema

A importância das taxas como forma de financiamento das entidades públicas constitui um fenómeno de importância crescente. O alargamento verificado ao nível das bases tributáveis do imposto atinge hoje, desde há algum tempo, a sua máxima expressão, exigindo o recurso a formas de financiamento através de espécies tributárias habitualmente consideradas "menores" pela dogmática jurídico-tributária, cujo relevo vem, todavia, crescendo. Existe hoje um problema de densificação da figura da taxa enquanto espécie do tributo, que decorre em parte de opções e fundo emergentes da Constituição Política de 1976.

De entre tais avultam as taxas e dentro da espécie, a taxa camarária pela realização de infra-estruturas urbanísticas (TRIU) e a de compensação, como resultante directa do sobrepeso que a actividade imobiliária representa no erário dos municípios. O licenciamento de loteamento de prédios pelas Câmaras Municipais dá lugar, para além do pagamento das licenças, ao pagamento de taxas de urbanização e de compensação, como condição para a emissão do respectivo alvará.

Todavia, a razão de ser da respectiva cobrança de ambas é distinta: a taxa de urbanização destina-se a custear infra-estruturas que a autarquia tenha de realizar por virtude, designadamente, de um loteamento que aprovou. No caso da taxa compensação, trata-se do recebimento gratuito pela autarquia de parcelas de terreno que se destinam a realizar infra-estruturas em virtude de loteamento que haja autorizado. Num bom número de casos, os regulamentos municipais prevêem a sua exigência ainda que a autarquia não tenha de realizar quaisquer infra-estruturas urbanísticas.

Ora, sabe-se que os promotores dos investimentos contestam normalmente a liquidação e cobrança da taxa de urbanização com fundamento na respectiva inconstitucionalidade, estribando-se no facto de as autarquias não ficarem obrigadas a realizar nenhuma infra-estrutura urbanística. Noutros casos, suscitam a ilegalidade da sua cobrança na justa medida em que, embora a lei e o Regulamento camarário prevejam que só possa cobrar-se a taxa desde que a autarquia realize infra-estruturas, esta afinal de contas não correram por conta do município. Destarte, entre outros argumentos, invocam que se não está perante uma verdadeira taxa, mas antes perante um imposto, para o qual a autarquia carecia de suporte legal para poder ser adequada e legalmente cobrado. De tudo o que antecede resulta uma significativa contenciosidade sobre a matéria, que teima em prevalecer pese embora os inúmeros arestos, incluindo do próprio Tribunal Constitucional.

2. O regime jurídico fundamental das duas espécies tributárias – *taxa* e *imposto*

2.1. A dicotomia de regimes fundamentais do imposto, da taxa e das contribuições especiais

A problemática da cobrança das taxas de realização de infra-estruturas urbanísticas e de compensação desenvolve-se no ambiente do que genericamente se designa de *direito financeiro*, o ramo do direito que regula a actividade financeira do Estado e dos demais entes públicos[1]. Os tributos, enquanto prestações pecuniárias de carácter patrimonial, apresentam entre si especialidades assinaláveis, sobre as quais importa discorrer brevemente, em ordem ao estabelecimento de razões de ordem escatológica que nos permitam enquadrar devidamente a problemática em apreço: nuns casos, a problemática das taxas insere-se no *direito dos tributos ou tributário*, e noutros, dá-se mais ênfase ao direito das receitas coactivas unilaterais, designado mais propriamente por *direito fiscal*.

Tal diferença corresponde assim a uma opção normativa de fundo. Entre nós, como na França, na Alemanha, na Áustria e na Suíça, está consagrado um racional de valores diferentes para as taxas e outro para os impostos. Em sentido contrário, o Brasil, a Itália ou a Espanha, sujeitam ambas as figuras – *taxa* e *imposto* – a uma igual intensidade normativa e garantística e a uma mesma ordem de princípios jurídicos estruturantes[2].

---

[1] É dele que decorrem, depois, três grandes outras áreas que disciplinam a despesa, a administração financeira do Estado e o denominado direito das receitas, que trata especificamente das questões relativas aos tributos.

[2] Lê-se, por exemplo, no artigo 31.º da Constituição espanhola que *"nenhuma prestação de carácter pessoal ou patrimonial pode ser imposta sem base na lei"* e no artigo 145.º da Constituição política brasileira que *"A união, os Estados, o Distrito Federal e*

A legalidade fiscal consagrada nas Constituições políticas assegurava no Estado de Direito liberal um adequado processo de instituição dos impostos tido como a natural expressão de uma dada ideia de razão ou bem comum, veio a evoluir no sentido da possibilidade de ser tão questionada como qualquer outra realidade da vida [3]. Sendo, como se referiu, a figura do tributo o suporte financeiro do Estado, bem se compreende que daí decorram duas realidades, a saber: de um lado, a ideia de Estado fiscal é, deve ser, perspectivada a partir dos cidadãos, concretizando-se no princípio da liberdade; de outro, os tributos são um preço que necessariamente pagamos pela sociedade globalmente organizada, radicada no conhecimento prévio dos direitos, liberdade e garantias fundamentais de todos os agentes[4]. Visto a partir da posição dos sujeitos e das estruturas colectivas geradoras de riqueza que o suportam, o Estado fiscal caracteriza-se pela livre disponibilidade económica que propicia, dando margem para que, em economia de mercado, todos os agentes procurem a satisfação dos seus interesses pessoais[5].

Os tributos são assim o preço devido pela (prévia) existência e primazia de liberdades e direitos fundamentais, em que os recursos do sis-

---

os Municípios poderão instituir os seguintes tributos: impostos; taxas, em razão do exercício do poder de polícia ou pela utilização, efectiva ou potencial, de serviços públicos específicos e invisíveis, prestados ao contribuinte ou postos a sua disposição; para logo se rematar no artigo 150.º que "sem prejuízo de outras garantias asseguradas ao contribuinte, é vedado à União, aos Estados, ao Distrito Federal e aos Município exigir ou aumentar tributo sem lei que o estabeleça".

[3] O sentido dessa legalidade se centrou numa ideia de legalidade material segundo a qual a relação tributária deve ter por base inequívocos critérios de justiça material. Veja-se JOÃO RICARDO CATARINO, Para Uma Teoria Política do Tributo, Cadernos de CTF, n.º 184, 1999, em especial págs. 160 a 165 e 169 e segs; Redistribuição Tributária, Estado Social e Responsabilidade Individual, Almedina, 2008 e VITOR FAVEIRO, Noções Fundamentais de Direito Fiscal. Vol. I Coimbra editora, 1984, págs. 421 e segs. e O Estatuto do Contribuinte – A Pessoa do Contribuinte no Estado Social de Direito, Coimbra Editora, 2002.

[4] CASALTA NABAIS, O Dever Fundamental de Pagar Impostos, Almedina, 1998.

[5] Veja-se JOÃO RICARDO CATARINO, Redistribuição Tributária – Estado Social e Escolha Individual, Almedina, Coimbra, 2008, págs. 365 e segs. Sobre a crise do conceito de capacidade contributiva veja-se MICHEL BOUVIER, La Notion de Capacité Contributive des Contribuables dans la Societé post-moderne, Revue Française de Finances Publiques, n.º 100, Nov. 2007.

212
Revista de Finanças Públicas e Direito Fiscal

tema tributário se destinam a alavancar as tarefas fundamentais da acção pública, alargada a realidades novas da vida colectiva[6].

O Estado fiscal é hoje, porém, um Estado "pós-fiscal" ou "tributário[7]". Ao imposto, figura central do pensamento dogmático demo-liberal, veio a associar-se a figura da taxa[8]. O exercício dessas alargadas funções desembocou no advento das ditas "finanças activas" pelas quais o Estado exerce hoje alargados fins. Para o efeito, a figura do imposto vem-se revelando-se inadequada. A taxa subiu assim de relevo, por propiciar receita adicional e por tornar necessário um enquadramento teórico distinto – facto da maior relevância.

2.1.1. Impostos, taxas e contribuições especiais – a questão da reserva de lei

A lei constitucional portuguesa consagra um quadro fundamental diferenciado para as diferentes espécies tributárias. Esta resulta do prévio estabelecimento de uma escatologia de realidades tributárias que se dividem entre *imposto, taxa* e *contribuições especiais* que não estão sujeitas aos mesmos princípios estruturantes. Efectivamente, enquanto que os impostos obedecem ao exigente princípio da legalidade geral e fiscal e a sua medida tem por fundamento o não menos estruturante *princípio da capacidade contributiva*, as taxas ficam apenas sujeitas a um bem menos

---

[6] Veja-se STEPHEN HOLMES, e CASS R. SUNSTEIN, *The Cost of Rights, Why Liberty Depends on Taxes*, Norton, New York, 2000.

[7] Neste sentido pode ver-se, para posteriores desenvolvimentos, CASALTA NABAIS, *Direito Fiscal*, 4.ª edição, Almedina, 2006, págs. 129 e segs. citando diversa doutrina alemã.

[8] A ideia de um tributo bilateral constitui uma resultante directa do alargamento das funções do Estado, mercê de um variado conjunto de factores que determinou, em especial ao longo de todo o século XX, uma ampliação muito acentuada da acção pública, à medida que isso constituía uma necessidade dos modelos sociais, sobretudo em épocas de crise profunda, coadjuvada pela evolução do pensamento das ideias que o propugnavam, como veio a ser o caso das teorias de Keynes relativas ao pleno emprego, à questão financeira e à moeda.

exigente princípio de reserva parlamentar, válido apenas para o seu regime geral e a sua medida assenta no *princípio da proporcionalidade*[9].

De tal princípio decorre o da reserva ou proeminência de lei segundo o qual não podem ser exigidos impostos com fundamento em mero acto normativo e muito menos administrativo, que não hajam sido estabelecidos por lei formal anterior. As *contribuições especiais*, na medida em que se configuram pacificamente como impostos que apresentam a particularidade de terem por base manifestações de capacidade contributiva emergentes do exercício de uma actividade da administração pública são, por isso, verdadeiros impostos[10].

A dicotomia de regimes entre imposto e taxa tem expressa consagração no artigo 112.º n.º 1 da CRP, que atribui a categoria de actos legislativos apenas e só às leis da AR, aos Decretos-Lei do Governo e aos Decretos Legislativos Regionais, com exclusão de quaisquer outros actos normativos. Ter ela, por outro lado, natureza absoluta, representa a exigência de que a lei fiscal criadora do imposto deve conter os próprios critérios de decisão dos casos concretos, no sentido de que a respectiva decisão obtém-se por dedução da própria lei, realidade que a doutrina designa de *princípios da tipicidade* e do *exclusivismo*[11].

---

[9] É assim que, concretizando melhor, nos termos do disposto no artigo 103.º n.º 2 do texto fundamental, o princípio da legalidade que decorre da expressão nele ínsita de que "*os impostos são criados por lei*" abrange apenas a figura do imposto *stricto sensu*, que é uma das espécies do tributo. Só este fica sujeito, quanto às matérias de incidência material e subjectiva, isenções, benefícios fiscais e garantias dos contribuintes e bem assim as demais previstas no artigo 8.º da LGT, a uma estrita reserva de lei que é, segundo a pacífica dogmática jurídica, absoluta e formal.

[10] As contribuições especiais são verdadeiros impostos embora alguns autores lhes recusem qualquer autonomia, como é o caso de CARDOSO DA COSTA, *Curso de Direito Fiscal*, pág. 14. ALBERTO XAVIER, *Manual...*, pág. 58 e SOUSA FRANCO, *Finanças Públicas e Direito Financeiro*, vol. II, pág. 58 e segs. De resto, a Lei Geral Tributária (artigo 4.º n.º 3) procede do mesmo modo ao qualificar as contribuições especiais como impostos, isto é, como tributos unilaterais. No mesmo sentido veja-se ainda o eloquente texto de VÍTOR FAVEIRO, *O Estatuto do Contribuinte. A Pessoa do Contribuinte no Estado Social de Direito*, Coimbra, 2002, págs. 303 e segs.

[11] Tal reserva absoluta é tipificante e exclusiva no sentido material, não orgânico. A reserva absoluta de lei é, para a Constituição política, uma reserva do tipo exclusiva e inderrogável, ou seja, refere-se aos casos em que só a Assembleia da República, fazendo uso dos seus poderes legislativos, pode legislar sobre as matérias que nele se contemplam. A reserva absoluta é organicamente uma reserva exclusiva, nos termos do artigo

Por outro lado, o sentido expresso do artigo 103.º n.º 2 do texto fundamental é também o de que tal reserva não se aplica às taxas, como modalidade da figura do tributo. As taxas, sendo tributos, não são, todavia, impostos. Veja-se o artigo 165.º n.º 1 al. i) da CRP, onde à reserva de lei se adiciona uma reserva de competência legislativa a favor da Assembleia da República para . a criação de *impostos* (não tributos) e sistema fiscal e para o *regime geral* das taxas e das demais contribuições financeiras[12].

Se quanto ao imposto a questão da legalidade tributária se aprecia com relativa facilidade, já quanto às taxas é a jurisprudência que tem dado decisiva ajuda na conformação do respectivo regime jurídico. Neste respeito há várias incidências de relevo.

A primeira delas reside em saber, quando se exerce o controlo de uma taxa local, se estamos perante uma verdadeira taxa que pode ser livremente criada pela autarquia, ou se pela sua configuração ou aplicação concreta representa um imposto e daí decorre a violação dos artigos 103.º e 165.º da CRP[13]. Esta questão é particularmente relevante porque não basta criar a taxa, é preciso que na sua aplicação concreta ela se revele concreta e especificamente como tal: isto é, que seja um encargo bilateral ou sinalagmático.

A reserva de lei parlamentar não vale quanto à criação das taxas. Ainda assim elas não deixam de requerer regras jurídicas que fixem claramente os seus elementos constitutivos. Isto é, as autarquias estão especialmente adstritas à rigorosa fixação da incidência objectiva e subjectiva

---

165.º. Neste sentido, para maiores desenvolvimentos que aqui se nos afiguram despiciendos, veja-se NUNO SÁ GOMES, *Lições de Direito Fiscal*, CTF, n.º 307/309, 1984.

[12] Vale dizer que até à revisão Constitucional de 1977 a CRP a matéria das taxas era totalmente omissa na lei fundamental. A partir desta alteração à lei fundamental o artigo 165.º passou a integrar na reserva de lei parlamentar (reserva de competência legislativa) o regime geral das taxas e demais contribuições financeiras a favor das entidades públicas, sendo que na década seguinte ele nunca foi criado.

[13] No sentido de que a revisão constitucional tornou mais importante a plena caracterização de certa figura tributária como imposto ou taxa, sendo crucial para concretizar a extensão da reserva de lei, pode ver-se CARDOSO DA COSTA, *Sobre o Princípio da Legalidade das Taxas e das Demais Contribuições Financeiras*, in Estudos em Homenagem ao Prof. Marcello Caetano, vol. I, págs. 789 a 807, Lisboa, 2006 e ainda o Acórdão do Tribunal Constitucional n.º 1108/96, de 30 de Outubro, in Acs. do Tribunal Constitucional, vol. 35, págs. 43 a 54 e Parecer da Comissão Constitucional, vol. 21, págs., 153 a 178.

das taxas, o seu facto gerador, o montante e as eventuais isenções que se prescrevam[14].

A segunda delas tem que ver com o princípio da igualdade tributária – artigo 13.º da CRP –, na justa medida em que a igualdade representa uma das primeiras expressões do princípio da justiça. A igualdade tributária cumpre aqui uma dupla função. Em primeiro lugar ela é expressão directa do postulado de proibição do arbítrio impedindo que na determinação do regime substantivo da taxa se não definam os seus caracteres essenciais ou deixem indeterminados certos aspectos estruturantes do seus regime.

2.1.2. Os ditames dos princípios da equivalência e do benefício na criação e aplicação das taxas

Uma vez projectado no domínio das taxas, a igualdade tributária assume foros de equivalência em virtude da sua natureza comutativa, bilateral ou sinalagmática. Esta repele o princípio da capacidade contributiva que assiste ao imposto – um legado directo do pensamento demoliberal vazado nas nossas constituições políticas – e, ao mesmo tempo, convoca como critério repartidor o *princípio da equivalência*, seja na sua vertente de *custo* seja na de *benefício*, tal como hoje está consagrado no artigo 4.º do Regime Geral das Taxas (RGT – Lei n.º 53-A/2006, de 29 de Dezembro).

Se as taxas locais visam compensar prestações públicas determinadas e concretas prestadas pelas autarquias, o único modo justo de as repartir é o de atender ao custo ou ao valor dessas prestações. Daí que

---

[14] As preocupações da doutrina sobre o problema da determinabilidade das taxas determinou já a prolação de muitas referências ao tema. São exemplos os trabalhos de SÉRGIO VASQUES em diversos artigos e também, agora em *O Princípio da Equivalência como Critério para a Igualdade*, Almedina, 2008, de SALDANHA SANCHES, *A Segurança Jurídica no Estado Social de Direito*, CTF, n.º 310-312, Lisboa, 1984, de CASALTA NABAIS, *O Princípio da Legalidade Fiscal e os Actuais Desafios da Tributação*, Bol. da Faculdade de Direito de Coimbra, (Vol. Comemorativo dos 75 anos), 2003, págs. 1057 a 1119, e de JOÃO RICARDO CATARINO, *Redistribuição Tributária – Estado Social e Escolha Individual*, Almedina, 2008, entre outros.

Revista de Finanças Públicas e Direito Fiscal

a equivalência nos surja naturalmente evidente como o critério exactamente adequado a uma justa repartição das taxas.

Em terceiro lugar importa ter em atenção, atendendo à questão que concretamente nos ocupa, que o princípio da equivalência constitui mais do que uma simples ideia ordenadora geral, do mesmo modo que pacificamente se entende que o princípio da igualdade geral, de que ele mesmo decorre, também não o é. Efectivamente, a equivalência não pode deixar de ser vista como uma realidade estruturante de que depende a legalidade da cobrança da taxa. A equivalência resulta de forma clara do modo, termos e fundamentos como ele é exigida ou ela é violadora da ordem de valores e de princípios jurídicos estruturantes[15].

Sem dúvida que, vista assim a equivalência, as autarquias locais devem estabelecer regulamentos de taxas que respeitem o valor da igualdade substantiva e o materializem no modo como operacionalizam os caracteres essenciais das suas taxas, o que constitui uma materialização da proibição do arbítrio e uma expressão da ideia de justiça, supra referidos.

As taxas resultam da interacção das actividades e solicitações concretas dos particulares à administração, e podem ser exigidas em resultado de uma tríplice realidade em que, no geral, elas podem ser devidas pela prestação de serviços públicos, como são exemplo as de registo e notariado e as propinas escolares, pela utilização de bens do domínio público, como por exemplo as portagens e pela remoção de limites jurídicos à actividade dos particulares (licenças de caça ou pesca).

Resulta do artigo 3.º do RGT a vinculação de que *"as taxas são tributos que assentam na prestação concreta de um serviço público local, na utilização privada de bens do domínio público e provado das autarquias locais ou na remoção de um limite jurídico ao comportamento dos particulares"*. Esta norma acentua a natureza bilateral da taxa, exigindo que a prestação em que assenta o seu pagamento deve sempre constituir uma contrapartida de prestações efectivamente provocadas ou aproveita-

---

[15] Veja-se CARLOS LOBO, *Reflexões sobre a Necessária Equivalência Económica das Taxas*, in Estudos Jurídicos e Económicos de Homenagem ao Prof. Doutor António Sousa Franco, vol. I, págs. 409 a 451, Coimbra, 2006 e SÉRGIO VASQUES, *Os Impostos especiais de Consumo*, págs. 110 e segs., Coimbra, 2001, entre outros.

das pelo respectivo sujeito passivo, ou seja, prestações efectivas que lhe possam ser imputadas concreta e individualmente.

Serem tais prestações efectivas não significa todavia que elas tenham que ser prestadas *no mesmo momento* do pagamento da taxa. Taxas existem que são pagas em momento posterior à contraprestação pública ou até em momento anterior, como é mais frequente. Tem-se entendido, a nosso ver correctamente, que a exigência de taxas locais em contrapartida de prestações futuras não lhes retira a natureza de taxas, uma vez que tais prestações futuras não deixam de ser prestações certas[16].

Por outro lado, importa ter em mente que prestações futuras não é o mesmo que *prestações presumidas*. Em princípio, mais vulgarmente, as taxas são devidas pela realização de prestações efectivas, mas pode suceder, em situações mais elaboradas, que a taxa assente numa prestação presumida, caso em que se presume a realização da prestação autárquica a cuja compensação o pagamento da taxa se dirige. A prestação presumida da taxa, por seu turno, pode apresentar uma intensidade variável. Assim, socorrendo-nos do ensinamento de Sérgio Vasques, obra citada, elas podem ser:

– *presunções fortes* como nos caso em que se pode dizer que é seguro o aproveitamento que o particular fará da prestação pública, v. g. a taxa sobre o consumo de água destinada a suportar os encargos com o sistema de saneamento básico;
– as *presunções de intensidade relativa*, como nos casos em que o aproveitamento que o particular fará da prestação pública, será apenas provável, mas não inteiramente seguro, como é o caso da taxa por infra estruturas urbanísticas em que o próprio TC já emitiu Parecer no sentido de que a presunção em que tal taxa assenta se mostra com uma força que apenas se pode dizer provável o aproveitamento da prestação autárquica;
– as *presunções de intensidade fraca,* como nos casos em que o aproveitamento que o particular fará da prestação pública, será apenas possível mas pouco provável e não inteiramente seguro.

---

[16] Veja-se por todos, SÉRGIO VASQUES, *Regime das Taxas Locais – Introdução e Comentário*, Cadernos do IDEFF, n.º 8, Almedina, 2008.

Revista de Finanças Públicas e Direito Fiscal

Seja como for, não basta que, quanto às taxas autárquicas, se ultrapasse com êxito o teste da bilateralidade. É igualmente importante que, no dizer de Casalta Nabais, se proceda ao teste do critério ou fundamento em que assenta a taxa, para concluir que ou esse critério assenta na ideia de proporcionalidade entre prestação e taxa ou ele lhe escapa. Neste último caso, a figura tributária perde as características de taxa deve ser regulado pelo regime próprio dos impostos. Se o violar, o tributo é inconstitucional.

3. A específica natureza jurídica das taxas de infra estruturas urbanísticas (triu) e de compensação

3.1. Quanto à taxa de infra-estruturas urbanísticas (TRIU)

Como tivemos oportunidade de referir anteriormente, procurámos enriquecer o presente artigo com situações colhidas a partir de situações concretas. A este propósito, centraremos agora a nossa atenção em torno da análise que das taxas de compensação e urbanização se fez no âmbito de procedimentos que ocorreram na Câmara Municipal do Porto.

Ambas as taxas, previstas em lei, eram normalmente cobradas tendo por base o Regulamento Municipal respectivo das respectivas câmaras municipais. A título de exemplo, veja-se o que dispunha o regulamento da Câmara Municipal do Porto, aprovado pelo edital 11/89, de 14.8, alterado subsequentemente, entre outros, pelos editais n.ºs 23/91 e 1/92. Nos termos do artigo 97.º (redacção do Edital n.º 1/92) do referido Regulamento *"a taxa de urbanização constitui a contrapartida devida ao Município pelas utilidades prestadas aos particulares pelas infra-estruturas urbanísticas, primárias e secundárias, cuja realização, remodelação, reforço ou sobrecarga seja consequência de obras de construção, reconstrução ou ampliação de edifícios ou de alterações na forma de utilização destes"*. Tomando este regulamento por base, pode perguntar-se: que infra-estruturas são essas? A resposta era dada pelo seu artigo 98.º ao considerar infra-estruturas justificativas da cobrança da taxa de urbanização as relativas a:

– rede viária da cidade;
– equipamentos urbanos, v.g. estacionamentos e espaços verdes;

Artigos

– redes de drenagem de águas pluviais e de esgotos;
– redes de abastecimento de água e de electricidade e de iluminação pública e de gás.

Por seu turno, o artigo 99.º do mesmo normativo estabelecia-se, ainda, que *ficam sujeitos à taxa de urbanização todos os alvarás de loteamento, bem como as obras de construção de edifícios não inseridas em loteamento urbano, a reconstrução e ampliação de edifícios e a alteração de utilização de edifícios ou fracções.*

Todavia, o seu n.º 2 referia muito concretamente que só *"são passíveis de incidência de Taxa as seguintes utilidades, prestadas pelo Município, em consequência, directa ou indirecta, das operações mencionadas no número anterior:*

a) realização, remodelação, reforço ou sobrecarga de infra-estruturas urbanísticas primárias e secundárias;

b) encargos de planeamento e ordenamento urbanísticos".

Finalmente, o seu artigo 102.º determinava a fórmula de cálculo da referida taxa de urbanização. Todavia, como é óbvio, a autarquia só poderia cobrar esta taxa caso houvesse norma legal habilitante para o efeito. Desde logo, a Lei de Finanças Locais então em vigor, concretamente, a Lei n.º 1/87, de 6.1, estabelecia que as autarquias podiam cobrar dois tipos de taxas relativas a actividades urbanísticas, a saber: a taxa pela realização de infra-estruturas urbanísticas e as taxas pela concessão de licenças de loteamentos e execução do obras de particulares, (alíneas a) e b) do artigo 11.º). Porém, o desenvolvimento de aspectos relevantes no que concerne à possibilidade de liquidar e cobrar a referida taxa resultavam do Decreto-Lei n.º 448/91, de 19.12, com as alterações que lhe foram introduzidas pelo Decreto-Lei n.º 334/95, de 28.12. Resultava, então, o seguinte texto relativo a taxas susceptíveis de ser cobradas pelas autarquias em matéria urbanística, plasmado no artigo 32.º, que dispunha:

"1 – Salvaguardado o disposto no artigo 16º, a emissão de alvarás de loteamento ou de obras de urbanização está sujeita ao pagamento das taxas a seguir referidas, não havendo lugar ao pagamento de quaisquer mais-valias ou compensações:

Revista de Finanças Públicas e Direito Fiscal

a) *A taxa prevista na alínea a) do artigo 11º da Lei n.º 1/87, de 6 de Janeiro, quando, por força da operação de loteamento, o município tenha de realizar ou reforçar obras de urbanização;*

b) *A taxa prevista na alínea b) do artigo 11º da Lei n.º 1/87, pela concessão do licenciamento da operação de loteamento e de obras de urbanização.*

2 – A taxa pela realização de infra-estruturas urbanísticas prevista na alínea a) do artigo 11º da Lei n.º 1/87, de 6 de Janeiro, só pode ser exigida nos casos expressamente previstos na alínea a) do n.º 1, não podendo ser consideradas como passíveis de incidência da taxa quaisquer outras situações, designadamente no âmbito de execução de obras de construção, reconstrução ou alteração de edifícios, ainda que tais obras tenham determinado ou venham a determinar, directa ou indirectamente, a realização pelo município de novas infra-estruturas urbanísticas ou o reforço das já existentes.

3 – Constitui excepção ao disposto na parte final do número anterior a liquidação, no âmbito da emissão de alvará de licença de construção, de taxa pela realização de infra-estruturas urbanísticas em áreas urbanizáveis delimitadas em plano municipal de ordenamento do território, desde que tenham sido efectiva, directa e integralmente suportadas pelo município."

Aliás, a redacção dada aos preceitos acabados de transcrever é resultante claramente da lei de autorização legislativa – a Lei n.º 90/95, de 1 de Setembro – que no seu artigo 2º e) dispôs que:

"*A extensão da autorização é a seguinte: (...)*
e) *Esclarecer que as taxas municipais por realização de infra-estruturas urbanísticas só são devidas quando resultem de efectiva prestação de serviço pelo município".*

A questão da natureza jurídica da taxa por realização de infra-estruturas urbanísticas tem sido sobejamente discutida entre nós na doutrina e jurisprudência. Ora, estas encontram-se divididas, havendo quem considere tratar-se mais de um imposto, como é o caso de Freitas do Amaral, Diogo Leite de Campos e Nuno Sá Gomes[17]. Basicamente, porque entendem que não havendo estudos que determinem a proporcionalidade entre a vantagem auferida e o custo suportado, tal taxa se aproxima fundamentalmente da natureza de imposto.

Em contrapartida, Paz Ferreira, *"Ainda a Propósito da Distinção entre Impostos e Taxas: o Caso da Taxa Municipal Devida pela Realização de Infra-Estruturas Urbanísticas"*, Ciência e Técnica Fiscal, n.º 380, 1995, e o entendimento jurisprudencial firmado e mantido ao longo dos anos pelo Tribunal Constitucional, tem sido no sentido de que este tributo assume a natureza de taxa (cfr. entre outros os Acórdãos n.º 639/95, n.º 384/99 ou n.º 256/01, todos do TC), onde se conclui que é lícito e constitucional às autarquias cobrar a taxa de urbanização e que ela não viola o disposto nos n.ºs 2 e 3 do artigo 106.º – hoje 103.º – da CRP e 168.º, n.º1 al. i) (hoje artigo 165.º) também da CRP.

Independentemente porém da qualificação em abstracto da taxa de urbanização e mormente por força do entendimento que à mesma é dada pelo Tribunal Constitucional, a verdade é que comungamos com Casalta Nabais no sentido de que há que ver casuisticamente, para determinar se estamos perante um imposto ou uma taxa, se há proporcionalidade entre aquilo que é a contrapartida específica concedida pela autarquia e aquilo que é o pagamento efectuado pelo particular. Havendo proporcionalidade, estaremos perante uma taxa. Não havendo, encontrar-nos-emos perante um imposto[18].

Do que não restam dúvidas, a nosso ver, como sobejamente resulta das transcrições legislativas efectuadas da legislação de finanças locais, do regulamento de obras da autarquia e, sobretudo, do D.L. 448/91, é que terá de haver sempre uma contrapartida das Câmaras Municipais na realização das infra-estruturas.

Ou seja, como é óbvio, se por força do alvará de loteamento há-de realizar-se um conjunto mais ou menos significativo de infra-estruturas

---

[17] Diogo Freitas do Amaral, *Direito do Urbanismo – Sumários*, Lisboa, 1993; Diogo Leite Campos, *Direito do Urbanismo*, INA, 1989 e Nuno Sá Gomes, *Alguns Aspectos Jurídicos e Económicos da Sobretributação Imobiliária no Sistema Fiscal Português*, Ciência e Técnica Fiscal, n.º 386, Lisboa, 1997.

[18] Cfr. Casalta Nabais, *O Sistema Financeiro e Fiscal do Urbanismo – Actas*, e o artigo *A Fiscalidade do Urbanismo: Impostos e Taxas*, pág. 39 a 62.

Revista de Finanças Públicas e Direito Fiscal

ou hão-de reforçar-se as já existentes, as mesmas, em ordem a legitimar a cobrança da taxa respectiva, têm de ser levadas a cabo por quem cobra a taxa, ou seja, a respectiva autarquia. Tal resulta claramente do conceito de taxa, cujos principais contornos já assinalámos anteriormente, e resultam com meridiana clareza da letra da lei (artigo 32.º n.º 1 al. a) do D.L. 448/91), que diz que a taxa só pode ser cobrada pelas operações de loteamento quando o município tenha de realizar obras de urbanização.

Dito de outro modo, como bem acentuam Jorge Carvalho e Fernanda Oliveira[19], *"se a operação em causa licenciada não ditar a necessidade (imediata ou no futuro) de realização de novas infra-estruturas pelo município, ou pelo menos a alteração das existentes em consequência do acréscimo da utilização resultante da nova ocupação do solo, não deverá haver lugar à liquidação esta taxa (de realização de infra-estruturas urbanísticas), por lhe faltar a respectiva contraprestação"*.

Em conclusão, podemos dizer que resulta da lei e da própria natureza da taxa, face ao imposto, que terá de haver um sinalagma, ou seja, uma contraprestação a cargo da autarquia que, no caso vertente, se materializará na realização ou reforço de infra-estruturas por virtude do loteamento autorizado.

Se, porventura, o esforço financeiro exigido ao particular for manifestamente desproporcionado ou, no limite, não forem realizadas quaisquer infra-estruturas pelo município, então este deve abster-se de cobrar a taxa ou, se o fizer, é evidente que a mesma assume claramente uma natureza de imposto. Trata-se de um ideia que resulta do Acórdão n.º 274/2004 em que **o Tribunal Constitucional julgou inconstitucionais as medidas municipais do município de Baião que permitiam a cobrança da taxa municipal de infra-estruturas urbanísticas relativamente aos promotores que tinham suportado integralmente os custos com a realização dessas infra-estruturas decorrentes da aprovação do correspondente loteamento.** Para tanto, tal como resulta do citado Acórdão, foi considerado que nessas circunstâncias estaríamos perante um tributo ilegal por se permitir a sua cobrança mesmo que não dê lugar a qualquer contrapartida, ainda que futura. No mesmo sentido

---

[19] JORGE CARVALHO e FERNANDA PAULA MARQUES DE OLIVEIRA, *Perequação, Taxas e Cedências*, Almedina, 2005, pág. 84.

se pronunciou o Tribunal Constitucional nos Acórdãos n.°s 410/2000; 490/2000, 501/2000; 577/2000 e 334/2002.

Aliás, ainda muito recentemente o TC , no seu Acórdão n.º 258/2008 (in DR II Série, n.º 108, de 5.6.2008) se pronunciou sobre um caso concreto, realçando com toda a clareza que, para que haja lugar ao pagamento da taxa, tem de haver uma manifesta contraprestação na realização de infraestruturas por parte da autarquia, dizendo a dado passo (pág. 2516): *"E se é verdade que o devedor da TRIU não dispõe de qualquer mecanismo jurídico que lhe permita exigir a realização das obras de infra-estruturas urbanísticas, pelas quais pagou aquela "taxa", ele tem sempre o direito, decorrente do carácter bilateral das taxas, de pedir e de obter a devolução do que houver antecipadamente pago a tal título, caso aquelas obras não sejam realizadas num prazo razoável"*.

Sempre que se verifique que nenhumas obras a realizar pela câmara municipal se mostrem devidas e se considere, à luz de critérios de razoabilidade ou máximas de experiência, que nenhumas serão necessárias, parece-nos evidente que à luz dos princípios que hoje são claros na doutrina e na jurisprudência, nenhuma taxa de urbanização é devida, devendo ser reivindicada a respectiva devolução. A mesma conclusão é extraível à luz da legislação posterior, a saber a Lei nº 53-E/2006, de 29 de Dezembro, pela qual se aprova o regime geral das taxas das autarquias locais, bem como o Regime Jurídico da Urbanização e Edificação, aprovado pelo Decreto-Lei nº 555/99 que revogou, entre outros, o Decreto-Lei nº 448/91.

Efectivamente, pelo primeiro dos diplomas citados, em especial o seu artigo 3º, diz-se claramente que *"as taxas das autarquias locais são tributos que assentam na prestação concreta de um serviço público local..."*. Como temos vindo a afirmar, não havendo serviço, não havendo contraprestação por parte do ente público, não poderá haver lugar à cobrança de taxa.

Tal princípio decorre ainda, como mencionámos, do Decreto-Lei nº 555/99, em particular no seu artigo 116º, que começa por referir que a emissão do alvará de licença e a admissão de comunicação prévia de loteamento estão sujeitos ao pagamento da TRIU, cabendo, nos termos do nº 5 do mencionado artigo, ao respectivo regulamento municipal, fundamentar o cálculo das taxas, tendo em conta o programa municipal de investimentos municipais na execução, manutenção e reforço das infra-

Revista de Finanças Públicas e Direito Fiscal

estruturas. Ora, não se encontrando previstas obras desse teor, não há fundamento jurídico para a cobrança da respectiva taxa.

Assim sendo, cobrando-se uma "taxa" por aquilo que não se presta, estaríamos, então, perante o estabelecimento de um imposto. Ocorre, porém, que a respectiva criação obedece aos requisitos apertados e descritos, hoje em dia, no artigo 103.º da CRP, ou seja, lei da Assembleia da República (ou Dec. Lei do Governo, nos temos do artigo 165.º n.º 2 da CRP). Esses elementos são os respeitantes à criação do próprio imposto, as normas de incidência, taxas, benefícios fiscais e garantias dos contribuintes, e os que, mais recentemente a Lei Geral Tributária acolheu, no seu artigo 8.º, sujeitando ao princípio da legalidade tributária para além destas matérias já objecto de expressa consagração constitucional, as relativas à liquidação e cobrança, incluindo os prazos de caducidade e prescrição e bem assim a regulamentação das figuras da substituição e responsabilidade tributárias, as obrigações acessórias, a definição das sanções fiscais sem natureza criminal e as regras de procedimento tributário.

Como se viu supra, nos casos em que as taxas assentam sobre prestações que mostram ter apenas força relativa ou até mesmo fraca, como sucede com a taxa de realização de infra-estruturas urbanísticas, em que esta fica a cargo dos particulares interessados, isto é, em que o aproveitamento das prestações autárquicas não se pode dizer seguro, mas apenas provável, ou inexistente, o TC considera e bem, a nosso ver, que o tributo em questão não pode ser qualificado como taxa, sujeita ao princípio da equivalência, mas como um imposto, naturalmente sujeito ao princípio da reserva de lei parlamentar, absoluta e formal. Efectivamente, é pacífico que só é de admitir que as autarquias lancem tributos como contrapartida de utilidades ou serviços, quando neles se descubra uma prestação concreta, ainda que futura, de que os sujeitos passivos sejam efectivos causadores ou beneficiários[20].

Ser futura não significa porém que a prestação seja difusa ou desconhecida do destinatário. Uma coisa não tem que ver com a outra. Efectivamente, a prestação pode ser futura mas deve ser concreta, no sentido de que o particular saiba e tome consciência, desde logo, do teor da pres-

---

[20] Neste sentido se pronuncia SÉRGIO VASQUES, *Regime das Taxas...*, obra citada, pág. 89.

tação (infra-estrutura) que será realizada, de que ele seja causador ou beneficiário. Ir mais longe será, do nosso ponto de vista, diluir por completo a distinção entre taxa e imposto, pelo que a presunção da realização da prestação pública deve reportar-se a uma realidade em concreto e não ser difusa, estar indeterminada e ser indeterminável.

Se assim fosse permitido, aproximar-se-ia o regime dos dois tributos, defraudando-se a reserva de lei parlamentar em vigor, com a consequente perda de garantias fundamentais e a descaracterização da ordem de valores demo-liberais que inspiram o nosso texto fundamental, vazados quer naquela reserva de lei e seus corolários lógicos da tipicidade e da determinação, quer nos princípios da legalidade, da igualdade, da boa-fé, da protecção da confiança e da segurança jurídica, enformadores da ideia de Estado de Direito democrático.

Mas mais: é um princípio geral do Direito, hoje consagrado na Lei Geral Tributária (LGT), no seu artigo 74.º, que no Direito Tributário o ónus da prova dos factos constitutivos da administração tributária ou do contribuinte impendem sobre quem os invoque. Trata-se aqui da manifestação plena do princípio do inquisitório, nos termos do qual compete à administração liquidadora dos tributos efectuar uma completa caracterização da realidade da vida sobre que pretende agir, em ordem a delimitar com precisão e clareza os seus específicos contornos, para só depois executar a tarefa de subsunção desses factos nas normas legais de incidência material de imposto, extraindo daí os correspondentes efeitos.

Como acentua Lima Guerreiro[21], é evidente que este princípio plasmado na LGT já decorre do Código Civil e do Código do Procedimento Administrativo, pelo que não podem tais princípios ser considerados inaplicáveis, por corresponderem a valores estruturantes que estavam já, de todo o modo, contidos nas normas enformadoras dessa relação.

Ora, o que se pretende demonstrar é tão somente isto: se num qualquer despacho autorizador de loteamento se diz que as infra-estruturas urbanísticas devem ser realizadas pelo promotor e não pela autarquia, face à lei e à impossibilidade expressamente consagrada nela de cobrar a referida taxa nessas circunstâncias, competiria ao município demonstrar que, ainda assim, por quaisquer razões, teria de as realizar ou reforçar.

---

[21] *Lei Geral Tributária Anotada*, Rei dos Livros, 2001, pág. 327.

Se isso não for demonstrado, não se prova a razão para liquidar e cobrar a referida taxa, o que hoje ressalta ainda com mais clareza do disposto no n.º 5 do artigo 116º do Dec. Lei n.º 555/99.

Em síntese, se faltar a fundamentação e não se verificar qualquer traço de contraprestação na relação entre o particular e a câmara, entendemos que a liquidação e cobrança de uma taxa de urbanização não obedece aos requisitos previstos na lei, pelo que a sua cobrança só poderia ocorrer tratando-se de um verdadeiro imposto e não a título de taxa, mas para tanto, o mesmo não poderia ver os seus elementos essenciais plasmados em regulamento municipal, mas antes em Lei da Assembleia da República ou decreto-lei precedido de autorização legislativa, o que manifestamente não aconteceu em inúmeros casos.

3.2. Quanto à taxa de compensação

O Decreto-Lei n.º 448/91, na redacção que lhe foi dada pelo Decreto--Lei n.º 334/95, mormente no artigo 32.º n.º 1, veio permitir a cobrança da taxa de realização de infra-estruturas urbanísticas e das taxas pela concessão de licenças nos moldes que anteriormente vimos. Porém, o preceito estabelece que, para além destas taxas e licenças, podem ainda ser cobradas as cedências, como a lei menciona, previstas no artigo 16.º deste diploma legal[22]. O artigo 3.º al. b) supra, dá-nos a definição de obras de urbanização, que são, desde logo, as relativas a arruamentos, redes de abastecimento de água, esgotos, electricidade e espaços verdes

---

[22] O citado preceito dispõe:

"1 – O proprietário e os demais titulares de direitos reais sobre o prédio a lotear cedem gratuitamente à câmara municipal as parcelas para espaços verdes públicos e de utilização colectiva, infra-estruturas, designadamente arruamentos viários e pedonais, que de acordo com a lei e a operação de loteamento devam integrar o domínio público.

(...)

4 – Se o prédio a lotear já estiver servido pelas infra-estruturas referidas na alínea b) do artigo 3º ou não se justificar a localização de qualquer equipamento público no dito prédio, não há lugar a cedências para esses fins, ficando, no entanto, o proprietário obrigado a pagar à câmara municipal uma compensação em numerário ou em espécie, nos termos definidos em regulamento aprovado pela assembleia municipal".

ou outros de utilização colectiva. A natureza das cedências e das respectivas compensações é diferente das taxas de urbanização ou das licenças.

Efectivamente, o que aqui está em causa é a cedência de espaços retirados à área a lotear e onde será possível construir os arruamentos, os espaços verdes e outros locais onde devam ser instaladas as redes de abastecimento público. Caso o prédio a lotear já esteja servido dessas infra-estruturas ou não se justificar a respectiva construção, estabelece então a lei que o proprietário indemnizará a autarquia, mediante uma compensação em dinheiro ou em espécie, em moldes definidos em regulamento municipal aprovado pela respectiva assembleia municipal. Diga-se, ainda, que a Portaria n.º 1182/92, de 22.12 veio definir os critérios para determinar quais as áreas que devam ser objecto de cedência.

A primeira observação é a de que por via de regra, os particulares são obrigados a ceder lotes de terreno destinados a arruamentos, zonas verdes e de lazer. Para além disso, dada a insuficiência da compensação em espécie (Portaria n.º 1182/92), são também obrigados a compensar em dinheiro a autarquia pela pretensa insuficiência da cedência em causa.

Pergunta-se, porém, porquê e à luz de que critérios são fixados tais valores para determinar o défice da cedência? Tal deveria resultar, como muito claramente se diz na lei, daquilo que o Regulamento Municipal estipulasse. O que é facto é que esses regulamentos frequentemente não prevêem tais critérios ordenadores do pagamento em espécie ou em dinheiro, pelo que, salvo melhor opinião, qualquer deliberação a exigir tal compensação enferma de nulidade[23].

De facto, estas compensações, a considerarem-se taxas, o que não é inteiramente líquido, como veremos, têm de se encontrar previstas em lei. Ora, em tese, elas encontram-se previstas, mas todos os elementos de incidência, determinação do valor da taxa e as isenções teriam também de estar previstas no Regulamento Municipal, pelo que sempre que estes sejam omissos quanto à compensação, ferem de nulidade as deliberações que materializem a cobrança da referida taxa.

Depois disso, o Dec. Lei n.º 555/99, de 16.12, na redacção em vigor, que lhe foi dada pela Lei n.º 60/2007, de 4 de Setembro, continuou a

---

[23] Esta cominação, que já vinha do artigo 1º n.º 4 da Lei de Finanças Locais n.º 1/87 e mantém-se na Lei 2/2007, de 15 de Janeiro, impondo a nulidade das deliberações que determinem o lançamento de taxas não previstas na lei.

estabelecer, no seu artigo 44.º, a obrigatoriedade de cedência gratuita de parcelas para implantação de espaços de interesse público, equipamentos públicos e de utilização colectiva. Actualmente, a articulação deste dever genérico com o que hoje se dispõe na Lei n.º 53-E/2006, de 29 de Dezembro, em especial nos seus artigos 3.º e 6.º, não permite concluir senão no sentido de que à cobrança desta taxa devem corresponder a utilidades prestadas aos particulares, nos termos especificados, pelo que, fora dessa prestação ou contrapartida parece não poder haver taxa.

Por outro lado, a figura das cedências e das compensações encontra-se bem mais escassamente tratada pela nossa doutrina e jurisprudência do que a taxa de infra-estruturas urbanísticas[24].

Dito por outras palavras, Casalta Nabais considera que nas cedências poder-se-à estar perante uma taxa, mas para tanto é necessário que haja também proporcionalidade entre o que se cede e o que se recebe em troca. Para além de ter de haver um sinalagma ou uma contraprestação, para que não se perca o referencial de caracterização da figura, deve poder razoavelmente estabelecer-se em concreto uma dada correspectividade de prestações.

Também comungamos deste ponto de vista, pelo que, a haver proporcionalidade, poder-se-ia entender que uma cedência física de espaços para certo tipo de infra-estruturas poderia ser justificável a título de taxa. Mas não já assim, a nosso ver, quando não haja que realizar qualquer infra-estrutura urbanística e se esteja a indemnizar o município por este não realizar tais infra-estruturas. Aqui, a compensação, salvo melhor opi-

---

[24] Casalta Nabais, no estudo já citado menciona, a páginas 55, o seguinte: *"Ora bem, o primeiro problema que aqui se coloca é o de saber qual a natureza jurídica de tais compensações, ou seja, trata-se de saber se estamos perante tributos unilaterais ou impostos ou perante tributos bilaterais ou taxas. Uma questão cuja resposta depende, está bem de ver, da resposta que dermos a esta outra pergunta: essas compensações visam atingir manifestações da capacidade contributiva do proprietário ou exigir contrapartidas pelas despesas urbanísticas realizadas pelo município? A nosso ver e em abstracto, parece-nos que tais compensações terão a mesma natureza da taxa de urbanização ou, para sermos mais exactos, da "taxa pela realização, manutenção e reforço de infra-estruturas urbanísticas", ou seja, a natureza de taxa. Todavia, como vimos relativamente à taxa por infra-estruturas urbanísticas, também no respeitante às compensações em análise é preciso ter presente que a solução terá de ser encontrada caso a caso através da realização do teste da proporcionalidade inerente à figura da taxa".*

nião, assume tipicamente a configuração de imposto, já que não há qualquer contrapartida prestada pela autarquia, não há réstia de sinalagma na situação em apreço.

Ora, parece ser esse o caso sempre que a compensação cobrada não tenha por base uma contrapartida concreta por parte ao ente público ou, sendo-o, ela não se contém dentro dos limites da proporcionalidade exigidos. Não se tratará nestes casos de uma taxa, como parece manifesto, mas de um verdadeiro imposto.

Porém, uma vez mais, podemos nos confrontar com uma questão de inconstitucionalidade na respectiva criação, se os elementos essenciais do imposto deveriam não houverem sido criados por lei, mas por mero regulamento municipal. Tudo isto são razões mais do que suficientes para justificar a ilegitimidade da cobrança da taxa de compensação sempre que esse referencial de sinalagma se haja perdido de vista ou não exista de todo.

4. Conclusões

As taxas estão sujeitas apenas para o seu regime geral a um pouco exigente princípio de reserva parlamentar e a sua medida assenta no *princípio da proporcionalidade*. O artigo 3.º do RGT acentua a natureza bilateral da taxa, exigindo como contrapartida prestações efectivamente aproveitadas pelo sujeito passivo, isto é, prestações certas que lhe possam ser individualmente imputadas.

Embora a contraprestação não tenha que ser realizada *no mesmo momento* do pagamento da taxa, tanto a doutrina como a abundante jurisprudência do TC entendem que, para além da inequívoca proporcionalidade, as taxas não podem perder o seu carácter de sinalagmaticidade. A contraprestação, podendo ser futura, deve ser determinada ou determinável e, para além disso, deve existir, pelo menos, uma presunção forte quanto à sua realização, isto é, uma convicção de que o particular que a suporta fará um aproveitamento da prestação pública que a taxa suporta.

Nas situações em que as taxas assentam sobre prestações que mostram ter força apenas relativa ou até mesmo fraca, como sucede sempre que o aproveitamento das prestações autárquicas não se possa considerar

Revista de Finanças Públicas e Direito Fiscal

seguro, mas apenas provável, ou até inexistente, o Tribunal Constitucional tem vindo a considerar e bem, que o encargo não pode ser qualificado como taxa, sujeita ao princípio da equivalência, mas como um imposto, sujeito ao princípio da reserva de lei parlamentar. Só é e admitir que as autarquias lancem tributos como contrapartida de utilidades, actividades ou serviços, quando neles se descubra uma prestação concreta, ainda que futura, de que os sujeitos passivos sejam efectivos causadores ou beneficiários.

Deve ser considerada ilegal a cobrança de uma taxa de infra-estruturas urbanísticas que haja sido suportada ou efectivamente paga pelos particulares promotores, nos casos em que eles mesmos suportem também a totalidade dessas infra-estruturas, por não existir contrapartida pública, presente ou futura possível. A taxa apresenta-se, nestes casos, como um tributo unilateral, cuja criação se deu por mero regulamento administrativo, que não é lei em sentido formal na acepção do artigo 112.º n.º 1, violando do mesmo modo a reserva de lei constitucional, nos termos do artigo 103.º n.º 2, ambos da CRP.

A aproximação do regime dos dois tributos não só defraudaria, quanto a nós, a reserva de lei parlamentar, como determinaria uma intolerável perda de garantias fundamentais e acarretaria a descaracterização da ordem de valores que inspiram a constituição política, exteriorizados na reserva de lei e nos valores da tipicidade e da determinação e nos princípios da legalidade, da igualdade, da boa-fé, da protecção da confiança e da segurança jurídica, enformadores da ideia de Estado de Direito democrático.

A taxa municipal de compensação revestirá a natureza de taxa, caso assuma um carácter de proporcionalidade entre aquilo que se exige ao promotor e aquilo que são as contrapartidas efectuadas pela autarquia. Porém, sempre que não haja qualquer contrapartida ao pagamento da taxa de compensação por parte da autarquia, deve concluir-se no sentido de que esta mais não visou do que o reforço do orçamento desta, pelo que a sua cobrança é manifestamente inconstitucional, por se tratar de um tributo unilateral, sem que haja lei habilitante.

É assim que, do nosso ponto de vista, a taxa de compensação, que se destine a permitir a obtenção a título gratuito de parcelas para a realização de determinadas infra-estruturas, terá a natureza de taxa, desde que haja proporcionalidade entre aquilo que a câmara exige e aquilo que é o custo da utilidade concedida. Se, porém, não houver essa proporcionalidade ou, no limite, não houver qualquer contrapartida, estaremos, a nosso ver, perante um imposto. As *taxas de compensação* e de *urbanização* têm a mesma natureza jurídica, mas ambas podem assumir a natureza de imposto se não respeitarem os princípios da proporcionalidade e da bilateralidade, sendo neste caso formal e organicamente inconstitucionais os regulamentos municipais ou os actos públicos que consagrem nestes moldes a respectiva liquidação e cobrança.

COMENTÁRIOS DE JURISPRUDÊNCIA

TJCE – CASO C-210/06
(CARTESIO OKTATÓ ÉS SZOLGÁLTATÓ BT) DE 16 DE DEZEMBRO DE 2008
O RETORNO À DOUTRINA *DAILY MAIL*?

Gustavo Lopes Courinha

I – A decisão do TJCE no caso *Cartesio* surpreenderia a comunidade académica e causídica não fosse o facto de surgir na linha de um elevado número de casos em que os Estados vêm obtendo, recorrentemente, ganho de causa naquela instância judicial.

Não é, em qualquer dos casos, uma decisão isenta de polémica, desde logo pela contrariedade evidente com a posição do Advogado-Geral Poiares Maduro. Para se compreender a decisão, é necessário recuarmos até ao caso *Daily Mail*.

II – No caso *Daily Mail*, uma sociedade britânica pretendia transferir a sua direcção efectiva (e apenas esta) para a Holanda, com o propósito fiscal expresso de proceder neste país à alienação de parte dos títulos que possuía e ao reinvestimento do respectivo produto em acções próprias, beneficiando do regime favorável de tributação ali vigente para o efeito; a administração fiscal inviabilizou essa pretensão com base numa norma fiscal de 1970, que exigia para tal efeito a obtenção de autorização administrativa prévia.

O Tribunal, após esclarecer que a proibição de restrições à liberdade de estabelecimento visava, identicamente, o Estado-Membro de acolhimento e o Estado-Membro da origem, concluiu que o facto de as pessoas colectivas serem "criaturas de Direito" implicaria que a solução se deveria encontrar exclusivamente nas legislações internas que enquadram a sua constituição (e que não se encontram harmonizadas).

III – As principais críticas de que aquele aresto foi sendo objecto devem ser aqui também brevemente recordadas.

Desde logo, sugeria-se que o Tribunal se encontrava predisposto na sua decisão em função da motivação fiscal da operação. E que não fosse esta, provavelmente, o sentido da decisão teria sido distinto.

Outro ponto de crítica derivava do facto de a legislação comercial britânica não impedir a transferência da direcção efectiva, decorrendo essa proscrição exclusivamente da legislação fiscal, o que parecia contrariar (ou retirar solidez) (a)o fundamento apresentado pelo Tribunal. Acrescia que o TJCE não retirava, aparentemente, consequências do facto de o Reino Unido não ter avançado com a celebração acordos internacionais que permitissem ultrapassar estas restrições (como sugere o artigo 293.º do Tratado CE).

Mas, mais importante ainda, a crítica ao *reasoning* do Tribunal pelo qual as pessoas jurídicas – enquanto dependentes da legislação à luz da qual foram constituídas – ficavam obrigadas a submeter-se às restrições de movimento que essa legislação lhes coloca, era especialmente vincada, falando-se quer de falta de neutralidade no tratamento dos agentes económicos (indivíduos e sociedades), quer de falta de protecção às sociedades daqui decorrentes.

Acresce que a evolução da jurisprudência do Tribunal nos casos *Centros, Überseering* e *Inspire Art* sobre Liberdade de Estabelecimento de sociedades parecia dar crédito a estas críticas, com o Tribunal a apresentar uma postura especialmente exigente para com os Estados. E neste sentido crítico, alegava o Advogado-Geral no presente caso *Cartesio* que: "*Several efforts were made – including by the Court itself – to distinguish Daily Mail and General Trust on the facts from Centros, Überseering and Inspire Art, by focusing on aspects such as primary as opposed to secondary establishment, and inbound versus outbound establishment. Not surprisingly, however, these efforts were never entirely convincing.*" (parágrafo 28 das Conclusões)

IV – O caso *Cartesio* é equivalente quanto aos factos, com a especialidade de o elemento de conexão a transferir ser a sede e já não a direcção efectiva.

O acórdão *Cartesio* é, em face das referidas críticas, muito corajoso, reafirmando expressamente a doutrina *Daily Mail*: "*um Estado-Membro dispõe da faculdade de definir não só o vínculo de dependência exigido a uma sociedade para que esta possa ser considerada constituída em conformidade com o seu direito nacional e susceptível, a esse título, de beneficiar do direito de estabelecimento como o vínculo de dependência exigido para manter essa mesma qualidade posteriormente. Tal faculdade engloba a possibilidade de esse Estado-Membro não permitir a uma sociedade constituída ao abrigo do seu direito nacional conservar essa qualidade quando decida reorganizar-se noutro Estado-Membro mediante a deslocação da sua sede para o território deste último, rompendo dessa forma o vínculo de dependência previsto pelo direito nacional do Estado-Membro de constituição."* (parágrafo 110)

Também a ausência de desenvolvimentos na harmonização comunitária e internacional neste ponto ao longo de mais de 20 anos (que medeiam entre o *Daily Mail* e o *Cartesio*) foi desconsiderada pelo Tribunal, que não julgou dever retirar daí diferentes consequências face às que já extraíra em 1987, e.g. sancionando a ausência de actividade com a elevação das exigências (parágrafos 114 a 117 e 120).

V – Manteve-se, pois, inteiramente válida no caso *Cartesio* a doutrina *Daily Mail*, com uma pequena *nuance*. No caso dos autos, a sociedade húngara pretendia alterar a sede sem se pretender submeter ao ordenamento jurídico do Estado de acolhimento/imigração (Itália). Era esta pretensão que não era permitida pela legislação húngara.

Diferentemente, para o Tribunal de Justiça das Comunidades, a restrição operada já não valeria para os casos em que a sociedade pretendesse não só transferir a sua sede e/ou direcção efectiva para outro Estado da União mas, simultaneamente, submeter-se ao ordenamento jurídico de um outro Estado-Membro da União Europeia, salvaguardadas que sejam razões excepcionais e imperativas de interesse geral. Ou seja, quando ocorresse movimentação acrescida de transformação societária a doutrina *Daily Mail* pareceria já não valer.

É esta leitura que se extrai dos parágrafos 111 a 113, com o Tribunal a distinguir o caso dos autos daquele outro de *"deslocação de uma sociedade de um Estado-Membro para outro com alteração do direito nacional aplicável, uma vez que a sociedade passa a revestir uma forma prevista no direito do Estado-Membro para o qual se desloca."* Nestes casos, fica protegida tal movimentação e transformação societária, vedando-se ao Estado de Constituição/Emigração a obrigação de dissolução e liquidação da dita sociedade, v.g. por meio de *exit taxes*: "[o raciocínio Daily Mail] *não pode, em particular, justificar que o Estado-Membro de constituição, ao impor a dissolução e a liquidação dessa sociedade, a impeça de se transformar numa sociedade de direito nacional do outro Estado-Membro, desde que este o permita*".

TRIBUNAL DE CONTAS – ACÓRDÃO N.º 06/2007

07.MAI.2007 – 1ªS/PL RECURSO ORDINÁRIO N.º 08/07

Nuno Cunha Rodrigues

Sumário:

1. Um organismo público que revista a natureza, forma e designação de empresa pública está excluído do âmbito de aplicação do Decreto-Lei n.º 197/99, de 8 de Junho, nos termos da alínea b) do artigo 2.º deste diploma.

2. A exclusão não é absoluta. Quando uma empresa pública não tiver natureza empresarial, nos termos e para os fins previsto no art. 3.º do mesmo diploma, verificados os demais requisitos aí previstos, ela fica sujeita às disposições do Capítulo XIII, cujo objectivo é corresponder dar execução à legislação comunitária em matéria de concursos e contratação pública na aquisição de bens e serviços.

3. O segmento *"pessoas colectivas sem natureza empresarial"* constante do referido artigo 3.º deve ser interpretado à luz da legislação comunitária que sujeita os *"organismos de direito público sem carácter industrial ou comercial"* à disciplina do concurso e da contratação pública, nomeadamente, nas aquisições de bens e serviços.

4. Para se estabelecer se uma entidade tem ou não natureza empresarial (ou carácter industrial ou comercial) devem examinar-se os elementos de facto e de direito atinentes à criação do organismo e às condições em que o mesmo exerce a sua actividade, nomeadamente, se esta é desenvolvida ou não em regime de concorrência, se a oferta de bens e serviços se processa ou não em condições normais de mercado, se prevalece o fim lucrativo ou a prestação de serviços de interesse geral, se há ou não a assunção dos riscos associados à actividade, se esta é ou não objecto de financiamento público e se são restritos ou amplos os poderes de autoridade que lhe são reconhecidos.

5. Quando em razão da natureza dos serviços a adquirir e do respectivo valor, acima dos limiares comunitários, seja obrigatório concurso público, ao abrigo dos referidos artigo 3.º e Capítulo XIII do Decreto-Lei n.º 197/99, a preterição de concurso, é geradora de nulidade, nos termos do artigos 133.º, n.º 1 e 185.º do Código do Procedimento Administrativo, e é de sancionar com recusa do visto, segundo o artigo 44.º, n.º 3, alínea a), da Lei n.º 98/97, de 26 de Agosto.

Revista de Finanças Públicas e Direito Fiscal

O acórdão que se sumaria foi proferido em Maio de 2007, o que implica algum desfasamento com a data de publicação deste número desta revista.

No entanto, revela-se de particular significado face à entrada em vigor do Código dos Contratos Públicos, aprovado pelo Decreto-Lei n.º 18/2008, de 29 de Janeiro, e do regime jurídico do sector empresarial das autarquias locais – aprovado pela Lei n.º 53-F/2006, de 29 de Dezembro.

Trata-se de um aresto que, no âmbito de um pedido de fiscalização prévia, define o conceito de *"pessoas colectivas sem natureza empresarial"* para efeitos da aplicação das regras sobre contratação pública, no regime anterior à aprovação do Código dos Contratos Públicos – Decreto-Lei n.º 197/99, de 8 de Junho.

Face à emergência de um amplo sector empresarial local (decorrência da Lei n.º 58/98, de 18 de Agosto que o novo regime jurídico aprovado em finais de 2006 tentou, de alguma forma, limitar, reconduzindo-o à finalidade originária das empresas municipais), verificou-se uma crescente actividade do Tribunal de Contas relativamente a este tipo de entidades, nomeadamente através do instituto da fiscalização prévia.

Inverteu-se assim uma tendência que parecia irreversível, ao reforçar-se a fiscalização da actuação de empresas públicas e de empresas municipais no âmbito da contratação pública, evitando-se, desta forma, fenómenos perversos de *fuga para o direito privado.*

O Tribunal de Contas, nos termos do artigo 46.º, n.º 1, alínea b) da Lei de Organização e Funcionamento do Tribunal de Contas – Lei n.º 98/97, de 26 de Agosto - dispõe de compctência para, em sede de fiscalização prévia, verificar os contratos de obras públicas, aquisição de bens e serviços, bem como outras aquisições patrimoniais que impliquem despesa nos termos do artigo 48.º, quando reduzidos a escrito por força da lei.

Por seu turno, o artigo 44.º, n.º 3, alínea c) determina que constitui fundamento de recusa de visto ilegalidade que possa alterar ou modificar o respectivo resultado financeiro.

É neste contexto que o Tribunal de Contas, ao apreciar contratos abrangidos pelo disposto no artigo 46.º, n.º 1, alínea b), examina o processo de adjudicação de harmonia, no passado, com o Decreto-Lei n.º 197/99, de 8 de Junho, e, actualmente, com referência ao Código dos

Contratos Públicos, procurando averiguar se a entidade em causa está (ou não) abrangida pelo âmbito subjectivo de aplicação.

Desta equação emergem questões controvertidas que o Tribunal de Contas, no acórdão em análise, procura resolver e que, em nosso entender, e no que se refere ao âmbito subjectivo de aplicação, persistem à luz do Código dos Contratos Públicos.

Importa, para compreender a questão essencial, recordar o disposto no artigo 3.º, n.º 1 do Decreto-Lei n.º 197/99, de 8 de Junho, e o previsto no artigo 2.º, n.º 2 do Código dos Contratos Públicos:

ARTIGO 3.º
Extensão do âmbito de aplicação pessoal

1 – Ficam sujeitas às disposições do capítulo XIII do presente diploma as pessoas colectivas sem natureza empresarial que, cumulativamente, sejam: (sublinhado nosso)

a) Criadas com o objectivo específico de satisfazer necessidades de interesse geral;

b) Financiadas maioritariamente pelas entidades referidas no artigo anterior ou sujeitas ao seu controlo de gestão ou tenham um órgão de administração, direcção ou fiscalização cujos membros sejam em mais de 50% designados por aquelas entidades.

ARTIGO 2.º

2 — São também entidades adjudicantes:

a) Quaisquer pessoas colectivas que, independentemente da sua natureza pública ou privada:

i) Tenham sido criadas especificamente para satisfazer necessidades de interesse geral, sem carácter industrial ou comercial; e (sublinhado nosso)

ii) Sejam maioritariamente financiadas pelas entidades referidas no número anterior, estejam sujeitas ao seu controlo de gestão ou tenham um órgão de administração, de direcção ou de fiscalização cuja maioria dos titulares seja, directa ou indirectamente, designada por aquelas entidades;

Revista de Finanças Públicas e Direito Fiscal

O problema reside na densificação do conceito de entidade adjudicante que se exprime pela qualificação do seu carácter industrial ou comercial.

Trata-se de um tema analisado pela doutrina[1], no seguimento de jurisprudência do Tribunal de Justiça das Comunidades Europeias.

O TJCE decidiu, no acórdão *Mannesmann,* que "um organismo de direito público é um organismo criado para satisfazer especificamente necessidades de interesse geral sem carácter industrial ou comercial, dotado de personalidade jurídica e estreitamente dependente do Estado, das autarquias locais" resultando desta definição que "as três condições (…) são cumulativas".[2] (sublinhado nosso).

Retomando a jurisprudência *Mannesmann,* o acórdão *sub judice* exige, a propósito da qualificação de uma empresa pública para efeitos do disposto no artigo 3.º, n.º 1 do Decreto-Lei n.º 197/99, os seguintes requisitos:

a) Seja uma pessoa colectiva sem natureza empresarial;

b) Haja sido criada com o objectivo específico de satisfazer necessidades de interesse geral;

c) Seja maioritariamente financiada pelas entidades referidas no artigo 2.º ou sujeita ao seu controlo de gestão ou os membros do seu órgão de administração ou fiscalização sejam em mais de 50% designados por aquelas entidades;

O terceiro requisito (referido na alínea c)) é facilmente verificável.

A incerteza situa-se na apreciação das alíneas a) e b).

Comecemos pela interpretação da primeira alínea – a detecção da natureza empresarial de uma dada entidade.

---

[1] Cfr., *inter alia,* Cláudia Viana, *Contratação Pública e empresas públicas: direito nacional e direito comunitário,* in Cadernos de Justiça Administrativa, n.º 52, Julho/Agosto 2005, pp. 20 e segs., Cláudia Viana, *Os princípios comunitários na contratação pública,* Coimbra Editora, Coimbra, 2006, pp. 421 e segs., João Amaral E Almeida, *Os organismos de direito público e o respectivo regime de contratação: um caso de levantamento de véu,* in Estudos em homenagem ao Professor Doutor Marcello Caetano, FDL, Lisboa, Coimbra Editora, 2006, pp. 646 e segs.

[2] Cfr. ac. *Mannesmann,* de 15 de Janeiro de 1998, proc. C-44/96, *Colectânea,* 1998, p. I-0073.

Comentários de Jurisprudência

Como recorda o acórdão em epígrafe, a jurisprudência comunitária tem entendido que, para determinar a natureza empresarial (ou o carácter industrial ou comercial) de uma entidade, devem examinar-se todos os elementos de facto e de direito atinentes à criação do organismo e às condições em que o mesmo exerce a sua actividade, nomeadamente:

a) Se a desenvolve ou não em regime de concorrência desenvolvida;
b) Se a oferta de bens e serviços se processa ou não em condições normais de mercado;
c) Se prevalece o fim lucrativo ou a boa prestação de serviços de interesse geral;
d) Se há ou não a assunção dos riscos associados à actividade;
e) Se esta é ou não objecto de financiamento público ou;
f) Se são restritos ou amplos os poderes de autoridade concedidos.

No caso em apreço, o Tribunal de Contas considerou que a entidade – Saudaçor – não tinha natureza empresarial, uma vez que tinha sido concebida como instrumento gestionário tendo em vista o bom funcionamento do Serviço Regional de Saúde da Região Autónoma dos Açores sendo, por isso, fiscalizada e tutelada ao mais alto nível pelo Governo Regional.

O Tribunal de Contas procedeu a um exaustivo levantamento das questões suscitadas pelas directivas comunitárias e pelo direito nacional da contratação pública em torno da qualificação da entidade adjudicante, particularmente as que envolvem estruturas empresariais públicas.

Apesar disso, a subsunção jurídica dos factos revela-se, em nosso entender, precária.

O Tribunal de Contas considerou, *verbi gratia,* que os "amplos poderes de autoridade detidos"; a "falta de concorrência no que é a sua actividade principal" ou a busca de "objectivos prioritários como a boa prestação do serviço de interesse geral e a busca de equilíbrio económico que não propriamente o lucro" militam no sentido de afastar a natureza comercial da entidade em causa.

Este enunciado deveria ter sido, a nosso ver, ampliado para que se pudesse apurar da natureza comercial ou industrial de uma dada entidade.

Com efeito, ficou por determinar a que "amplos poderes de autoridade" o Tribunal se refere.

Como é conhecido, as entidades privadas podem ter amplos poderes de autoridade sem que tal circunstância afaste a respectiva natureza comercial ou industrial.[3]

Acresce que a boa prestação do serviço de interesse geral não é, necessariamente, conflituante com a busca do lucro nem este deve estar totalmente arredado da boa gestão pública, ao contrário do que afirma o Tribunal de Contas.

É conhecida jurisprudência do TJCE proferida a propósito de serviços económicos de interesse geral (SIEG`S) que, partindo do acórdão Altmark e do vulgarmente chamado "pacote Altmark" (ou "pacote SIEG"), pondera que a prestação de SIEG`s – cuja definição está cometida aos Estados-membros – pode envolver a obtenção de um "lucro razoável" ou a expectativa da sua obtenção a qual, acrescentamos nós, deve estar presente enquanto objectivo da gestão pública, ainda que, em alguns casos, não seja alcançada.

Em todo o caso, o acórdão revela-se essencial para a correcta interpretação do âmbito subjectivo de aplicação do Código dos Contratos Públicos e para a compreensão da jurisprudência do Tribunal de Contas – que parece atender à apreciação casuística dos contratos submetidos a visto prévio –, sendo certo que os conceitos jurídicos indeterminados utilizados no artigo 3.º, n.º 2 do CCP implicam que a sua densificação seja efectuada de uma forma rigorosa e cuidada e não atenda apenas ao contrato *in casu* mas à realidade da entidade em causa globalmente considerada.

Ressalve-se que a não sujeição de uma empresa municipal ao Código dos Contratos Públicos não afasta a aplicação à formação dos contratos, por essas entidades, dos princípios gerais da actividade administrativa, o que sempre salvaguarda a intervenção fiscalizadora do Tribunal de Contas, mesmo que não esteja em causa a aplicação do Código dos Contratos Públicos.

---

[3] A este propósito, cfr. PEDRO GONÇALVES, *Entidades privadas com poderes públicos,* Almedina, Coimbra, 2007.

COMPENSAÇÃO DE CRÉDITOS

ANOTAÇÃO AO ACÓRDÃO DO SUPREMO TRIBUNAL ADMINISTRATIVO,
2.ª SECÇÃO, DE 7 DE JANEIRO DE 2009, PROCESSO N.º 0694/08.

Rogério M. Fernandes Ferreira

O acórdão em anotação é relatado pelo Conselheiro Brandão de Brito e surge na sequência dos outros recentes acórdãos do mesmo Supremo Tribunal, n.ºs 0133/08, de 23 de Abril, 0356/08, de 21 de Maio, 0464/08, de 25 de Junho, e 0997/08 de 17 de Dezembro. E também na sequência do acórdão da 2.ª Secção do Tribunal Constitucional, n.º 575/09, de 7 de Outubro, onde, ao contrário do que parecia resultar do anterior n.º 386/05, de 13 de Julho, em que foi relator também o Conselheiro Benjamim Rodrigues, se sustentou não ser desconforme com a Constituição, nem com o anterior acórdão do Tribunal Constitucional, perante a actuação da Administração - ao proceder à compensação em momento anterior ao termo do prazo de que a reclamante dispunha para reclamar ou impugnar e numa altura em que ainda não se mostrava inviabilizada a prestação de uma garantia idónea – não ser conforme com a lei é a que melhor se adequa à interpretação do preceito ao abrigo do qual a compensação foi efectuada, isto é, do artigo 89.º do CPPT. Todos, portanto, relativos à mesma questão em epígrafe: a compensação de créditos em processo de execução fiscal.

No caso em análise, a compensação do crédito (fiscal) foi efectuada pela Administração tributária em momento *posterior* ao da instauração do processo executivo, mas em momento anterior ao da citação. Entendeu o Supremo, com o Conselheiro Lopes de Sousa, que a proibição de efectuar tal compensação, se pender reclamação graciosa, impugnação judicial, recurso judicial ou oposição à execução da dívida exequenda, exprime uma *intenção legislativa* de a compensação só se dever efectuar relativamente a *dívidas sobre as quais não haja controvérsia,* estando ínsito, no n.º 1 do artigo 89.º do CPPT, que a compensação não pode ser declarada *enquanto não decorrerem os prazos legais de impugnação contenciosa ou admnistrativa,* sendo indamissivel uma compensação forçada *sem que sejam concedidas ao afectado por ela todas as garantias de defesa que são concedidas à generalidade dos executados.* Isto porque interpretação contrária redundaria numa diminuição *irrazoável* e *desproporcionada* dos meios de defesa e impugnatórios, podendo ocasionar graves problemas de liquidez e comprometer a sobrevivência económica do contribuinte, ficando o executado *impedido* de se opor à execução, mesmo com fundamento na prescrição ou em qualquer outro item concretizador da inexigibilidade da dívida. E assim concluindo que *a pendência do prazo de impugnação, como da oposição, obsta à compensação prevista no artigo 89.º do CPPT, sendo plenamente de equiparar à pendência dos preditos meiso processuais.*

O problema surge recentemente, por causa de novos mecanismos e procedimentos informáticos para a cobrança de dividas tributárias, sem quase intervenção humana, e por intermédio dos quais de forma célere e automatica são, simultaneamente, detectados os créditos de natureza tributária a favor de determinado conribuinte e as suas dívidas perante a Administração tributária. O problema surge, pois, naturalmente, e a partir do momento em que a Admnistração tributária pode, como hoje sucede, com muita facilidade, proceder a tais compensações de créditos, mesmo na pendência do período em que o executado ainda não tomou conhecimento da execução, ou está ainda a preparar a sua defesa, contra a liquidação ou contra a inexigibilidade da dívida exequenda. E, seguramente, o legislador, nem em 1991, nem em 1999, aquando da aprovação do Código de Processo Tributário e do Código de Procedimento e de Procedimento e de Processo Tributário, previu que o próprio sistema informático hoje o permitisse, nesse âmbito e com essa inusitada rapidez e eficiência, pois, ao tempo, mediava, muitas vezes, mais de entre seis meses a um ou, mesmo, dois anos, para a instauração da execução fiscal e a consequente citação, findo o prazo de pagamento voluntário.

A compensação pode ser efectuada por iniciativa da Administração tributária, ou do próprio contribuinte. Se é efectuada por iniciativa do contribuinte, por exemplo, requerendo que o reembolso de IRS de um determinado ano seja utilizado para o pagamento de uma outra dívida de imposto, não se mostrará necessária, já, a fase executiva. Estando em

Comentários de Jurisprudência

causa o exercício de uma opção por parte de um contribuinte, que prefere tal "acerto de contas", não há também aqui prejuízo dos particulares que urja acautelar. Pelo contrário, se a compensação do crédito fiscal é promovida por iniciativa da Admnistração tributária, a resposta será distinta, pois, nesta situação, importará salvaguardar direitos e interesses legítimos dos particulares.

A impossibilidade desta compensação de créditos fiscais ser efectuada em momento anterior ao da instauração do processo executivo parece estar vedada por lei, que se refere, expressamente, aos créditos do "executado". Ora, o contribuinte só pode vir a assumir essa qualidade após a instauração do processo em causa. E permitir o contrário, isto é, que a Administração tributária possa, por sua iniciativa e sem ser no âmbito sequer de regras de natureza cautelar, promover a compensação de créditos em momento anterior ao da instauração do processo de execução fiscal, seria admitir a privação coerciva de um direito sem a possibilidade de o visado utilizar os meios de defesa que a própria lei coloca à sua disposição em processo de execução fiscal. Mas mesmo esta questão, era duvidosa, perante a letra da lei, se atentarmos que esta dispõe que a compensação é efectuada através da emissão de título de crédito destinado a ser aplicado no pagamento da dívida exeuqenda e do acrescido, no caso de já estar instaurado processo de execução fiscal, o que, *a contario*, parecia poder significar que tal seria possível mesmo antes dessa instauração. E a questão é que, na senda daquele primeiro acórdão do Tribunal Constitucional, a Administração tributária e alguma jurisprudência tem entendido ser possível a compensação desde o momento em que a dívida se torna exigível, isto é, logo após a data-limite para o pagamento voluntário. O que, sendo afastado pelo acórdão em anotação, ainda assim, teria muita utilidade uma intervenção legislativa definitivamente esclarecedora.

Tal como na questão de saber se a compensação de créditos, por iniciativa da Admnistração tributária, pode ser concretizada em momento posterior ao da instauração do processo de execução fiscal, mas em momento anterior ao da citação - que é, aliás, aquela que está em análise no acórdão em epígrafe -, a qual pressupõe que, não obstante o processo de execução fiscal estar já formalmente instaurado (instauração esta que é acto interno do serviço de execução fiscal), dele não tem ainda o conribuinte conhecimento autónomo, por ainda não ter sido chamado (citado)

Revista de Finanças Públicas e Direito Fiscal

ao processo em causa. Pareceria curial que se concluísse, uma vez que, em substância, a situação não difere da anteriormente descrita (pois apenas se acrescenta um acto interno de instauração, que não foi ainda levado ao conhecimento do contribuinte visado), que a Administração tributária também não poderia promover a compensação de créditos após a citação do executado; ou seja, após avisar o contribuinte da existência de um processo executivo contra si anterirmente instaurado e da possibilidade legal, entre o mais, se necessário, da penhora de bens do seu património para pagamento das dívidas fiscais. O certo, porém, é que apesar de encontramos vozes autorizadas no sentido de à estar vedada a compensação antes da citação - como agora nos confirma também este acórdão em análise -, a Administração tributária tem promovido a compensação de créditos em momento posterior ao da instauração do pocesso de execução fiscal, mas anterior ao da citação do contribuinte para esse mesmo processo; e alguns tribunais validaram esse procedimento, o que mais ainda justifica este acórdão em anotação. Com efeito, encontramos jurisprudência no sentido de que o contribuinte sabe, a partir do momento em que foi ultrapassado o prazo-limite para o pagamento voluntário (geralmente de trinta dias e constante das notas de cobrança), que se constituiu em mora prante a Fazenda Pública, pelo que, conquanto já esteja instaurado o competente processo de execução fiscal, a Admnistração poderia, legitima e legalmente, fazer-se pagar por comepnsação de créditos.

Todos estes procedimentos relatados suscitavam dúvidas, mas também problemas muito sérios. Imagine-se que a Admnistração tributária instaura, indevida e ilegamente, um processo de execução fiscal e que não citou o contribuinte visado, ou mesmo que o citou apenas "formalmente", socorrendo-se dos mecanismos que a lei põe ao seu dispor para o efeito, e que, paralelamente, apura um rembolso de IRS, de valor suficiente para integral liquidação da dívida e do acrescido e que este é de imediato (informaticamente) aplicado no pagamento, por compensação. Neste caso, o processo de execução fiscal é extinto e arquivado, antes mesmo de o contribuinte dele tomar conhecimento e/ou de poder exercer os seus direitos de defesa, além de poder deixar sem objecto uma eventual oposição judicial à execução fiscal, o que não será admissível, como se sustenta no acórdão em anotação. Mas, mesmo que seja instaurado o processo executivo e o contribuinte seja citado não é possível avançar com a compensação antes de esgotados os prazos de defesa do contribuinte executadoÈ que, por maioria de razão, e de acordo com entendimentos anteriores já acima referidos, a compensação de créditos, se podia ser efectuada antes da citação do contribuinte, por iniciativa da Administração tributária, então também poderia ser feita antes de esgotados os prazos de defesa, porque necessariamente posteriores.

É contra estes entendimentos que avança agora o Supremo, em sentido já uniforme e constante, ultrapassando dúvidas anteriores motivadas pelo primeiro dos referidos acórdãos do Tribunal Constitucional, assim sustentando, com o Conselheiro Lopes de Sousa, que a compensação se torna possível, apenas, quando já não subsista controvérsia, ou seja, por, decorridos os respectivos prazos, as dívidas não terem sido contestadas, admnistrativa ou judicialmente. Sob pena, no limite, de deixarmos nas mãos da Administração tributária a possibilidade de cobrança de dívidas inexigiveis, desprovendo o contribuinte dos meios de defesa mais adequados. Assim o legislador também o esclareça, como devia agora, substituindo a Admnistração tributária também os seus procedimentos e tal compensação – pela qual se paga - pela mera penhora de créditos, nos termos da lei.

SÍNTESE DOS PRINCIPAIS ACÓRDÃOS DO TRIBUNAL
DE JUSTIÇA DAS COMUNIDADES EM MATÉRIA FISCAL
PROFERIDOS DESDE DEZEMBRO DE 2008

IMPOSTO SOBRE O VALOR ACRESCENTANDO

1.1. Acórdão do TJCE (Segunda Secção) 15 de Janeiro de 2009, Processo C-502/07

IVA – Irregularidades na declaração do sujeito passivo – Imposto adicional – Interpretação do artigo 2.°, primeiro e segundo parágrafos, da Primeira Directiva IVA e de diversos artigos da Sexta Directiva.

Esteve em análise uma disposição da legislação grega do IVA, de acordo da qual se determina que "Caso se apure que o sujeito passivo indicou, na declaração fiscal entregue, um montante de diferencial de imposto a reembolsar ou de imposto dedutível a reembolsar superior àquele a que tem direito, o chefe da repartição de finanças ou a autoridade de fiscalização tributária determinará o montante correcto a reembolsar e fixará uma obrigação fiscal adicional no montante de 30% do valor em excesso"(artigo 109.°, n.ºs 5 e 6, da Lei relativa ao imposto sobre os bens e serviços (ustawa o podatku od towarów i usług), de 11 de Março de 2004)..

O TJCE concluiu que o sistema comum do imposto sobre o valor acrescentado não se opõe a que um Estado membro preveja na sua legislação uma sanção administrativa susceptível de ser aplicada aos sujeitos passivos do imposto sobre o valor acrescentado, como a «obrigação fiscal adicional» prevista na referida legislação Conclui ainda que disposições como esta não constituem «medidas especiais derrogatórias» para evitar certas fraudes ou evasões fiscais, na acepção do artigo 27.°, n.°1, da Sexta Directiva, conforme alterada. Por outro lado, conclui que o artigo 33.° da Sexta Directiva, conforme alterada, não obsta a que se mantenham disposições como as constantes da referida regra.

1.2. Acórdão do TJCE (Quarta Secção), de 22 de Dezembro de 2008, Processo C-414/07

Sexta Directiva IVA – Artigo 17.°, n.°s 2 e 6 – Legislação nacional – Dedução do IVA que onerou a compra de combustível destinado a certos veículos independentemente da utilização a que se destinam – Restrição efectiva do direito a dedução – Exclusões previstas pela legislação nacional quando da entrada em vigor da directiva.

O artigo 17.°, n.° 6, segundo parágrafo, da Sexta Directiva, opõe-se a que um Estado membro revogue integralmente, quando da transposição dessa directiva para direito interno, as disposições nacionais relativas às limitações do direito a dedução do imposto sobre o valor acrescentado pago a montante e que onerava as compras de combustível destinado a veículos utilizados para efeitos de uma actividade sujeita a imposto, substituindo-as, na data de entrada em vigor dessa directiva no seu território, por disposições que definem novos critérios na matéria, se – o que cabe ao órgão jurisdicional de reenvio apreciar – estas disposições alargarem o âmbito de aplicação dessas limitações. De qualquer modo, opõe-se a que um Estado membro modifique posteriormente a sua legislação que entrou em vigor na referida data, de forma a ampliar o âmbito de aplicação dessas limitações por referência à situação existente anteriormente a essa data.

1.3. Acórdão do TJCE (Oitava Secção) de 18 de Dezembro de 2008, Processo C-488/07

Sexta Directiva IVA – Dedução do imposto pago a montante – Bens e serviços utilizados simultaneamente em operações tributáveis e em operações isentas – Dedução pro rata – Cálculo – Métodos previstos no artigo 17.°, n.°5, terceiro parágrafo – Obrigação de aplicar a regra de arredondamento do artigo 19.°, n.°1, segundo travessão.

Os Estados membros não são obrigados a aplicar a regra de arredondamento prevista no artigo 19.°, n.° 1, segundo travessão, da Sexta Directiva, quando o *pro rata* do direito à dedução do imposto

Comentários de Jurisprudência

a montante é calculado segundo um dos métodos especiais do artigo 17.º, n.º 5, terceiro parágrafo, alíneas a), b), c) ou d), desta directiva.

1.4. Acórdão do TJCE (Terceira Secção) de 11 de Dezembro de 2008, Processo C-407/07

Sexta Directiva IVA – Artigo 13.º, A, n.º 1, alínea f) – Isenções – Requisitos – Prestações de serviços efectuadas por agrupamentos autónomos – Serviços prestados a um ou a vários membros do agrupamento.

O artigo 13.º, A, n.º 1, alínea f), da Sexta Directiva, deve ser interpretado no sentido de que, desde que estejam preenchidos os outros requisitos impostos por esta disposição, as prestações de serviços fornecidas aos seus membros por agrupamentos autónomos beneficiam da isenção prevista na referida disposição, mesmo quando estas prestações sejam fornecidas a um único ou a alguns dos referidos membros.

1.5. Acórdão do TJCE (Quarta Secção) de 11 de Dezembro de 2008, Processo C-371/07

Sexta Directiva IVA – Artigo 6.º, n.º 2 – Prestações de serviços gratuitas efectuadas pelo sujeito passivo para fins estranhos à sua empresa – Direito à dedução do IVA – Artigo 17.º, n.º 6, segundo parágrafo – Faculdade de os Estados membros manterem as exclusões do direito à dedução previstas pela sua legislação nacional no momento da entrada em vigor da Sexta Directiva.

O artigo 17.º, n.º 6, segundo parágrafo, da Sexta Directiva, deve ser interpretado no sentido de que se opõe a que um Estado membro aplique, posteriormente à entrada em vigor desta directiva, uma exclusão do direito à dedução do imposto sobre o valor acrescentado a montante que onera as despesas relativas às refeições fornecidas gratuitamente pelas empresas, nas suas cantinas, a pessoas das suas relações comerciais e ao pessoal por ocasião de reuniões de trabalho, quando no momento dessa entrada em vigor esta exclusão não era efectivamente aplicável às referidas despesas, em razão de uma prática administrativa que tributava as prestações fornecidas por essas cantinas pelo seu preço de custo calculado com base nos custos de produção, isto é, no preço das matérias-primas e nos custos salariais relativos à confecção e venda desses alimentos e bebidas bem como à administração das cantinas, em contrapartida do direito à dedução total do imposto sobre o valor acrescentado pago a montante.

O artigo 6.°, n.° 2, da Sexta Directiva, deve ser interpretado no sentido de que esta disposição, por um lado, não visa o fornecimento gratuito de refeições pelas empresas, nas suas cantinas, a pessoas das suas relações comerciais por ocasião de reuniões que se realizam nas instalações dessas empresas, quando resulte de dados objectivos – que cabe ao órgão jurisdicional de reenvio verificar – que essas refeições são fornecidas para fins estritamente profissionais. Por outro lado, a referida disposição visa, em princípio, o fornecimento gratuito de refeições por uma empresa ao seu pessoal nas suas instalações, a menos que – o que cabe também ao órgão jurisdicional de reenvio verificar – as exigências da empresa, como a de garantir a continuidade e o bom ritmo das reuniões de trabalho, imponham que o fornecimento das refeições seja assegurado pela entidade patronal.

1.6. Acórdão do TJCE (Quinta Secção) de 11 de Dezembro de 2008, Processo C-174/07

Incumprimento de Estado – Artigo 10.° CE – Directiva 2006/112/ CE – Sexta Directiva IVA – Obrigações em regime interno – Fiscalização das operações tributáveis – Amnistia

Ao alargar, através do artigo 2.°, n.° 44, da Lei n.° 350, relativa às disposições para a preparação do orçamento anual e plurianual do Estado (lei de finanças para 2004) [legge n.° 350, disposizioni per la formazione del bilancio annuale e pluriennale dello Stato (legge finanziaria 2004], de 24 de Dezembro de 2003, ao ano 2002 a amnistia fiscal prevista nos artigos 8.° e 9.° da Lei n.° 289, relativa às disposições para a preparação do orçamento anual e plurianual do Estado (lei de finanças para 2003)

255

Comentários de Jurisprudência

[legge n.° 289, disposizioni per la formazione del bilancio annuale e pluriennale dello Stato (legge finanziaria 2003)], de 27 de Dezembro de 2002, e ao prever, por conseguinte, uma renúncia geral e indiferenciada à verificação das operações tributáveis efectuadas no curso do período de tributação relativo ao ano de 2002, a República Italiana não cumpriu as obrigações que lhe incumbem por força das disposições dos artigos 2.°, n.° 1, alíneas a), c) e d), e 193.° a 273.° da Directiva 2006/112/CE do Conselho, de 28 de Novembro de 2006, relativa ao sistema comum do imposto sobre o valor acrescentado, que substituíram, a partir de 1 de Janeiro de 2007, os artigos 2.° e 22.° da Sexta Directiva

CLOTILDE PALMA

Caso C-418/07 (Pappilon) de 27 de Novembro de 2008 – A legislação francesa impede a consolidação fiscal entre sociedades residentes em França se alguma(s) delas forem detidas por meio de filiais não residentes em França, ainda que residindo na União Europeia. O Tribunal de Justiça considera tal normativo contrário à Liberdade de Estabelecimento e injustificado em atenção ao princípio da coerência fiscal, porque desproporcionado em atenção ao objectivo de, em especial, impedir a dupla dedução de perdas e prejuízos.

Caso C-210/06 (Cartesio) de 16 de Dezembro de 2008 – Cfr. a nossa anotação no presente número desta Revista.

Caso C-282/07 (Truck Center, SA) de 22 de Dezembro de 2008 – O regime belga tributa em termos liberatórios os não residentes que aufiram juros no seu território, contrariamente ao que sucede com as sociedades aí residentes. O Tribunal considerou estas distinções apriorísticas de tributação inteiramente conformes com a Livre Circulação de Capital, posto que residentes e não residentes não se encontram em idêntica situação no que respeita aos mecanismos de liquidação e pagamento do imposto.

Caso C-48/07 (Les Vergers du Vieux Tauves SA) de 22 de Dezembro de 2008 – Os titulares de um usufruto sobre participações sociais não estão abrangidos pelo regime da Directiva Mães-Filhas, uma vez que, segundo o Tribunal, apenas uma única entidade pode beneficiar, no caso, do regime de eliminação da dupla tributação económica e jurídica que aquela Directiva prescreve. Essa entidade será apenas o proprietário das participações sociais e não o usufrutuário. Fica por saber se, nestes casos, o nu-proprietário (que não tem o direito de fruir os dividendos) pode alegar quaisquer direitos, ou se nenhum dos intervenientes nestas estruturas pode beneficiar da Directiva.

GUSTAVO LOPES COURINHA

SÍNTESE DE ACÓRDÃOS DO TRIBUNAL CONSTITUCIONAL (1.º TRIMESTRE DE 2009)

ACÓRDÃO N.º 23/2009

Decide não julgar inconstitucional a norma resultante da aplicação conjugada da alínea b) do n.º 4 do artigo 105.º do RGIT, na redacção introduzida pela Lei n.º 53-A/2006, de 26 de Dezembro, e do n.º 4 do artigo 2.º do Código Penal, quando interpretados: (a) Com o sentido de permitir ou impor ao juiz que presidir à fase de instrução ou julgamento a iniciativa de mandar proceder à notificação aí prevista; (b) Com o sentido de que a falta de resposta por parte do agente a essa notificação, feita depois da acusação e sem que esta refira tal notificação e falta de resposta, é susceptível de fundar a condenação penal.

ACÓRDÃO N.º 24/2009

Decide julgar inconstitucional a norma do artigo 69.º, ponto 1.1., da Tabela de Taxas e Licenças do Município de Sintra, aprovada pela respectiva Câmara Municipal, em 6 de Novembro de 2001, e publicada na II Série do Diário da República, de 1 de Outubro de 2001, quando interpretada no sentido da sua aplicação a posto de abastecimento instalado totalmente em terreno privado, por violação do disposto na alínea i) do nº 1 do artigo 165.º da Constituição da República Portuguesa.

ACÓRDÃO N.º 32/2009

Decide não declarar a inconstitucionalidade nem a ilegalidade do artigo 1.º da Lei Orgânica n.º 2/2002, de 28 de Agosto, que acrescentou o Título V – Estabilidade Orçamental – à Lei n.º 91/2001, de 20 de Agosto.

Guilherme W. D'Oliveira Martins / Miguel Bastos

SÍNTESE DE JURISPRUDÊNCIA DO SUPREMO TRIBUNAL
ADMINISTRATIVO, JANEIRO-FEVEREIRO 2009

IMPOSTOS SOBRE O RENDIMENTO

IRS

Acórdão do STA (2.ª) de 28-01-2009, Processo n.º 037/09

Avaliação indirecta da matéria colectável quando falte a declaração de rendimentos e o contribuinte evidencie manifestações de fortuna; ónus da prova

Há lugar, nos termos do n.º 1 do artigo 89.º-A da LGT, a avaliação indirecta da matéria colectável quando falte a declaração de rendimentos e o contribuinte evidencie as manifestações de fortuna constantes da tabela prevista no n.º 4 do mesmo preceito ou quando declare rendimentos que mostrem uma desproporção superior a 50%, para menos, em relação ao rendimento padrão resultante da referida tabela. Na tabela do n.º 4 desse mesmo artigo, refere-se que, no caso de suprimentos e empréstimos feitos no ano de valor igual ou superior a € 50.000,00, o rendimento padrão é de 50% do valor anual. Verificadas tais situações, cabe ao sujeito passivo a prova de que correspondem à realidade os rendimentos declarados e de que é outra a fonte das manifestações de fortuna evidenciadas, nomeadamente herança ou doação, rendimentos que não esteja obrigado a declarar, utilização do seu capital ou recurso ao crédito. Quando o sujeito passivo não faça essa prova, e não existam indícios fundados que permitam à AF fixar rendimento superior, considera-se como rendimento tributável em sede de IRS, a enquadrar na categoria G, o rendimento padrão apurado nos termos da tabela constante do n.º 4 do citado artigo 89.º-A da LGT, que, no caso em apreço, tratando-se de suprimentos, é de 50% do valor anual. A alteração dos rendimentos inicialmente declarados (após o envio do projecto de decisão em que se propõe a fixação da matéria tributável de IRS por avaliação indirecta),

Revista de Finanças Públicas e Direito Fiscal

sem que o contribuinte faça prova do valor e da origem dos rendimentos acrescidos, constitui um "artifício" e uma forma de evitar a tributação pelo rendimento padrão, obtendo dessa forma um benefício ilegítimo.

Acórdão do STA (2.ª) de 04-02-2009, Processo n.º 0488/08

Prescrição da obrigação tributária
À prescrição do IRS de 1997 aplica-se a Lei Geral Tributária se, até 1 de Janeiro de 1999, data da sua entrada em vigor, não ocorreu qualquer facto interruptivo ou suspensivo do respectivo prazo. Tal prazo é de 8 anos, contados daquele início de vigência, nos expressos termos do seu artigo 48.º. Havendo sucessão de leis no tempo, a lei nova é competente para determinar os efeitos sobre o prazo de prescrição que têm os factos que ocorrem na sua vigência, por força do disposto no artigo 12.º do Código Civil. Até à entrada em vigor da Lei n.º 100/99, de 26 de Julho, a LGT não dava relevo interruptivo a qualquer acto praticado no âmbito do processo de execução fiscal. Para efeitos do n.º 2 do artigo 48.º da LGT, a paragem do processo por mais de um ano por facto não imputável ao sujeito passivo não é relevante se, antes da paragem, não se tiver verificado qualquer facto interruptivo. Antes da entrada em vigor do número 4 do artigo 49.º da LGT, aditado pela Lei n.º 53-A/2006, de 29 de Dezembro, a oposição não suspendia, em caso algum, o prazo de prescrição. A citação para o processo de execução fiscal interrompe a prescrição.

IRC

Acórdão do STA (2.ª) de 21-01-2009, Processo n.º 0668/08

Taxa regional reduzida sobre o IRC aplicável aos sujeitos passivos que tenham sede, direcção efectiva ou estabelecimento estável na Região Autónoma da Madeira
A taxa regional reduzida de 22,5% sobre o IRC é aplicável aos sujeitos passivos que tenham sede, direcção efectiva ou estabelecimento estável na Região Autónoma da Madeira, de harmonia com o disposto nos n.ºs 1 e 2 do artigo 2.º do DLR n.º 2/2001/M, de 20 de Fevereiro

Comentários de Jurisprudência

(redacção do DLR n.º 30/2001/M, de 31 de Dezembro). O conceito de estabelecimento estável para efeito dessa redução de taxa abrange instalações, onde seja exercida efectiva actividade económica, dos sujeitos passivos residentes ou não no território nacional, sob pena de violação do princípio da igualdade (artigo 13.º da CRP).

Acórdão do STA (2.ª) de 21-01-2009, Processo n.º 0810/08

Constitucionalidade do art. 90.º, n.º 4 do CIRC
As convenções sobre dupla tributação constituem um complexo de normas convencionais que atribuem a competência tributária ao Estado da residência fiscal dos beneficiários dos rendimentos em prejuízo do Estado da fonte. A certificação das residências para efeito do accionamento das Convenções terá de ser feito pelas Autoridades Fiscais do Estado do qual o beneficiário dos rendimentos se considera residente. De harmonia com o disposto no n.º 4 do artigo 90.º do CIRC, quando não seja efectuada até ao termo do prazo estabelecido para a entrega do imposto a prova da verificação dos pressupostos legais da aplicação da Convenção destinada a evitar a dupla tributação, fica o substituto fiduciário obrigado a entregar a totalidade do imposto que deveria ter sido deduzido. O regime especial de prova e o conceito de tributação sancionatória estabelecidos no artigo 90.º do CIRC não afrontam os princípios constitucionais da legalidade, igualdade, da proporcionalidade, do acesso ao direito e a uma tutela jurisdicional efectiva, bem como da tributação de acordo com a capacidade contributiva.

Acórdão do STA (2.ª) de 07-01-2009, Processo n.º 0893/08

A aquisição de cheques auto como custo fiscalmente não dedutível
Os cheques auto são títulos de pagamento de combustível ou outros produtos disponibilizados pelos mesmos fornecedores. A aquisição destes cheques consiste na mera troca de meios de pagamento e não traduz um custo fiscalmente dedutível, pois só há despesa no momento em que é adquirido o combustível. Se é desconhecido o destino dado a tais cheques, estes devem ser considerados despesas confidenciais e/ou não documentadas e, consequentemente, tributados autonomamente.

IMPOSTOS SOBRE O PATRIMÓNIO

IMI

Acórdão do STA (2.ª) de 28-01-2009, Processo n.º 0642/08

Isenção prevista no artº 11º, nº 3 do CIMSSD
Para efeitos da isenção prevista no artº 11º, nº 3 do CIMSSD não assume qualquer relevo a troca ou permuta de bens, sendo apenas de considerar a revenda no seu sentido técnico-jurídico. Sendo a sisa um imposto que se destina a tributar o património, a sua, matéria colectável é constituída pelo património transmitido e, assim sendo, incidirá sobre o valor por que os bens foram transmitidos (cfr. artº 19º do Código da Sisa). Deste modo, a taxa a aplicar à liquidação do imposto resultante da caducidade de isenção é a que está em vigor à data da transmissão do imóvel e não à data da sua liquidação. A Lei nº 14/03 de 30/5 não é de aplicação retroactiva, nem tem carácter interpretativo.

Acórdão do STA (2.ª) de 04-02-2009, Processo n.º 0873/08

O registo contabilístico como mero elemento indiciador
O registo contabilístico não é o único e exclusivo factor legalmente relevante (artigo 9.º, n.º 1, alínea d) e e) do CIMI) para se poder concluir se os terrenos se destinam ou não para construção, antes se definindo como mero elemento indiciador, formal, para esse efeito, a considerar pelo julgador com os demais elementos de facto.

Acórdão do STA (2.ª) de 04-02-2009, Processo n.º 0889/08

Fundamentação do acto tributário e notificação da fundamentação
A notificação, ao contribuinte não integra o acto tributário, pelo que a sua falta ou irregularidade não afecta a validade deste mas apenas a sua eficácia. Assim, fundamentação do acto e notificação da fundamentação são realidades diversas, apenas a primeira constituindo vício de forma determinante da sua anulabilidade. Tal interpretação não viola qualquer princípio ou norma constitucional.

263
Comentários de Jurisprudência

PROCEDIMENTO E PROCESSO TRIBUTÁRIO

Acórdão do STA (2.ª) de 07-01-2009, Processo n.º 0569/08

Plano Mateus; prescrição; interrupção da prescrição; suspensão da prescrição
Nos termos do art. 5º, n. 5, do DL n. 124/96, de 10/8, o prazo de prescrição suspende-se durante o período do pagamento em prestações. Se o contribuinte deixar de pagar as prestações, tal suspensão mantém-se até que haja um despacho de exclusão do regime de adesão. No domínio do CPT, com a instauração da execução fiscal, o prazo prescricional interrompe-se.

Acórdão do STA (2.ª) de 21-01-2009, Processo n.º 01106/08

Derrogação do Sigilo Bancário
No caso de ter sido interposto recurso da decisão do Director-Geral dos Impostos que autorizou o acesso directo às contas e documentos bancários do contribuinte, a falta de notificação ao contribuinte da oposição deduzida por esta entidade não produz a nulidade com previsão no artº 201º do CPC, constituindo, apenas, mera irregularidade, sem quaisquer consequências, se na mesma não for arguida qualquer excepção e não determinar a lei que tal omissão constitua nulidade, nem interferir no exame da decisão da causa. Por outro lado, só no caso, de no parecer do Ministério Público, terem sido arguidos novos vícios ou questões novas, sobre as quais as partes ainda não tenham tido a oportunidade de se pronunciar, será obrigatória a sua notificação para o efeito, em conformidade com o princípio do contraditório, enunciado no artº 3º, nº 3 do CPC, aqui aplicável ex vi do disposto no artº 2º, al. e) do CPPT. A apensação do Processo Administrativo ao recurso deve ser notificada ao recorrente para que este o possa impugnar, invocar outras causas de ilegalidade ou para sustentar a falta de fundamentação ou mesmo arguir novos vícios do acto impugnado (cfr. artº 256º do CPC), assegurando-se, assim, o princípio do contraditório no processo tributário (cfr. o citado artº 3º, nº 3 do CPC). Essa omissão tem a virtualidade de influir no exame ou decisão da

264

Revista de Finanças Públicas e Direito Fiscal

causa, produzindo, assim, a nulidade com previsão no predito artº 201º, nº 1, com as consequências previstas no seu nº 2.

Acórdão do STA (2.ª) de 04-02-2009, Processo n.º 0925/08

Fundamentos da oposição à execução fiscal
A oposição à execução fiscal tem como fundamentos os taxativamente indicados no art.º 204.º do CPPT. A ilegalidade em concreto da liquidação da dívida exequenda apenas constitui fundamento de oposição à execução fiscal quando a lei não assegure meio judicial de impugnação ou recurso contra o acto de liquidação. Em caso de erro na forma do processo, este será convolado na forma do processo adequada, nos termos da lei, a menos que seja manifesta a improcedência ou intempestividade desta. A formulação de um pedido de extinção da execução fiscal, com fundamento na ilegalidade do acto de liquidação da dívida exequenda tem implícita uma pretensão de eliminação jurídica deste acto.

INFRACÇÕES TRIBUTÁRIAS

CONTRA-ORDENAÇÕES

Acórdão do STA (2.ª) de 04-02-2009, Processo n.º 0829/08

Responsabilidade subsidiária por dívidas de coimas originadas por factos ocorridos no período de exercício do cargo de gerente
O art. 112.º da LGT estabelecia a responsabilidade subsidiária de gerentes de sociedades comerciais «pelas multas ou coimas vencidas no período do seu mandato, salvo quando provarem que a falta de pagamento lhes não foi imputável». Este regime não era aplicável a situações em que a omissão de pagamento ocorreu depois da revogação desta norma, operada pelo art. 2.º, alínea g), da Lei n.º 15/2001, de 5 de Junho. No regime do RGIT, a responsabilidade subsidiária por dívidas de coimas originadas por factos ocorridos no período de exercício do cargo de gerente apenas existe «quando tiver sido por culpa sua que o património da sociedade ou pessoa colectiva se tornou insuficiente para o seu pa-

gamento». A responsabilidade subsidiária por coimas ofende os princípios constitucionais da necessidade e da intransmissibilidade das penas, enunciados nos arts. 18.º, n.º 2, e 30.º, n.º 3, da CRP.

Acórdão do STA (2.ª) de 04-02-2009, Processo n.º 0572/08

Redução da coima
Da combinação dos artºs 29º, nº 1, als. a) e b) e 30º, nºs 1 e 4 do RGIT resulta que a redução da coima só é possível desde que tenha sido requerida pelo arguido, ficando, porém, dependente do pagamento da coima e da regularização da situação tributária previstos nos referidos preceitos legais. A ficção de pedido de redução derivada da entrega de prestação tributária só existe nos casos em que não há lugar a liquidação de tributo pelos serviços e toda a prestação devida é paga, integrando-se nesta os juros.

Ana Leal

RECENSÕES

O Princípio da Equivalência como Critério de Igualdade Tributária
SÉRGIO VASQUES

Almedina, Coimbra, 2008

1. A obra que recenseamos corresponde à dissertação de doutoramento apresentada por Sérgio Vasques na Faculdade de Direito da Universidade de Lisboa. Ao longo de cinco extensos capítulos, o autor procura demonstrar que o respeito pelo princípio da igualdade, no domínio das taxas e contribuições, exige que estas sejam aplicadas de acordo com o custo provocado pelo contribuinte ou com base no benefício que a Administração lhe proporciona. Uma ideia que condensa na afirmação do princípio da equivalência. Partindo da clássica distinção feita sobretudo pelas doutrinas italiana e alemã, traduzida no facto de os impostos, ao contrário das taxas, serem devidos de acordo com a capacidade contributiva do sujeito passivo, o autor procura fixar um princípio que cumpra, no domínio das taxas e das contribuições, o mesmo papel que, no contexto dos impostos, o princípio da capacidade contributiva desempenha na fixação de um critério da igualdade.

A resposta à questão da legitimação material das taxas e contribuições, que Sérgio Vasques reúne sob a expressão de tributos comutativos, impõe-se não só pela importância crescente que nos últimos anos estes tributos vêm assumindo, como pela debilidade dos tradicionais quadros dogmáticos e conceituais para lidar com os mesmos. Com efeito, o

270
Revista de Finanças Públicas e Direito Fiscal

crescimento exponencial de novas taxas e contribuições, como as portagens nas auto-estradas, as taxas moderadoras nos hospitais públicos, as taxas de coordenação cobradas pelas entidades reguladoras, os tributos ambientais, entre outras, reflecte não só a necessidade crescente de receitas por parte do Estado, como um certo esgotamento das razões de solidariedade e redistribuição subjacentes à exigência de novos sacrifícios aos contribuintes.

Impõe-se deste modo que a exigência de novos tributos retome uma lógica comutativa, na qual o contribuinte sinta que o tributo que paga está vinculado a uma contrapartida identificável. Um ressurgimento da feição comutativa dos tributos que é favorecido, em larga medida, pela crescente descentralização financeira, pois, no âmbito regional e local, atenta a maior proximidade entre os particulares e a respectiva região ou autarquia, é mais fácil estabelecer uma ligação entre os serviços públicos e os correspondentes tributos para os financiar.

Por isso, a necessidade de uma elaboração doutrinal adequada aos chamados tributos comutativos, até agora tratados essencialmente a título incidental no quadro da delimitação do conceito de imposto, apresenta-se, no contexto actual, como algo imperioso. Daí que possamos dizer, com inteira propriedade, que a presente obra, ao desenvolver todo um conjunto de corolários extraídos do princípio da equivalência, constitui um importante contributo para levar a cabo esse ensejo.

2. O primeiro capítulo trata do princípio da igualdade tributária, sendo, nesse contexto, levada a cabo uma detalhada análise da evolução desse princípio, onde se destaca a contraposição entre igualdade puramente formal do período liberal e a igualdade material dominante na actualidade. Por outro lado, procura-se concretizar uma densificação do conceito de igualdade, de modo a que este se não reconduza à proibição do arbítrio, um entendimento que, segundo o autor, está ligado ao reconhecimento ao legislador de uma excessiva margem de liberdade na conformação dos tributos públicos. Uma margem que permite a introdução de diferenciações alheias quer a razões de justiça, quer ao apelo à ideia de proporcionalidade relativamente ao sacrifício imposto aos contribuintes.

3. No segundo capítulo, Sérgio Vasques procede a uma classificação dos tributos sem a recondução dessa tipologia ao conceito central de

imposto. Nesse enquadramento, estabelece como critério para distinguir entre os vários tributos, o grau de certeza da verificação da prestação administrativa enquanto contrapartida do tributo exigido. Quando as prestações administrativas são efectivamente aproveitadas pelo sujeito passivo estamos perante uma taxa; sempre que a prestação administrativa é apenas provável, verifica-se uma contribuição; nas situações em que a prestação é apenas possível ou eventual, temos a figura do imposto (pág. 170). Sem prejuízo do inegável mérito desta escala gradativa na distinção entre os vários tipos de tributos, parece-nos que essa construção não se coaduna com a característica da unilateralidade que a generalidade da doutrina atribui ao imposto, à luz da qual se nos afigura como inadmissível que se fale de uma prestação, ainda que meramente possível e eventual.

Relativamente à classificação dos tributos o autor reequaciona, por um lado, o enquadramento dos impostos especiais sobre o consumo, sustentando que devido à transformação profunda que sofreram nos últimos anos, traduzida no facto de terem como fundamento essencialmente a compensação de custos sociais e ecológicos que o sujeito passivo impõe à comunidade, estes deveriam passar a ser classificados já não como impostos, mas como contribuições. Por outro, põe em causa que certas contribuições especiais tenham essa natureza, nomeadamente as que designa por contribuições especiais tradicionais algumas das quais foram criadas em Portugal, nos anos noventa, como meios de tributação de certas mais-valias urbanísticas na forma latente.

Encerra a análise dos vários tipos de tributos com uma ideia que parece captar, no essencial, a natureza das contribuições. Pois conclui que estas ocupam, no plano constitucional, um lugar intermédio entre os impostos e as taxas, partilhando com estas o princípio da equivalência e com os impostos a reserva da lei parlamentar (pág. 243).

4. Os três capítulos seguintes são dedicados à análise bastante detalhada do princípio da equivalência.

Ao longo do terceiro capítulo, é feita uma apresentação histórica do princípio, sendo estudada a forma como o mesmo se foi relacionando com a matéria tributária. O autor começa por evidenciar que na origem histórica da própria noção de imposto estava bem presente o princípio do benefício que, como recorrentemente afirma, constitui um dos pilares em que assenta o princípio da equivalência. Depois, dá-nos nota que, desde o período pós-liberal até ao momento presente, o princípio da capacidade contributiva tem sido o critério dominante em sede dos tributos. Não deixa, no entanto, de salientar que nos últimos anos tem havido uma recuperação do princípio da equivalência e da lógica comutativa que lhe é inerente. Uma ideia em consonância, aliás, com as teses da tributação correctiva que consideram que os tributos podem e devem ser utilizados na correcção de exterioridades negativas, compelindo o contribuinte a suportar o custo externo das suas acções (pág. 315).

O quarto capítulo fixa o sentido do princípio da equivalência, analisando as várias concepções que têm sido adiantadas pela doutrina. Segundo o autor, este princípio caracteriza-se essencialmente por assentar na adequação dos tributos públicos ao custo que o sujeito passivo gera para a Administração ou ao benefício que esta lhe proporciona. Por isso, pode ser encarado simultaneamente como uma expressão da igualdade e da proporcionalidade. Reporta-se à igualdade na medida em que consubstancia um critério de repartição que se reflecte na estrutura dos próprios tributos comutativos. Traduz-se, por sua vez, numa manifestação da proporcionalidade pelo facto de consistir num critério de quantificação que se projecta sobre o montante a pagar. Assim, a natureza comutativa das taxas e contribuições ao mesmo tempo que apela ao princípio da equivalência, afasta o princípio da capacidade contributiva (pág. 372).

No quinto e último capítulo são avançados, a título de conclusão das várias reflexões desenvolvidas ao longo da obra, os corolários do princípio da equivalência. De entre as consequências retiradas destaca-se o facto de esse princípio operar, acima de tudo, como um pressuposto dos tributos comutativos, impedindo que sejam criadas taxas e contribuições que não tenham os custos ou o aproveitamento de benefícios, como sua contrapartida. De modo a assegurar uma efectiva correspectividade, o autor advoga que o legislador dê prioridade às taxas em detrimento das contribuições, porque em relação a estas o nexo entre a prestação administrativa e o tributo é apenas provável.

Na linha da visão propugnada, considera ser um equívoco grosseiro concretizar o princípio da equivalência através da identificação do valor ou do custo das prestações administrativas com o valor do rendimento, património ou consumo do contribuinte, dado que esses elementos não constituem indicadores válidos do valor ou do custo da prestação pública.

Pois, essa identificação põe em causa a própria distinção entre os tributos unilaterais e os tributos comutativos. As taxas de supervisão devidas à CMVM e os emolumentos dos registos e notariado, são dados como exemplos de situações onde essa colagem à capacidade contributiva se revela perniciosa. Em contrapartida, os impostos especiais sobre o consumo e a nova tributação automóvel feita com base nas emissões de CO^2 são dados como exemplos de contribuições onde se associa a equivalência a bases tributáveis específicas que reflectem os custos ambientais e para a saúde pública gerados pelo consumo dos produtos tributáveis.

Deste modo, enquanto expressão da igualdade tributária, o princípio da equivalência implica não só que os tributos comutativos não incorram em diferenciações entre os sujeitos passivos alheias ao custo ou benefício, mas também que o montante do tributo comutativo não seja fixado acima desse custo ou benefício, sacrificando um grupo de contribuintes em proveito da comunidade. O autor reconhece, porém, que o cômputo do custo e do benefício é um problema de difícil resolução que não pode ter uma resposta estritamente jurídica, sendo necessário o recurso à ciência económica e à ciência da contabilidade.

Há, por conseguinte, uma série de exigências impostas pela praticabilidade que não são de solução fácil. Assim, para além da valoração dos custos e benefícios, e da sua tradução monetária, levantam-se outras questões, nomeadamente as que se relacionam com o facto de o Estado Social exigir que os tributos comutativos respeitem o mínimo de subsistência, principalmente quando estejam ligados à saúde, justiça, saneamento básico ou educação. O que implica, nessas situações, que seja derrogado o princípio da equivalência, emergindo aí, a título subsidiário, o princípio da capacidade contributiva.

Sérgio Vasques termina a análise da relação entre o princípio da equivalência e a conformação dos tributos comutativos, ilustrando algumas das diferenças fundamentais que identificou entre os vários tipos de tributos, com a figura da licença que, segundo ele, não constitui uma categoria autónoma, mas que, pelo contrário, pode ser qualificada como taxa, contribuição ou imposto, consoante o seu pagamento corresponda a uma prestação efectiva, presumida ou meramente eventual (pág. 671).

5. A obra de Sérgio Vasques cumpre um relevante papel no tratamento de um grupo importante de tributos, o qual foi trabalhado com

a densidade e o rigor normalmente só observáveis a respeito da figura dos impostos. Constitui, de resto, um considerável progresso a circunstância de o tratamento dispensado às taxas e contribuições ter sido feito de acordo com uma perspectiva não centrada nos impostos. O que, a seu modo, suporta e promove a deslocação do tradicional centro de gravidade do direito fiscal para o direito tributário.

Depois, a obra tem o mérito de levantar dúvidas e suscitar problemas que constituem, por certo, um estímulo para desenvolver novas problematizações. Referimo-nos, designadamente, ao problema apontado pelo autor de saber se muitos destes impostos comutativos não sofrem uma convolação, traduzindo-se em verdadeiros «impostos ocultos», quando há uma grande desproporção entre o tributo cobrado e utilidade administrativa prestada (pág. 613). Apesar de o autor rejeitar essa convolação, parece-nos que a questão merece bem um estudo autónomo.

A este respeito, porém, interrogamo-nos sobre se, em vez de estarmos a transitar de um «Estado Fiscal» para um «Estado Taxador», como sugere o autor, não estamos efectivamente, como vimos sustentando, a assistir a uma verdadeira «duplicação do Estado Fiscal». Pois, não obstante as sólidas conclusões apresentadas ao longo da obra, parece-nos que muitos dos tributos comutativos são verdadeiros impostos, não por via de uma eventual convolação, mas pela sua natureza intrínseca. Assim acontecerá por via de regra no domínio ambiental, pois o ambiente, como vimos defendendo, constitui um «bem fiscal» que nem o relevo que vem sendo conferido a uma política de ampla responsabilidade (também dita *responsividade*), assente no princípio do poluidor pagador, convoca argumentos que justifiquem a retracção da figura do imposto num tal domínio como instrumento mais adequado e eficiente.

Nessa linha, interrogamo-nos se, no presente, a par dos impostos redistributivos e unilaterais assentes na capacidade contributiva, não está a afirmar-se um tipo diferente de impostos caracterizado por ter natureza essencialmente comutativa e dominado pelo princípio da equivalência. Ou seja, se, a par dos impostos que continuam hoje a ser o paradigma, não estão surgindo outros semelhantes aos do período liberal. Uma ideia que é evidenciada quer por continuar a haver necessidade de distinguir entre contribuições e taxas, quer pelo fato de uma parte significativa das contribuições, as tradicionais contribuições especiais, se encontrar sujeita ao regime dos impostos. O que torna legítimo perguntar se as contribuições que o autor aproxima das taxas não serão verdadeiros impostos, embora com uma matriz diferente, recuperada de épocas anteriores para fazer face a problemas actuais.

Neste quadro, parece-nos que não será inteiramente descabido sugerir que, tendo sido realizado o estudo das contribuições pelo prisma da figura das taxas, se encontra aberto o caminho para responder ao desafio que, a título de verdadeiro contraponto, constituirá estudar as contribuições pelo tradicional ângulo de análise da figura dos impostos.

José Casalta Nabais

**Programação e Decisão Orçamental
– Da Racionalidade das Decisões Orçamentais
à Racionalidade Económica**
NAZARÉ DA COSTA CABRAL

Coimbra, Almedina, 2008

    O texto de Nazaré da Costa Cabral corresponde à sua dissertação de doutoramento apresentada e discutida com grande brilho na Faculdade de Direito de Lisboa, onde a autora tem vindo a desenvolver a sua actividade docente, granjeando um justo prestígio.
    A investigação de Nazaré da Costa Cabral tem-se desenvolvido particularmente na área da Segurança Social, à qual consagrou, de resto, a sua dissertação de mestrado. Nesta área tem também colaborado em diversas iniciativas legislativas e produzido trabalho de consultadoria.
    No presente livro, a autora empreende uma investigação de maior fôlego sobre o tema fundamental da programação e decisão orçamental. A eventual esterilidade que alguns poderiam ser tentados a ver no título é rapidamente desfeita pelo sub-título, *Da Racionalidade das Decisões Orçamentais à Racionalidade Económica*, bastante ilustrativo do roteiro de investigação, que vai muito para além das puras questões de técnica orçamental. Aquilo que vamos encontrar no presente estudo é, muito pelo contrário, uma séria e profunda reflexão sobre algumas das mais importantes questões da economia pública, que têm estado em discussão nos últimos anos e, a propósito dos quais, a autora revela uma cultura notável que lhe permite uma abordagem coerente e, em muitos pontos, fascinante.
    O segundo e terceiro capítulos são, desse ponto de vista, os mais interessantes, inserindo-se na esteira do ensino de Soares Martinez, Sousa Franco e Paulo Pitta e Cunha, que tiveram o mérito de afastar o

Revista de Finanças Públicas e Direito Fiscal

positivismo tradicional nos estudos jurídicos de finanças públicas a benefício de uma abordagem pluri-disciplinar que se estendeu, num primeiro momento à economia pública, para se alargar depois à ciência política e à sociologia.

Exemplar dessa postura e opção metodológica é a compreensão de que – para usar palavras da autora – "ainda que os orçamentos sejam meras "formas", não é menos verdade que o que por lá passa (ou não passa) tem significado substantivo e substancial", ou que, para utilizar uma expressão a que tenho recorrido com frequência, o Orçamento é o espelho da nação, no qual podemos encontrar uma síntese clara das opções de política económica e social. Estas opções dependem, em qualquer caso, no que toca à sua capacidade de sucesso, assim como à possibilidade de julgamento sobre a sua efectividade, de um enquadramento jurídico rigoroso. Por isso, a conjugação perfeita entre o domínio das técnicas orçamentais e do essencial do debate sobre a decisão financeira.

Assim, na primeira parte do trabalho, a autora analisa o conceito de programação, designadamente estabelecendo uma contraposição deste relativamente ao planeamento económico (convencional). Procura pois encontrar os elementos de semelhança, mas acima de tudo os elementos distintivos entre os dois institutos; para concluir pela ideia de que a programação constitui uma forma mitigada, minimalista – mas não necessariamente menos exigente – de planeamento. Ainda no plano dogmático, a autora propõe a separação entre duas formas principais de programação, fixar-lhes os respectivos traços característicos (designadamente a sua plurianulidade) e apontar os respectivos exemplos: de um lado, a programação económica (de que constituem hoje exemplo maior, para os países da União Europeia, os programas de estabilidade e crescimento ou de convergência); de outro, a programação financeira, instrumento hoje reclamado na generalidade dos sistemas de orçamentação, incluindo o sistema orçamental da própria Comunidade Europeia, tendo em conta desde logo as maiores exigências em matéria de disciplina e estabilidade orçamentais. Estas formas de *"medium-term economic, fiscal and budget framework"* sugem, então, como instrumentos novos de enquadramento (plurianual) da decisão orçamental (anual) que, ao mesmo tempo que a procuram condicionar e até limitar, intentam conferir-lhe nova racionalidade no plano macro da realização de despesa pública e no plano micro de alocação de recursos.

Na segunda parte, a autora analisa o conceito de racionalidade económica, tendo em conta as duas instituições típicas dos sistemas económicos capitalista e socialista, naquele o mercado, neste o plano. Procura, tendo em conta os ensinamentos da Teoria Económica, mas também da evolução histórica dos sistemas em apreço, caracterizar, por um lado, a ideia de racionalidade do mercado e, por outro, a concepção do plano como instrumento de racionalização económica. Concepção esta que, num dado momento da História recente (dos anos cinquenta até finais da década de setenta do século XX), chegou a vingar mesmo nas economias capitalistas: a ideia de que o planeamento económico, sobreposto ao mercado, conferir-lhe-ia acrescida racionalização, nos planos micro e macroeconómicos e até no plano do crescimento económico.

Na terceira parte, a autora começa por analisar a evolução histórica dos sistemas orçamentais (sobretudo ao longo do século XX), à luz justamente quer da sua interligação com o planeamento económico, quer tendo por base a ideia, então dominante, de racionalidade económica. Nos sistemas orçamentais de grande parte da segunda metade do século XX (coincidente com o período áureo do planeamento), ao mesmo tempo que o orçamento é visto quer como expressão financeira do plano, quer como verdadeiro plano enconómico, ele é ainda concebido, a nível económico e filosófico, como instrumento "portador" de racionalidade económica – uma racionalidade, absoluta, compreensiva, *cartesiana*. Estes sistemas, ditos integrados de orçamentação (justamente por integrarem o planeamento económico, formal ou apenas materialmente, no processo orçamental), são então sistemas marcados pela afirmação da racionalidade da decisão orçamental e, no plano já da configuração da política orçamental, como expressão do voluntarismo e do decisionismo orçamentais.

Naturalmente que o tempo que decorreu já sobre a escrita da dissertação agora publicada não permite á autora pronunciar-se sobre as novas questões com que a decisão orçamental e as regras rígidas são confrontadas em face da crise económica e financeira, mas fica claro que Nazaré Costa Cabral é uma voz com que se poderá contar também para esse debate e, seguramente, uma das mais qualificadas.

Eduardo Paz Ferreira

Redistribuição Tributária
JOÃO RICARDO CATARINO

Almedina, 2008.

O texto em análise corresponde à Dissertação de Doutoramento em Ciências Sociais na especialidade de Administração Pública no ISCSP da Universidade Técnica de Lisboa, cujas provas públicas tiveram nesta instituição universitária em Janeiro de 2008. Nele, o autor retoma a questão que ocupa as teorias económica e jurídica de há muito tempo, a questão de saber quais as características que um sistema fiscal deve preencher para poder ser considerado um sistema fiscal *óptimo*. Tradicionalmente, a apreciação dos sistemas fiscais pode seguir uma de duas opções metodológicas: o critério da *eficiência* e o objectivo da *redistribuição*, este último instrumental, por seu turno, perante a concretização da justiça social. Trata-se da questão, muito estudada, do *trade-off* entre a eficiência e a justiça social, objectivos diferenciados (antagónicos) dos sistemas fiscais.

O autor fixa-se, metodologicamente, neste segundo objectivo: a redistribuição tributária ou, por outras palavras, a redistribuição económica realizada através do sistema fiscal. Explica, desde logo, o seu significado histórico e filosófico, confrontando-o com conceitos que com ele de perto se têm articulado – ainda que com ele se não confundindo –, fundamentalmente, os conceitos de justiça social e de igualdade (vertical e horizontal). O autor percorre as grandes correntes da Filosofia Política e da Teoria Económica, não apenas para apontar a importância e significado da redistribuição tributária, mas para lhe atribuir também fragi-

Revista de Finanças Públicas e Direito Fiscal

lidades, incongruências e perigos, designadamente no confronto com a liberdade e a responsabilidade individuais. Recorda, por isso, as críticas mais contundentes feitas a este princípio redistributivo, pelos autores de referência do liberalismo conservador, com destaque para Hayek, Nozick e Milton Friedman.

Os ingredientes estão lançados e constituem um bom pretexto para uma obra de fôlego e que revela anos de investigação. A tese está dividida em cinco partes. A Parte I trata dos ideais e valores institucionais fundamentais, fazendo um exercício de concatenação entre os mais recentes desenvolvimentos no conceito de capacidade contributiva e as ideias de liberdade e responsabilidade no pensamento demo-liberal. A Parte II reflecte sobre o conceito de escolha pública e da sua especial relevância no bem-estar social. A Parte III analisa o conceito de justiça social e redistribuição, com especial ênfase dado aos quatro teóricos da justiça social: o incontornável John Rawls e os não menos importantes Amartya Sen, Robert Nozick e Friedrich Hayek. Já a Parte IV trata dos principais fundamentos da política tributária redistributiva, a saber: liberdade, igualdade, justiça social, acção pública e pluralidade social. Finalmente a Parte V tenta traçar um novo quadro de um sistema fiscal, tendo em conta que o modelo progressividade fiscal está em desuso e os sinais dos tempos apontam para sistemas fiscais mais simples, onde será menor a necessidade de recurso ao cumprimento coactivo e onde se defende que há menor propensão para a fraude.

Tendo assim por base o desenvolvimento dos sistemas fiscais no mundo desenvolvido (separa analiticamente o modelo norte-americano e o modelo europeu), o autor caracteriza de forma crítica os institutos e instrumentos através dos quais essa redistribuição opera: o princípio da capacidade contributiva e, através dele, fundamentalmente, o princípio da progressividade do imposto sobre o rendimento. Aqui se inicia, em nossa opinião, um dos pontos mais interessantes deste trabalho: a afirmação, sustentada em evidência empírica (a partir dos estudos da OCDE), de que, contrariamente ao que seria pensado e desejado, os modelos de tributação redistributiva não provaram bem relativamente àquele que seria o seu maior propósito, justamente a redução das desigualdades económicas. No entanto, convém notar – como também o faz o autor –, que os resultados são diferenciados consoante os tipos de países: melhores nos países ricos da Escandinávia, piores nos países mais pobres do Sul

Europa, mas também nos Estados Unidos. O que nos sugere outros factores relevantes, credores de atenção, a saber: a relação entre riqueza de um país e as desigualdades económicas entre cidadãos, a importância de políticas sociais prestativas com forte componente redistributiva (que se articulam e/ou integram, por sua vez, no sistema fiscal, também ele já redistributivo), a estrutura económica e o funcionamento dos mercados de trabalho, etc..

Ao fazer a crítica ao *status quo* fiscal, o autor enuncia, enfim, modelos e soluções alternativos. Destes, evidenciamos aqueles que intentam integrar e diluir as transferências sociais (da saúde, da segurança social, etc.) no sistema de determinação e quantificação fiscal. O sistema fiscal assume, desta sorte, não apenas a função tradicional de liquidação e colecta, mas também uma função prestativa, a função de prestação social. Das propostas teóricas conhecidas, salienta e descreve quer a solução liberal-conservadora de M. Friedman, do *imposto negativo sobre o rendimento*, quer o seu congénere de cariz socializante, o *rendimento básico universal*, proposto por Van Parijs.

O autor conclui o seu trabalho com a enunciação de um conjunto vasto de medidas, de melhoria do sistema fiscal português, retiradas de propostas teóricas, de tendências ou de soluções já ensaiadas em outros ordenamentos jurídicos. Estas medidas constituem, desde logo, um convite à reflexão por parte do leitor. Elas apresentam entre si uma ligação lógica, o que deixa perceber o posicionamento do autor quanto à (melhor) definição futura do sistema fiscal: um sistema que no respeito pelas principais liberdades individuais, seja simples e transparente, garantidor da progressividade real mediante uma simplificada *flat rate*. Abandonando a sua missão redistributiva por via das taxas do imposto, este sistema fiscal recuperará a sua vocação clássica de reditividade fiscal e assumir-se-á como instrumento de maior neutralidade económica, baseado na confiança plena nos comportamentos racionais, sem miopia, dos cidadãos-contribuintes.

Da leitura que fizémos do texto ficámos contudo com uma interrogação de relevo: o facto de os recentes acontecimentos na economia mundial apontarem para a necessidade de personalização do imposto, em resultado do abandono sistemático das regras, em favor das decisões discricionárias de curto e médio prazo. Claro que o Professor João Catarino não poderia ter adivinhado esta nova forma de "navegação à vista" na tomada de decisões financeiras e fiscais que temos assistido um pouco por todo o lado, no entanto ficamos com a ideia clara, graças ao excelente texto em causa, que a desejada coesão sistemática e simplicidade so sistema fiscal está longe de ser atingida, podendo nós mesmo avançar que o modelo que se traça exaustivamente ao longo do texto está (analogicamente) muito próximo daquilo que os economistas chamam de concorrência perfeita, cuja atomicidade, liberdade e fluidez estão longe de representar ícones da maximização da utilidade da procura e do lucro da oferta. Igualmente permanecemos com algumas dúvidas quanto à eficácia da *flat-tax*, tão bem defendido por Richard (Dick) Armey e quanto às virtualidades do USA tax (que se baseia no net cash flow das empresas), porque isso terminaria de vez com um sistema fortemente personalizante (não será isso o que o contributinte deseja?), apesar de complexo e difuso e mesmo ponderados os riscos da fraude e da evasão fiscais, mas respeitador da liberdade e das escolhas individuais e exclusivas dos sujeitos passivos.

Nazaré da Costa Cabral
Guilherme Waldemar d'Oliveira Martins

O Prisioneiro, o Amante e as Sereias – Instituições Económicas, Políticas e Democracia
PAULO TRIGO PEREIRA

Coimbra, Almedina, 2008, 364 páginas

Se dúvidas houvesse, bastaria olharmos em volta, para ver que a economia contemporânea nos está a reservar, em cada dia que passa, demasiadas surpresas, que não só nos deixam perplexos, mas também põem em causa muitas ideias feitas sobre o funcionamento das instituições e dos mercados. E essas surpresas exigem que a complexidade seja considerada e que a economia seja estudada em ligação com a vida das instituições. De facto, a crise financeira revelou a fragilidade dos fundamentos políticos e económicos em que assentavam os equilíbrios considerados inabaláveis. As peças do dominó começaram a cair e a globalização encarregou-se do resto... Afinal, só poderemos compreender a evolução dos actuais problemas da economia se procurarmos perceber como é que as pessoas e a sociedade se relacionam, como é que o Estado representa os cidadãos e como é que o capital social, de que fala Putnam, se manifesta e se desenvolve. Este livro introdutório de economia das instituições é, assim, um excelente e oportuno repositório de reflexões e análises sobre as relações funcionais entre a Economia, a Política e a Democracia.

Douglas North fala de instituições como "restrições desenvolvidas por indivíduos de forma a estruturar a interacção humana". Daqui parte o autor de "O Prisioneiro, o Amante e as Sereias". Poderíamos considerar a lógica jurídica de Maurice Hauriou, ao falar de ideia de obra que persiste num meio social, ou lembrar-nos de Thorstein Veblen, que

Revista de Finanças Públicas e Direito Fiscal

preferia falar de hábitos, rotinas de conduta bastante arraigadas na vida social, no entanto, o método usado na obra em análise prefere considerar os constrangimentos sociais, com um mínimo de durabilidade, que influenciam a tomada de decisões pelos sujeitos económicos, relacionadas com a afectação dos recursos escassos à satisfação das necessidades. As leituras de Schumpeter, Wicksell, Bobbio e Rawls são, aliás, também ajudas preciosas. Refira-se ainda que é bem escolhida a alegoria da capa, o quadro de Brueghel, o Velho, para ilustrar a passagem de S. Mateus "quando um cego guia outro cego, ambos caem no abismo". Do mesmo modo são adequadamente invocados os três dilemas que constituem o título da obra. De facto, o dilema do prisioneiro, na sua lógica não cooperativa, o dilema do liberal paretiano e a decisão de Ulisses para impedir o efeito fatal do canto das sereias dão-nos exemplos de restrições desenvolvidas para estruturar a interacção humana. O segundo caso (liberal paretiano), foi apresentado por Amartya Sen com o exemplo do livro de D.H. Lawrence "O Amante de Lady Chatterley". Há um único exemplar disponível dessa obra e duas pessoas interessadas na sua leitura, uma púdica e outra lasciva. A opção é: ou nenhum lê (proibição) ou um só lê. Sen demonstra que ou se satisfaz o critério liberal e isto viola a decisão democrática (unânime) ou se toma uma decisão democrática e isso viola as liberdades individuais. De facto, ambos preferiram que só o púdico lesse o livro, mas a primazia do critério liberal significa que o lascivo leia também o livro. Já no caso de Ulisses, a decisão do herói de Ítaca de se fazer amarrar ao mastro do seu navio, pondo cera nos ouvidos dos seus remadores, para que não houvesse qualquer tentação, auto-limitou a capacidade de decidir e reagir, criando condições para poder passar incólume por essa provação. Como o autor refere este terceiro tipo conduz-nos ao exemplo da aplicação do sistema dos défices excessivos na UEM e na moeda única europeia, que é uma imposição de todos, em face da incapacidade de cada um chegar voluntariamente à restrição do desequilíbrio orçamental e na dívida pública. Nesta perspectiva, importa considerar o diferentes modos de acção que permitem ao Estado e ao mercado funcionar – ora formal, ora informalmente, ora pelos jogos não cooperativos ora pelos jogos cooperativos (como no equilíbrio de Nash). De facto, além das restrições para estruturar interacções, há instituições para promover a cooperação, há condições favoráveis à coordenação e a evitar conflitos, há a gestão de expectativas e a evolução das sociedades, envolvendo o capital social, a confiança, a governação e a contratualização.

Mas por que razão existem as instituições e como evoluem? A troca, a coacção e o dom (de que falava François Perroux) influenciam-se mutuamente, o contrato social organiza os protagonistas sociais e políticos, a conflitualidade inerente aos direitos de propriedade, à concorrência e à liberdade de iniciativa, a dialéctica entre inclusão e exclusão e os diversos tipos de dilema condicionam a "tragédia dos comuns" (sempre que há um recurso de uso comum, haverá uma conflitualidade inexorável, que obriga a uma instituição apta a regular o conflito)... Nesse sentido, importa haver uma dinâmica social de representação e participação que permita à concorrência e à coesão social e económica funcionarem a partir da confiança e da interdependência. Daí dever analisar-se as novas perspectivas abertas na relação entre Administração, grupos de interesse, rendas e regulação. Não é possível, de facto, lançar processos sustentáveis de reforma da sociedade sem compreender o lugar das Administrações Públicas e as novas formas de gestão pública (como, por exemplo, a contratualização com os hospitais-empresa, além das parcerias público-privadas). Mas há ainda os grupos de interesses, numa tensão entre pluralismo e corporativismo; e também a regulação, com todas as dificuldades inerentes à necessidade de independência e de respeito escrupuloso pela concorrência e pelo bem comum; para não falar na questão das ordens profissionais e da afirmação dos pólos do corporativismo estatal e do corporativismo social.

Por fim, Paulo Trigo Pereira trata ainda das Escolhas Colectivas e da Democracia, envolvendo: as regras e decisões colectivas; os métodos de votação, agenda e voto estratégico (desde a arte da manipulação política à arte da deliberação pública e à escolha das instituições justas); o referendo, o quórum e a representação (na relação entre democracia directa e representativa); os sistemas eleitorais: tipos, dimensões e consequências; democracia, competição e deliberação. E encontramos as dificuldades inerentes à ponderação dos interesses divergentes e complexos numa sociedade pluralista e numa economia de mercado. As decisões numa sociedade aberta são sempre condicionadas pelos interesses concretos em presença. Como diz o Professor Trigo Pereira na apresentação à interessante entrevista a Mancur Olson incluída neste volume: o problema é o "de saber em que condições se espera que um grupo de pessoas, empresas ou nações se organize para prosseguir um interesse comum e em que condições se espera que tal não aconteça. O problema é de grande relevância em Economia pois esses grupos podem fornecer voluntariamente bens ou serviços públicos (provisão voluntária de bens públicos). Alternativamente esses grupos podem funcionar como grupos de interesse (ou de pressão) com objectivos redistributivos para os seus membros (*distributional conditions*). A aplicação desta teoria abrange pois desde pequenos grupos como associações voluntárias, grupos ambientalistas, um pequeno cartel de empresas, *lobbies*, ou uma pequena aliança de nações, até grupos mais vastos como sejam os sindicatos, os partidos políticos, as classes sociais, grupos de consumidores ou desempregados"... É a legitimidade e o seu apuramento numa sociedade pluralista que estão em causa. Daí que Paulo Trigo Pereira fale (procurando-o) de um "ideal democrático razoável", entendido deste modo: "a democracia deve ser o arranjo institucional que regule a competição política, pelo acesso ao poder de governar e de influenciar as decisões colectivas, e que deve ser desenhado de forma a promover a deliberação acerca do interesse público, a partir de um pluralismo de concepções diversas". E aqui estamos no âmago do debate democrático, da economia das instituições e no cerne do tema do consentimento cívico e da participação dos cidadãos.

Guilherme d'Oliveira Martins

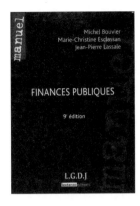

Finances Publiques
MICHEL BOUVIER
MARIE-CHRISTINE ESCLASSAN
JEAN-PIERRE LASSALE

L.G.D.J – Lextenso éditions – 9e édition

Acaba de sair a 9.ª edição de *Finances Publiques*, de Michel Bouvier, Marie-Christine Esclassan e Jean-Pierre Lassale, um dos mais importante manuais de finanças públicas, que tem conhecido um grande sucesso público e vindo a ser actualizado em sucessivas edições, apesar da morte entretanto ocorrida do Professor Lassale.

Michel Bouvier e Marie-Christine Esclassan têm dado, aliás, um incansável contributo para a manutenção e a renovação do ensino das finanças públicas, através do seu magistério na Sorbonne, da *Revue Française des Finances Publiques*, assim como da *Association pour la Fondation Internationale de Finances Publique*, mantendo-se fieis à tradição metodológica das finanças públicas francesas, mas sem hesitar em a enriquecer e confrontar com outros modelos e experiências são um raro exemplo de resistência ao império anglo-saxónico.

Friso bem que tanto não significa encerramento em ideias preconcebidas nem recusa do diálogo científico, mas tão só a rejeição de cair na tentação, visível em outros autores e outros países, de cortar com toda a tradição do ensino. Nesse aspecto, um ponto especialmente interessante é o da concepção pluridisciplinar das finanças públicas, convocando as contribuições do direito, da economia, da ciência política, da sociologia e até da psicologia, que foi devidamente acentuado por Gaudemet, expressamente citado pelos autores, ao considerar a ciência das finanças públicas como uma "science-carrefour".

Revista de Finanças Públicas e Direito Fiscal

Esse carácter pluridisciplinar das finanças públicas representou uma das principais dificuldades para a afirmação desse ramo do saber e permite que, ainda hoje, se coloquem muitas reticências quanto à solidez do seu estudo. Representa, todavia, a única perspectiva que pode permitir ultrapassar a má imagem que acompanha, muitos vezes, a disciplina por força da sua excessiva tecnicidade ou do estéril positivismo.

Nada disso se encontrará, de facto, num Manual que parte logo da verificação da importância do estudo das finanças públicas para o conhecimento da sociedade politicamente organizada, acentuando a necessidade de pensar as finanças no seu contexto geral e de reconhecer a sua crescente complexidade e incerteza.

Também não deixam os autores de ter presente a circunstância de todos os países se estarem a confrontar com alterações profundas neste domínio, que acabam por se influenciar reciprocamente e não podem ser ignoradas pelo efeito que acabam por ter nos diferentes sistemas. A reforma da legislação francesa de 2001 é, assim, correctamente, inserida num contexto mais vasto de reformas do estado, no plano interno, e das finanças públicas num plano comparado.

Os autores alertam, por outro lado, para a existência de diversas concepções de finanças públicas, desde a que se mantém fiel aos princípios do intervencionismo estatal, até àquela que apenas se preocupa com uma perspectiva mercantil e gestionária, passando pela em que se parecem inserir, apesar dos seus contornos mais indefinidos, que procura conjugar a solidariedade social com a eficácia e a tradição democrática.

É, pois, natural que uma primeira parte do Manual seja consagrada às finanças públicas no seu ambiente, envolvendo sub-partes consagradas ao Estado e às finanças públicas contemporâneas, ao contexto internacional e europeu, ao quadro conceptual e às estruturas institucionais.

Trata-se de uma das partes mais originais do livro, onde os autores conseguem uma descrição das mutações das finanças públicas nos seus aspectos conceptuais e organizativos, de importância fundamental para a compreensão da matéria subsequente.

Uma segunda parte, que é a mais extensa e tradicional nos manuais de finanças, é consagrada ao estudo das finanças do Estado, ainda que a arrumação seja diversa da que tradicionalmente se encontra. Aqui os autores confirmam o seu excelente domínio da técnica das finanças públicas, mantendo uma escrita viva e uma apresentação sedutora das várias matérias abordadas. Exemplar deste último aspecto é a segunda sub-parte – O Orçamento do estado: actores e procedimentos, com uma especial atenção à matéria da nova governação financeira e do controlo.

Depois de uma terceira parte consagrada aos mecanismos e instrumentos financeiros, em que se integra o estudo do Banco de França e da tutela da política económica, uma quarta sub-parte é consagrada à teoria do imposto, constituindo, na realidade, um curso sintético de fiscalidade e sistema fiscal francês.

Conclui-se o livro com uma parte consagrada às finanças locais, que acompanha, do mesmo modo, a evolução aqui registada nos últimos anos.

Estamos, pois, em face de um Manual de grande actualidade, a que se junta a clareza e rigor da escrita e a capacidade de abordar uma problemática de grande complexidade de um modo compreensível quer para os estudantes quer para um público mais geral. É pena, seguramente, que o sacrifício crescente dos textos universitários franceses aos de origem norte-americana possa determinar um menor impacto deste livro entre nós. Para quantos ensinam e investigam finanças públicas, ele continuará a ser um elemento fundamental de trabalho e o diálogo científico com a escola francesa de finanças públicas, bem mais próxima da nossa tradição, irá aprofundar-se.

É, pois, com viva alegria que agradecemos a Michel Bouvier e Marie-Christine Esclassan a nova edição de Finances Publiques.

Eduardo Paz Ferreira

Regulação em Portugal: novos tempos, novo modelo
EDUARDO PAZ FERREIRA
LUÍS SILVA MORAIS
GONÇALO ANASTÁCIO (Coord.)

Coimbra, Almedina, 2009

Com os problemas demográficos e o abrandamento do crescimento económico, a Europa assiste, no último quartel do século XX, ao declínio do Estado – Providência e à necessidade de reformulação da intervenção estadual na economia. Com efeito, os défices orçamentais crescentes evidencia(va)m as dificuldades dos Estados fiscais em financiar o amplo intervencionismo do poder público e pareciam dar razão aos que defendiam a ineficiência da gestão pública.

Neste contexto, surge o denominado Estado Regulador, assente nas virtudes do mercado temperado pela acção reguladora do poder estadual. Não se trata, aparentemente, de um retorno ao *laissez-faire laissez –passer*, porquanto o Estado não se demite da tarefa de regulação das actividades privadas, ditando-lhes regras, supervisionando o cumprimento destas e sancionando inadimplementos.

Por outras palavras: a desintervenção estatal, revelada sobretudo em privatizações, liberalizações e amplo recurso a parcerias público–privadas, não conduz, pelo menos teoricamente, a mercados desregulados; o poder público, pelo contrário, regula a concorrência nos mercados, articulando esta regulação económica com a promoção de um conjunto de valores sociais (v.g. protecção dos consumidores e protecção do ambiente).

Nesta linha, os serviços de interesse económico geral constituem exemplo paradigmático da nova acção reguladora (reregulação) do poder

294

Revista de Finanças Públicas e Direito Fiscal

público: antigos monopólios estatais, os serviços públicos, apesar de privatizados e em ambiente concorrencial, por terem de cumprir missões de interesse colectivo, têm a seu cargo obrigações de serviço público (v.g. universalidade, igualdade, continuidade, adaptabilidade, qualidade) impostas pelo Estado e sujeitas à sua acção fiscalizadora.

Para garantir o adequado funcionamento dos mercados e tendo em conta, designadamente, a necessidade de assegurar o cumprimento das obrigações de serviço público nos serviços de interesse geral, a neutralidade política (por exemplo, em sectores onde operadores públicos concorram com privados) e a especialização em matérias cada vez mais técnicas, o Estado subtrai a actividade regulatória da órbita governamental.

Dito de outro modo: paralelamente ao emagrecimento da actividade estadual, a regulação dos mercados é entregue a autoridades administrativas com relativa autonomia/independência do poder político governamental. Estas autoridades independentes, ou autónomas, como preferem Paz Ferreira e Luís Morais (cfr pág. 29 e ss do excelente texto introdutório da obra de que fazemos a recensão), regulamentam, supervisionam, dirimem litígios (entre regulados e entre estes e reguladores) e sancionam.

Atendendo ao concentrado (excesso?) de poderes de que gozam e à isenção de subordinação ministerial, a legitimidade democrática das ditas autoridades reguladoras independentes – entre nós, em bom rigor, sobretudo institutos públicos – é, por vezes, posta em causa. Importa, por isso, aprofundar os mecanismos de responsabilização parlamentar destas entidades e proceder a uma interpretação restritiva do preceito constitucional que autoriza a lei (sentido estrito) a criá-las (artigo 267°, n° 3, da Constituição da República Portuguesa).

Tendo como pano de fundo o enquadramento acabado de descrever, a obra "Regulação em Portugal: novos tempos, novo modelo?" oferece um contributo indispensável aos cultores do Direito da Regulação e da Concorrência. Trata- se de trabalho colectivo, com cerca de oitocentas páginas, coordenada pelo Professor Doutor Eduardo Paz Ferreira, pelo Professor Doutor Luís Silva Morais, nomes incontornáveis do Direito Público da Economia em Portugal, e pelo Mestre Gonçalo Anastácio, académico e reconhecido especialista de direito concorrencial.

Com um magistral texto introdutório sobre a regulação em geral, a obra em análise oferece-nos uma perspectiva global sobre o processo regulatório de vários sectores da vida financeira (banca, bolsa e seguros), da vida económica (v.g. comunicações electrónicas, serviços postais, energia, transportes terrestres, aviação civil, águas e resíduos, construção) e da vida social (saúde) em Portugal, bem como sobre as complexas problemáticas dos poderes sancionatórios dos reguladores e das relações entre reguladores sectoriais e regulador transversal (Autoridade da Concorrência).

Da colectânea de textos em apreciação, da autoria de conceituados académicos com notável saber prático e de não académicos com larga experiência na *praxis* e boa capacidade teórica, não podemos deixar de destacar o rigor e a profundidade no tratamento dos diversos temas.

Naturaliter, uma obra colectiva que se debruça essencialmente sobre a regulação em diversos sectores da Economia é marcada pela heterogeneidade, o que reforça a riqueza deste contributo doutrinário para a ciência jurídica. No entanto, da leitura atenta dos textos é possível descortinar relevantes traços que perpassam todo o fenómeno regulatório, *maxime* a influência comunitária na mutação do papel do Estado e na emergência de reguladores independentes – reguladores independentes sobretudo dos regulados.

Por outro lado, a obra "Regulação em Portugal: novos tempos, novo modelo?" permite-nos ainda projectar o futuro da regulação na Europa e no mundo.

Na verdade, as associações europeias de reguladores dos Estados – Membros, as redes europeias de autoridades reguladoras e a criação de agências de regulação europeias, por enquanto assentes fundamentalmente na *soft law*, parecem conduzir inexoravelmente à centralização do modelo regulatório no âmbito da Comunidade Europeia.

Não é só, porém, aos níveis nacional e regional que se faz sentir a necessidade de revisão e reforço dos modelos regulatórios: a presente crise financeira, económica e social tem dimensão mundial e exige, conforme perspicaz e sensatamente afirmam Paz Ferreira, Luís Morais e Gonçalo Anastácio, uma discussão séria sobre "um verdadeiro edifício regulatório geral que possa enquadrar os processos de globalização económica"(cfr nota prévia da obra a que nos temos vindo a referir).

Numa palavra: "Regulação em Portugal: novos tempos, novo modelo?" é uma publicação de grande mérito e actualidade, leitura obrigatória para juristas e cidadãos preocupados com a *res publica*. Pela

Revista de Finanças Públicas e Direito Fiscal

nossa parte, resta-nos desejar que esta seja apenas a primeira etapa de uma obra inacabada e que, em breve, se sigam mais estudos sobre a regulação em outros sectores da vida económico –social e se proceda às necessárias actualizações de uma realidade em constante devir, a regulação económico-social.

João Nuno Calvão da Silva

NA WEB

Por **Nuno Cunha Rodrigues**

SITE DA OCDE
www.oecd.org

Neste momento conturbado da economia mundial, o acesso a informação clara e rigorosa pode esclarecer dúvidas que a obscuridade que envolve o quotidiano não permite dissipar.

O *site* cuja consulta propomos, neste número da Revista de Finanças Públicas e Direito Fiscal, é uma ajuda para quem pretenda conhecer parâmetros da economia mundial de forma simples e rápida.

Referimo-nos à página da internet (disponível em www.oecd.org.), da Organização para a Cooperação e Desenvolvimento Económico (OCDE), organização com inegável prestígio e independência.

É certo que, actualmente, os chamados "motores de busca" conduzem, em poucos segundos, a *sites* como aquele a que nos referimos.

No entanto, frequentemente, a forma como a informação é disponibilizada ou o modo de *navegação* não optimizam o benefício.

O site da OCDE, para além da informação tradicionalmente incorporada em *sites* de organizações internacionais – como a história da OCDE, a estrutura da organização, as vagas no mercado de emprego ou as ofertas de contratação – dispõe de recursos especificamente dirigidos a jornalistas, entidades públicas, sociedade civil e parlamentos.

É igualmente possível aceder aos estudos e trabalhos da OCDE mediante tópicos – economia, sociedade, desenvolvimento, finanças, política de governação, inovação e ambiente e sustentabilidade – ou aos diferentes departamentos da Organização.

Por meio destes recursos específicos, consegue-se analisar a relação entre a política fiscal, o comércio internacional e o investimento público, percorrer as políticas de ajuda ao desenvolvimento, analisar a despesa fiscal ou conhecer as políticas de saúde praticadas em diferentes Estados.

Revista de Finanças Públicas e Direito Fiscal

Uma breve digressão pelo *site*, não nos permite inventariar a enorme quantidade de informação, em áreas tão diversas como a educação, a biotecnologia, a emigração ou a energia.

Temos, porém, como certo que este instrumento constitui um excelente ponto de partida para aqueles que desejem iniciar uma investigação numa determinada área e um óptimo ponto de chegada para quem queira obter uma informação clara, rápida e concisa sobre diferentes aspectos da economia mundial e nacional.

Para além das facilidades apontadas, o *site* permite aceder a informação por país.

Encontram-se já disponíveis quinze estudos sobre Portugal – sendo o mais recente de 12 de Janeiro de 2009 sobre o sistema de saúde – em áreas diferenciadas, como política fiscal, emprego, segurança social ou saúde.

O *site* permite ainda aceder à base de dados da OCDE e à livraria e biblioteca desta organização internacional.

Registe-se que o *site* se encontra disponível em inglês e francês, não existindo versão em português, sem prejuízo de um ou outro estudo estar redigido nesta língua.

Em síntese, trata-se de uma ferramenta indispensável para todos os que lidam com finanças públicas e direito fiscal.

BLOG LADRÕES DE BICICLETAS
www.ladroesdebicicletas.blogspot.com/

Pululam na Internet os chamados *blogs* que, entre exercícios de narcisismo, formas anónimas e cobardes de vilipendiar situações e pessoas e verdadeiras colunas de opinião, reflectem a sociedade em que vivemos.

Uns procuram veicular sensibilidades políticas, outros, situações sociais ou concretas preocupações em áreas científicas. O *blog* cuja consulta sugerimos, neste número, – ladrões de bicicletas – (acessível em http://www.ladroesdebicicletas.blogspot.com/) – agrupa estas três perspectivas, fazendo-o de forma identificada, séria e comprometida.

O *blog* existe desde 2007, altura em que a crise financeira e a situação do BCP davam os primeiros passos e a hipótese de um referendo europeu merecia um olhar critico de *bloguistas*.

Trata-se de um *site* que agrupa diferentes *"ladrões"* – como, com humor, se intitulam – todos identificáveis e, na realidade, pessoas com percursos profissionais, académicos e políticos conhecidos e de elevado prestígio.

Com uma linguagem ligeira, os intervenientes chamam, de forma particularmente activa, a nossa atenção para a realidade.

A produção traduz-se numa média de 2 *posts* por dia.

Um olhar aparentemente superficial mascara o *saber* e a *sabedoria* dos autores.

Atente-se, entre outros, nos *posts* sobre Paul Krugman; o plano económico de Barack Obama; a nacionalização do BPN; as agências de notação (*rating*) (Janeiro de 2009) ou noutros, contendo abundantes sugestões/recensões de livros (Dezembro de 2008)

O *blog* inclui exemplos práticos que espelham uma determinada perspectiva política. Veja-se o caso, citado a propósito da eficiência das empresas públicas, do governo de Singapura que é accionista maioritário de grande parte das melhores empresas desta Estado-cidade, incluindo a Singapore Airlines. Uma empresa pública considerada, por alguns, como a melhor companhia de aviação mundial (cfr. 17 de Dezembro de 2007).

É igualmente interessante verificar, numa dimensão exterior, o debate que este *blog* vai fomentando com outros autores e/ou *blogs* (veja-se, por exemplo, o diálogo com Pedro Lains ou com Medeiros Ferreira em Dezembro de 2008 e Janeiro de 2009) e o confronto critico com diferentes escolas económicas (fazendo uma intercepção entre autores nacionais e estrangeiros particularmente rica).

Em síntese, trata-se de um *blog* que, enquanto *fórum* de ideias – repare-se no título de um *post* de 9 de Dezembro de 2008: *"O debate entre economistas não é fácil"* –, não se esconde atrás do anonimato. Que faz perceber como um olhar político se pode cruzar com a economia para nos fazer reflectir, inelutavelmente, sobre o quotidiano e a ciência.

CRÓNICA
DE ACTUALIDADE

PONTO DE SITUAÇÃO DOS TRABALHOS NA UNIÃO EUROPEIA E NA OCDE – PRINCIPAIS INICIATIVAS ENTRE 1 DE DEZEMBRO DE 2008 E 15 DE FEVEREIRO DE 2009

Brigas Afonso, Clotilde Palma e Manuel Faustino

1. FISCALIDADE DIRECTA

1.1 O Tribunal de 1.ª Instância das CE e a reforma do imposto das sociedades em Gibraltar

Por sentença de 18 de Dezembro de 2008, Processo T-211/04 e T-215/04, o Tribunal de 1.ª Instância das Comunidades Europeias anulou a decisão da Comissão segundo a qual a proposta de reforma do imposto sobre as sociedades de Gibraltar constituía uma ajuda de Estado ilegal. Recorde-se que a proposta de reforma previa a derrogação do anterior sistema fiscal e o estabelecimento de três impostos aplicáveis a todas as socie-dades de Gibraltar: uma taxa de registo; um imposto sobre o número de empregados; e um imposto pela superfície ocupada. Em conjunto, a carga tributária correspondente aos dois últimos impostos não poderia exceder 15% dos lucros (Comunicado de Imprensa n.º 99/08) .

1.2 O TJCE e as deduções ao imposto sobre o rendimento pessoal

Por Acórdão de 27 de Janeiro de 2009, proferida no processo C-318/07, o TJCE considerou que a livre circulação de capitais se opõe à legislação de um Estado membro em virtude da qual, no que diz respeito as libera-lidades efectuadas a organismos reconhecidos como sendo de interesse geral, o benefício da dedução fiscal apenas é concedido aos donativos efectuados a organismos estabelecidos no território nacional, sem qual-quer possibilidade de o contribuinte demonstrar que um donativo efectu-ado a um organismo estabelecido noutro Estado membro satisfaz as con-

Revista de Finanças Públicas e Direito Fiscal

dições exigidas pela referida legislação para a concessão de tal benefício *(Comunicado de Imprensa n.º 05/09)*.

1.3 A Comissão pede ao Reino Unido para pôr fim às disposições discriminatórias em matéria de direito sucessório.

A Comissão pediu oficialmente ao Reino Unido para modificar a sua legislação que prevê alívios discriminatórios nos direitos sucessórios, pois apenas se aplicam à transmissão sucessória de propriedades agrícolas e florestais situadas no Reino Unido, nas Ilhas Anglo-Normandas ou na Ilha de Man, no primeiro caso, ou apenas no Reino Unido, no segundo. Este pedido é feito sob a forma de parecer fundamentado (segunda etapa do procedimento de infracção previsto no artigo 226.º do Tratado CE). Se o Reino Unido não responder de forma satisfatória a este parecer fundamentado no prazo de dois meses, a Comissão poderá decidir levar o caso à apreciação do TJCE (IP/09/170).

1.4 Luta contra a fraude fiscal: a Comissão propõe medidas para melhorar a cooperação entre as autoridades fiscais

No quadro da estratégia para melhorar o combate à fraude e à evasão fiscal, a Comissão adoptou duas propostas de novas directivas visando melhorar a assistência mútua entre as autoridades fiscais dos Estados membros para o estabelecimento do montante e a cobrança das dívidas tributárias. O facto de os Estados membros não poderem mais invocar o segredo bancário para recusar cooperar uns com os outros, constitui um dos elementos chave destas propostas. A estas propostas se referem as Comunicações COM(2009)28 final, de 2.2.2009 (Proposta de Directiva do Conselho relativa à assistência mútua em matéria de cobrança de créditos respeitantes a impostos, taxas, direitos e outras medidas) e COM(2009)29 final, de 2.2.2009 (Proposta de Directiva do Conselho relativa à cooperação administrativa em matéria de fiscalidade) (IP/09/201).

1.5 OCDE: discussão pública do «Projecto da OCDE relativo aos particulares mais ricos»

Crónica de Actualidade

Esteve em discussão pública, entre 30 de Outubro e 31 de Dezembro de 2008 o documento «Projecto da OCDE relativo aos particulares mais ricos», que analisa o conceito de disciplina fiscal fundado na cooperação e na criação de um quadro em cujo âmbito os particulares mais ricos e os seus conselheiros fiscais sejam induzidos a prestar espontaneamente as informações pertinentes. Este documento vem na sequência do Relatório denominado «Estudo sobre o papel dos intermediários fiscais», apresentado em Janeiro de 2008.

1.6 OCDE: Working Paper ECO/WKP(2008)64, de 19-12-2008, por Laura Vartia – How do taxes affect investment and productivity? An industry-level analysis of OECD countries

Este estudo visa estudar o efeito das políticas de tributação sobre os investimentos e a produtividade das empresas. Foram utilizados dados sectoriais para um conjunto de países da OCDE a analisou-se em que medida o impacto da tributação difere em função dos sectores. Segundo os resultados obtidos, uma alta do imposto sobre as sociedades ou uma baixa das provisões para a amortização do capital proveniente do custo da utilização do capital induzem uma baixa do investimento das empresas. Foram analisados os mecanismos do impacto da tributação das empresas sobre a sua produtividade e foi testado se alguns sectores são mais sensíveis que outros. Segundo se pensa, o imposto sobre as sociedades, mas também os últimos escalões do imposto sobre o rendimento pessoal, têm um efeito negativo sobre a produtividade. Em contrapartida, as vantagens fiscais à investigação e ao desenvolvimento parecem ter um efeito benéfico sobre a produtividade. Estes efeitos são mais fortes nos sectores mais rentáveis, nos sectores caracterizados por um nível de actividade empreendedora e nos sectores caracterizados por um nível mais elevado de investigação e desenvolvimento.

1.7 A OCDE publicou relatórios relativos às questões formuladas pelos investidores em carteiras de valores mobiliários, tendo em vista beneficiarem das Convenções

O Grupo consultivo informal sobre a tributação dos organismos de investimento colectivo e os procedimentos de alívio fiscal para os investido-

res transfronteiras (CGI) preparou para exame do Comité dos Assuntos Fiscais da OCDE dois relatórios publicados em 12-1-2009. O primeiro relatório trata do problema da aplicação do benefício das convenções de dupla tributação aos organismos de investimento colectivo. O segundo relatório debruça-se sobre as melhorias que poderiam ser introduzidas aos procedimentos de alívio fiscal ao rendimento dos investidores transfronteiras.

2. IMPOSTO SOBRE O VALOR ACRESCENTADO

2.1 Proposta de Directiva

A Comissão, a 28.01.2009, apresentou uma proposta de Directiva (COM (2009) 21) que altera a Directiva IVA (Directiva 2006/112/CE), no que respeita às regras da facturação.

2.2 Comunicação da Comissão ao Conselho

A Comissão, a 28.01.2009, apresentou uma Comunicação sobre os desenvolvimentos tecnológicos no domínio da facturação electrónica e das medidas para simplificação, modernização e harmonização das regras da facturação em IVA (COM (2008) 807).

2.3 Regulamento

A 16.12.2008 foi aprovado o Regulamento (CE) n.º 37/2009, do Conselho, que altera o Regulamento (CE) n.º 1798/2003 relativo à cooperação administrativa no domínio do IVA, a fim de lutar contra a fraude fiscal ligada às operações intracomunitárias.

2.4 Directiva

A 16.12.2008 foi aprovado a Directiva 2008/117/CE, do Conselho, que altera a Directiva IVA (Directiva 2006/112/CE), a fim de lutar contra a fraude fiscal ligada às operações intracomunitárias.

Crónica de Actualidade

3. IMPOSTOS ESPECIAIS DE CONSUMO HARMONIZADOS, IMPOSTO SOBRE VEÍCULOS E UNIÃO ADUANEIRA

3.1. *União Aduaneira*

A UE e a China assinaram, a 30.01.2009, um acordo em matéria aduaneira., com o objectivo de reforçar a cooperação aduaneira em matéria de protecção dos direitos de propriedade intelectual (IP/09/193).

3.2. *Fiscalidade automóvel.*

A Comissão Europeia decidiu iniciar, em 29.01.2009, um novo procedimento de infracção contra a Grécia por considerar que as alterações legislativas recentemente efectuadas na respectiva legislação fiscal automóvel continuam a discriminar os veículos usados adquiridos noutro Estado Membro, dado que apenas permitem o cálculo do imposto com base nos anos de uso e na quilometragem, o que, de acordo com a Comissão, não é suficiente (IP/09/169).

3.3. *Dia mundial das Alfândegas.*

Os serviços aduaneiros do mundo inteiro celebraram, no dia 26 de Janeiro, o Dia Mundial das Alfândegas, sob a coordenação da Organização Mundial das Alfândegas (OMA). Este ano as comemorações tiveram como tema "A Alfândega e o Ambiente: protegemos o nosso património natural".

3.4. *Aprovação do Plano de Acção para os Transportes Marítimos.*

A Comissão Europeia aprovou, a 21 de Janeiro, o Plano de Acção para o Transporte Marítimo, com o objectivo de o tornar mais atractivo, mediante a eliminação de barreiras aduaneiras ainda existentes, concentrando num único procedimento as matérias aduaneiras, fiscais, sanitárias e veterinárias.

3.5. Publicação da Directiva 2008/118/CE do Conselho de 16 de Dezembro de 2008, relativa ao regime geral dos impostos especiais de consumo.

No essencial, as alterações visam a informatização, a nível comunitário, dos movimentos e dos controlos dos produtos sujeitos a IEC, em substituição do sistema actual, baseado em suporte papel, sendo revogada a Directiva 92/12/CEE.

A POLÍTICA AMERICANA DE RECUPERAÇÃO
E DE REINVESTIMENTO (2009)

O *American Recovery and Reinvestment Act* de 2009, promulgado pelo Presidente Obama em 17 de Fevereiro passado, representa um passo da maior importância na inversão do rumo da condução da política económica norte-americana, dando sequência a muitas das promessas eleitorais do novo Presidente. A sua aprovação culminou um debate, por vezes mais agreste do que se poderia ter antevisto, com o reaparecimento dos defensores das antigas receitas republicanas e sem que Obama conseguisse levar por diante o seu desígnio de um apoio bi-partidário, uma vez que apenas logrou obter três votos republicanos no Senado e, ainda assim, à custa do sacrifício de alguns importantes programas de despesa pública.

Se à direita política o plano apareceu como excessivamente intervencionista, nem por isso à esquerda do Partido Democrata deixou de desagradar por ser menos ambicioso do que alguns, como Krugman, desejariam e por prestar excessiva importância aos estímulos fiscais em detrimento da despesa pública.

A nova lei, de que todos esperamos resultados sensíveis na contenção da crise, aparece como um instrumento equilibrado, reflectindo um certo "centrismo económico" que vinha caracterizando as intervenções de Barack Obama, empenhado em conseguir uma receita que equilibrasse e conjugasse terapêuticas até agora consideradas antagónicas.

A lei e as medidas que envolve têm, naturalmente, um custo alto para os contribuintes, aspecto que Obama não ilude e que procura minimizar através da total transparência dos gastos, inscritos num registo próprio acessível on-line num novo site– recovery.gov .

É, por outro lado, claro que Obama considera esta lei apenas como um primeiro passo num árduo caminho, em que aparece como especialmente difícil a recuperação do sector financeiro.

Apresenta-se, de seguida, uma breve síntese das principais medidas, repartidas em incentivos empresariais, incentivos ao nível energético e

Revista de Finanças Públicas e Direito Fiscal

incentivos individuais. Em próximo número será esboçada uma análise mais pormenorizada.

Incentivos empresariais

– *NOL carryback* para pequenas empresas: contribuintes com perdas líquidas podem requerer o reembolso de impostos previamente pagos (através de mecanismos de *carryback)*. O período de carryback é alargado de 2 para 5 anos, permitindo aos contribuintes receber impostos adicionais previamente pagos.

– É atribuído às empresas um crédito fiscal de $2,400 por cada trabalhador contratado entre determinados grupos pré-definidos (veteranos, jovens, p. ex.),

– Em caso de mudança de propriedade da instituição bancária, que implique um aumento dos seus rendimentos, reduz-se a possibilidade de utilizar como dedução para efeitos de IRS perdas e deduções anteriores. Assim se revoga a anterior e mais flexível orientação do IRS.

– Em contrapartida, as regras sobre a limitação de perdas para as empresas reestruturadas ao abrigo do *Emergency Economic Stabilization Act* são flexibilizadas.

– Alguns investidores não societários detentores de participações qualificadas recebem uma parte do ganho isento de impostos quando vendam as participações, com a condição de detenção das acções por 5 ou mais anos. O Acto aumenta a porção livre de impostos de 50% para 75%.

Incentivos no campo energético

– Previsão de um crédito fiscal (30%) como significativo incentivo fiscal aos produtores para desenvolver e investir em instalações e meios tendentes à produção do equipamento de alto tecnologia necessário à obtenção de tecnologias e processos eficientes no ponto de vista energético.

– Alargamento dos créditos de imposto para energias renováveis.

311

Crónica de Actualidade

– Benefícios para os contribuintes que instalem nas habitações equipamentos que permitam a redução do consumo de energia e de aproveitamento de fontes de energia renovável.

– Promoção, via fiscal, da aquisição de veículos eléctricos e para conversão dos veículos em veículos eléctricos (*convertion kit credit*).

Incentivos Individuais

– O Acto aumenta o montante de rendimento isento de AMT (*alternative minimum tax*) de 33,750 (solteiro)/ 45,000 (casais a declarar conjuntamente) para 46,700 (solteiro)/ 70,950 (casais a declarar conjuntamente) e estende alguns crédito de AMT em 2009.

– Os contribuintes que paguem menos de 90% dos seus impostos anuais podem ser sujeitos a sanções. Até agora existia uma redução de responsabilidade (um *safe harbour*) para os contribuintes que pagassem pelo menos 100% da responsabilidade do ano anterior. Este *safe harbour* foi reduzido para 90% da responsabilidade do ano anterior, quando estejam em causa proprietários de pequenos negócios com um rendimento inferior a 500,000, desde que pelo menos 50% desse rendimento resulte de pequenos negócios, com menos de 500 empregados.

– Introdução de um novo crédito *making work pay*, que permite que cada trabalhador receba 6,2% do rendimento auferido ou $400 (800 para casais a declarar conjuntamente). Não se aplica a casos em que o rendimento bruto seja superior a $70,000 (solteiros) ou $140,000 (casais a declarar conjuntamente). Este crédito termina depois de 2010.

– *American opportunity tax credit*: Foi adicionado ao *Hope Scholarship credit* o *american opportunity tax credit*, que cria um crédito de $2,500 para educação superior (disponível para os primeiros 4 anos de educação pós secundário), com uma parte reembolsável. Aumenta-se a incidência do crédito e passa a incluir também materiais de estudo e propinas.

– Novo crédito para a compra de casa (*Homebuyer credit*): A compra de nova residência beneficia de um crédito de 10% sobre o valor da casa. Com o Acto, quem comprar residência no prazo de um ano a contar da sua entrada em vigor, passa a poder ter um crédito máximo de 8,000

Revista de Finanças Públicas e Direito Fiscal

(antes era 7,500), para casais que declaram conjuntamente, com um período de 36 meses de permanência.

– Deduções nas vendas e *Excise taxes* (taxa aplicada a produtos produzidos dentro do país) sobre a compra de novos carros. Trata-se de uma nova dedução aplicada à compra de novos carros depois de 12 de Novembro de 2008 e antes de 1 de Janeiro de 2010. Mas esta nova dedução desaparece nos casos de rendimentos mais elevados ($125,000 para solteiros e $250,000 para casais)

– *earned income credit*: taxa aplicável a determinados grupos de indivíduos com rendimentos mais reduzidos e que faz com que o contribuinte veja todas as taxas que deve reduzidas e possa mesmo receber um reembolso se a taxa eliminar todas as dívidas por completo.

Esta taxa em 2009 e 2010 é aumentada para 45% para as famílias com 3 ou mais filhos e é ligeiramente aumentada para os casais.

– Em 2009 e 2010 mais famílias vão beneficiar do *child tax credit*, porque *o montante de rendimento auferido* que passa a ser tido em conta é reduzido para $8,100.

– Alargamento dos créditos fiscais para contribuintes com seguros de saúde. Estes passam a corresponder a 80% do prémio pago para contribuintes e família.

– Computadores e tecnologia (*v.g.*, acesso à internet) são qualificados como despesa de educação.

– Exclusão de tributação dos subsídios de desemprego dentro de determinados limites ($ 2,400).

Ana Perestrelo de Oliveira

ALTERAÇÃO DAS BASES DA CONCESSÃO OUTORGADA À BRISA – AUTO-ESTRADAS DE PORTUGAL, SA

Na sequência de concurso público, o Estado português outorgou à Brisa uma concessão de obras públicas que compreendeu a construção, conservação e exploração de auto-estradas, e cujas bases foram aprovadas pelo Decreto-Lei n.º 467/72, de 22 de Novembro.

Em 1997, nos termos autorizados pelo Decreto-Lei n.º 294/97, de 24 de Outubro, este contrato foi revisto, incorporando e reproduzindo na integra as bases aprovadas por esse decreto-lei.

Depois de alterações diversas pontuais[1], surge agora o Decreto-Lei n.º 247-C/2008, de 30 de Dezembro, a alterar de forma mais abrangente as bases desta concessão, tal como estabelecidas no referido Decreto-Lei n.º 294/97.

Nas palavras do legislador, as razões que estão na origem deste processo de alteração prendem-se, no essencial, com a necessidade de dar resposta às "profundas alterações legislativas operadas no âmbito do sector rodoviário nacional, designadamente a nível técnico, financeiro e de defesa dos utentes das infra-estruturas rodoviárias", por um lado, e de aprofundar o relacionamento entre concedente e concessionário, por via do alargamento da rede viária concessionada à Brisa, por outro.

A par destes dois grandes objectivos, são-nos anunciadas alterações no regime de comparticipações financeiras do Estado no custo da construção de auto-estradas, a eliminação dos benefícios fiscais atribuídos à concessionária e o reforço da partilha de benefícios entre as partes.

Observemos mais de perto os objectivos e as alterações assinaladas.

No que respeita ao primeiro dos objectivos mencionados, não se vislumbram modificações dignas de registo, devendo, ao invés, sublinhar-

---

[1] Referimo-nos, designadamente, aos Decretos-Leis n.ºs 387/99, de 28 de Julho, 326/2001, de 18 de Dezembro, 314-A/2002, de 26 de Dezembro, e 39/2005, de 17 de Fevereiro.

Revista de Finanças Públicas e Direito Fiscal

se a inexistência de qualquer referência ao "Novo Modelo de Gestão e Financiamento das Infra-Estruturas Rodoviárias" encetado em 2007[2].

Em traços muito gerais, a implantação deste novo modelo passou pela adopção de conjunto de medidas, de que se destacam:

a) A criação da "contribuição do serviço rodoviário" e a sua afectação ao financiamento da Estradas de Portugal como "contrapartida pela utilização da rede rodoviária nacional, tal como esta é verificada pelo consumo dos combustíveis"[3];

b) A transformação da Estradas de Portugal, E.P.E., em sociedade anónima de capitais públicos[4];

c) A outorga de um contrato de concessão com a Estradas de Portugal, S.A., cujas bases foram fixadas pelo Decreto-Lei n.º 380/2007, de 13 de Novembro;

d) O estabelecimento de um novo modelo de regulação e supervisão do sector, por via da criação do Instituto de Infra-Estruturas Rodoviárias, I. P. (InIR, IP)[5].

À Excepção do InIR, IP, e das novas competências de regulação e supervisão da rede rodoviária, nenhuma referência surge no decreto-lei em análise ao novo modelo de gestão e financiamento, especialmente no que respeita aos aspectos gestionários da rede rodoviária nacional e à forma como se deverá processar o relacionamento da Estradas de Portugal, enquanto concessionária geral do Estado (que tem por objecto a concepção, projecto, construção, financiamento, conservação, exploração, requalificação e alagamento da rede rodoviária nacional) e as suas concessionárias privadas, como é o caso da Brisa.

Em relação ao outro dos objectivos referidos ("aprofundar o relacionamento entre concedente e concessionário"), verifica-se o alargamento da rede viária concessionada à Brisa, em particular no que se refere às

---

[2] Que consta da Resolução do Conselho de Ministros n.º 89/2007, de 14 de Junho, do Decreto-Lei n.º 148/2007, de 27 de Abril, do Decreto-Lei n.º 374/2007, de 7 de Novembro, e do Decreto-Lei n.º 380/2007, de 13 de Novembro

[3] Criada pela Lei n.º 55/2007, de 31 de Agosto.

[4] Operada pelo Decreto-Lei n.º 374/2007, de 7 de Novembro.

[5] Nos termos do Decreto-Lei n.º 148/2007, de 27 de Abril.

auto-estradas construídas ou a construir pela concessionária em regime de portagem e cuja receita lhe é atribuída.

Outra das matérias que sofre alterações é a que diz respeito ao regime de financiamento da concessão. Diferentemente do que estava previsto, o Estado deixa de comparticipar no custo de construção das auto-estradas e das obras complementares a que a concessionária se obriga a executar nos termos do contrato de concessão, à excepção dos custos referentes ao aumento do número de vias em algumas auto-estradas e à construção de novas auto-estradas que, por razões de ordem técnica e económica e por acordo das partes, surjam em alternativa ao aumento do número de vias das auto-estradas concessionadas[6].

Em complemento, são extintos os "Fundo de Equilíbrio" e o "Fundo de Desenvolvimento" e, bem assim, os créditos do Estado aí registados para regularização dos saldos em dívida referentes às comparticipações financeiras devidas à concessionária, o que significa que tais créditos foram utilizados, na sequência do acordo de regularização de créditos anunciado.

Revogado é também o regime de benefícios fiscais atribuídos à concessionária Brisa nos termos autorizados pela Base XIII. Refira-se, no entanto, que tal regime sempre assumiu carácter transitório, estando a sua extinção desde o início prevista para o final de Dezembro de 2005[7]. Recorde-se, contudo, que a sua origem remonta ao Decreto-Lei n.º 49 319, de 25 de Outubro de 1969, que atribuiu uma significativa isenção fiscal às concessionárias de auto-estradas, e ao Decreto-Lei n.º 467/72, de 22 de Novembro, que outorgou à BRISA o contrato de concessão, concretizando os beneficios fiscais previstos no referido Decreto-Lei 49 319.

Na revisão do contrato de concessão operada em 1997, nos termos autorizados pelo Decreto-Lei n.º 294/97, o referido regime de isenção sofreu algumas modificações e passou a ter carácter temporário, ficando a sua extinção prevista para 31 de Dezembro de 2005, extinção que definitivamente agora se concretiza.

---

[6] Cfr. Base XXVII.

[7] Ou seja, desde a versão originária do Decreto-Lei n.º 294/97, de 24 de Outubro.

Das alterações anunciadas, destaca-se ainda o novo regime de partilha de beneficios entre concedente e concessionário. Pelo que nos é dado a observar, essa partilha resulta notória apenas nas alterações introduzidas a obras já realizadas e na criação de instalações suplementares que venham a ocorrer após 31 de Dezembro de 2008.

Paralelamente, importa deixar em registo a definição de um novo modelo de controlo de qualidade que atribui à concessionária a responsabilidade de garantir não apenas a qualidade da concepção e do projecto, mas também a qualidade da execução e da durabilidade do objecto da concessão em condições de funcionamento e operacionalidade, ao longo de todo o período da concessão.

Em observância deste modelo, merece particular destaque a obrigatoriedade de a concessionária ter de proceder à elaboração de um plano de controlo de qualidade, a ser aprovado pelo InIR, do qual devem constar "os indicadores de desempenho que a concessionária se propõe fazer verificar, a periodicidade de verificação e apresentação de relatórios ao InIR, os padrões mínimos a respeitar e o tipo de operações de reposição (...)"[8]. A par disso, a concessionária passa ainda a ser responsável pela elaboração e cumprimento de um "Manual de Operação e Manutenção da Auto-Estrada", contemplando as regras, princípios e procedimentos a observar em domínios como os que se referem aos pavimentos, obras de arte, túneis, equipamento de segurança, sinalização, iluminação e telecomunicações.

Por fim, sublinhe-se a previsão da prorrogação do prazo da concessão até 31 de Dezembro de 2035.

Alexandra Pessanha

---

[8] Cfr. Base XXXIII.

ACTUALIDADE FISCAL

Desde 10 de Fevereiro é possível solicitar a redução de retenção na fonte de imposto e o reembolso parcial de imposto retido na fonte, relativamente a **pagamento de juros e ou *royalties***. Quatro anos após a entrada em vigor do Decreto-Lei n.º 34/2005, que procedeu à transposição da Directiva n.º 2003/49/CE, do Conselho, que prevê um regime fiscal comum aplicável aos pagamentos de *juros* e *royalties*, foram finalmente aprovados os modelos de formulários a que se referem o n.º 4 do artigo 89.º-A e a alínea b) do n.º 2 do artigo 90.º – A do Código do IRC.

Como é sabido, o regime fiscal comum aplicável aos pagamentos de juros e *royalties* – cujo objectivo final consiste em isentar de tributação na fonte estes pagamentos com vista a assegurar que sejam sujeitos a uma única tributação num Estado membro – prevê um regime transitório para a Grécia, Espanha e Portugal que se traduz na fixação de uma taxa máxima de tributação, durante um período transitório de oito anos que teve início em 1 de Julho de 2005.

O Conselho fixou a taxa de imposto aplicável aos pagamentos de juros e *royalties*, cujo beneficiário seja uma sociedade associada de outro Estado membro ou um estabelecimento estável situado noutro Estado membro de uma sociedade associada de um Estado membro, em 10% entre 1 de Julho de 2005 e 30 de Junho de 2009 e em 5% entre 1 de Julho de 2009 e 30 de Junho de 2013.

Os formulários devem ser preenchidos, em triplicado, pelo beneficiário efectivo dos juros e ou *royalties* obtidos em território português, ou pelo seu representante legal em Portugal, destinando-se cada um dos exemplares, depois de certificado pela autoridade fiscal competente do Estado membro da residência do beneficiário dos rendimentos: à entidade obrigada a efectuar a retenção na fonte; à autoridade fiscal do Estado membro da União Europeia de que a sociedade beneficiária é residente ou em que se situa o estabelecimento estável do beneficiário dos rendimentos; e à entidade beneficiária dos rendimentos.

A entrega do formulário junto da entidade obrigada a efectuar a retenção na fonte de IRC deve verificar-se até ao termo do prazo estabe-

Revista de Finanças Públicas e Direito Fiscal

lecido para entrega do respectivo imposto (MOD.01-DJR). O formulário relativo ao pedido de reembolso parcial de imposto (MOD.02-DJR) deve ser enviado à Direcção de Serviços de Relações Internacionais no prazo de dois anos da data de verificação dos pressupostos.

À semelhança do que sucedeu no passado com a aprovação do Decreto Legislativo Regional n.º 6/2000/M, foi recentemente aprovado pela Assembleia Legislativa Regional da Madeira, o **Decreto Legislativo Regional n.º 2/2009/M**, com o intuito de permitir a dedução à colecta de lucros reinvestidos na Região Autónoma da Madeira.

Este regime de incentivos fiscais aos lucros reinvestidos na Região Autónoma da Madeira, veio permitir que os sujeitos passivos de imposto sobre o rendimento das pessoas colectivas que tenham sede, direcção efectiva ou estabelecimento estável na Região Autónoma, possam deduzir à colecta uma importância correspondente a 15% ou 25% dos lucros reinvestidos nos exercícios de 2009 a 2011, desde que esses lucros tenham sido apurados a partir do exercício de 2008 (artigo 1.º n.º 1 do DLR n.º 2/2009/M). Contrariamente, o regime anterior previa uma dedução à colecta correspondente a 15% dos lucros reinvestidos e era aplicável a todos os sujeitos passivos de IRC independentemente da actividade económica desenvolvida.

Nos termos do n.º 2 do artigo 2.º do Decreto Legislativo Regional n.º 2/2009/M, a dedução à colecta dos lucros reinvestidos é fixada em 25% em relação às seguintes actividades económicas:

– Fabricação de biodiesel;
– Fabricação de equipamentos informáticos, equipamento para comunicações e produtos electrónicos e ópticos;
– Actividades de edição;
– Telecomunicações;
– Consultadoria e programação informática e actividades relacionadas;
– Actividades de investigação científica e de desenvolvimento;
– Actividades dos centros de chamadas;
– Educação;
– Actividades dos estabelecimentos de saúde com internamento;
– Reparação de computadores e de equipamento periférico;
– Reparação de equipamento de comunicação.

A dedução à colecta dos lucros reinvestidos é fixada em 15% relativamente a um conjunto mais vasto de actividades económicas, que vão desde a indústria transformadora, à captação, tratamento e distribuição de água, saneamento e gestão de resíduos, ao comércio por grosso e a retalho, passando pelas actividades ligadas à restauração, aos serviços administrativos, e às actividades artísticas e desportivas.

Os valores que não sejam deduzidos à colecta de um determinado exercício podem ser reportados até ao terceiro exercício seguinte, pelo que as empresas podem vir a beneficiar deste regime de incentivos até ao ano 2014 (artigo 2.º, n.º 5 do DLR n.º 2/2009/M).

Nos termos do n.º 1 do artigo 3.º do DLR n.º 2/2009/M, é considerado elegível o investimento em activo imobilizado corpóreo, adquirido em estado novo, e em imobilizado incorpóreo, concretizado na Região Autónoma da Madeira, e que seja afecto à exploração pelo sujeito passivo, com excepção: terrenos; edifícios e outras construções não directamente ligadas ao processo produtivo; viaturas ligeiras; artigos de conforto ou de decoração; despesas destinadas à aquisição de material de transporte, no sector dos transportes; trabalhos para a própria empresa; trespasses e direitos de utilização de espaços; juros; e outros bens de investimento não directa e imprescindivelmente associados à actividade produtiva exercida pela entidade.

O investimento em imobilizado incorpóreo considerado elegível, por sua vez, deve preencher os requisitos elencados no n.º 2 do artigo 3.º:

- Ser utilizado exclusivamente no estabelecimento do beneficiário do incentivo;
- Ser considerado elemento do activo amortizável;
- Ser adquirido a um terceiro em condições de mercado;
- Constar do activo da empresa e manter-se no estabelecimento do beneficiário durante um período mínimo de cinco anos, ou de três anos no caso de uma pequena ou média empresa.

As despesas relativas a activo fixo incorpóreo só são elegíveis até ao limite de 50% do total do investimento elegível, excepto no caso das pequenas e médias empresas. Tratando-se de PME as despesas incorridas com serviços de consultadoria não são consideradas elegíveis (artigo 3.º, n.º 3 e 4 do DLR n.º 2/2009/M).

Revista de Finanças Públicas e Direito Fiscal

Para efeitos do disposto neste regime, entende-se por investimento elegível o investimento inicial em activos imobilizados corpóreos e ou incorpóreos relacionados com a criação de um novo estabelecimento, alargamento de um estabelecimento existente, diversificação da produção de um estabelecimento para novos produtos adicionais ou mudança fundamental do processo de produção global de um estabelecimento existente. Sendo adquirido um estabelecimento só devem ser tomados em consideração os custos de aquisição dos activos a terceiros, desde que a venda tenha sido efectuada em condições de mercado. Se a aquisição for acompanhada de outros investimentos iniciais, as despesas relativas a estes investimentos serão acrescentadas aos custos de aquisição (artigo 3.º, n.º 5 e n.º 6 do DLR n.º 2/2009/M).

Nos termos do n.º 7 do artigo 3.º, a empresa terá de manter durante um período mínimo de cinco anos, ou três anos no caso de pequenas e médias empresas, os bens objecto do investimento, excepto no caso de substituição de instalações ou equipamentos que se tenham tornado obsoletos durante o período referido, em razão de uma rápida evolução tecnológica e desde que a actividade económica seja mantida (artigo 3.º, n.º 7). Havendo incumprimento, é adicionado ao IRC, relativo ao exercício em que a empresa alienar os bens objecto do investimento, o IRC que deixou de ser liquidado em função da dedução à colecta, acrescido dos respectivos juros (artigo 9.º).

Uma última nota para dar conta de que os sujeitos passivos de IRC beneficiários deste regime terão de dar expressão ao imposto que deixar de ser pago, em resultado da dedução à colecta efectuada, mediante menção do valor correspondente no anexo ao balanço e à demonstração de resultados (artigo 7.º).

Tratando-se se auxílios estatais, é de sublinhar a especial preocupação do legislador na compatibilização deste regime com o disposto na legislação comunitária em matéria de defesa da concorrência, artigos 87.º e seguintes do TCE, em especial, com o Regulamento (CE) n.º 800/2008, da Comissão de 6 de Agosto de 2008, que declara certas categorias de auxílios compatíveis com o mercado comum (regulamento geral de isenção por categoria que veio substituir o Regulamento n.º 1628/2006).

__Mónica Velosa Ferreira__

NOVO CADERNO DO IDEFF

Foi recentemente publicado mais um caderno da colecção *Cadernos IDEFF*, desta vez, dedicado às Parcerias Público-Privadas. Este trabalho da autoria de Nazaré da Costa Cabral constitui um importante trabalho na área do direito económico que vem juntar-se a outro, da mesma autora, O *Orçamento da Segurança Social* publicado também nos *Cadernos IDEFF*.

O texto encontra-se sistematizado em três capítulos. No primeiro capítulo "*Caracterização das Parcerias Público-Privadas*" a autora procura identificar as principais características, modelos e modalidades de PPP, sem esquecer o enquadramento geográfico e histórico da figura. No segundo capítulo "*Principias Questões das Parcerias Público-Privadas*" a autora debruça-se sobre as grandes questões das PPP, analisando os princípios estruturantes, a gestão negocial do risco, o procedimento e a estrutura jurídico-contratual, passando pela questão orçamental e contabilística. No último capítulo, dedicado às PPP no Direito Português, a autora dá conta da evolução das PPP em Portugal identificando as experiências sectoriais mais relevantes nesta matéria. Numa perspectiva critica, aponta as virtualidades e os principais problemas da figura, com destaque para a questão do controlo das PPP e da articulação entre o regime jurídico das PPP e o novo Código dos Contratos Públicos.